기억의 풍경

기억의 풍경

1판 1쇄 찍은날 2016년 9월 5일
펴낸날 2016년 9월 10일

지 은 이 김상엽
펴 낸 이 민상기
펴 낸 곳 **쿠북**(건국대학교출판부의 패밀리브랜드입니다.)
주 소: 05029, 서울특별시 광진구 능동로 120
전 화: 편 집 실 (02)450-3892
도서주문 (02)450-3893
팩 스 (02)457-7202
홈페이지 http://press.konkuk.ac.kr
전자우편 press@konkuk.ac.kr
등 록 제4-3호(1971. 6. 21)

책임편집 임경희
찍 은 곳 네오프린텍(주)
정가 13,000원

ISBN 978-89-7107-607-1 03810

기억의 풍경

김상엽 지음

쿠북

머리말

이 책은 대학시절부터 2015년에 이르는 기간 동안 언론매체에 실린 나의 글을 묶은 단상집이다. 이른바 386의 한 사람인 나의 기억에 비친 시대와 사회를 짤막한 여러 장면의 풍경으로 그려내려고 했다. 어떤 글은 중대한 사명을 맡은 밀사(?)와도 같은 절박한 심정으로 썼고 어떤 글은 억지로 쥐어짜내듯 쓰기도 했다. 《한국일보》에 연재된 글이 46회, 《경기일보》가 13회를 차지하니 두 매체에 실린 글이 대부분을 이루고 나머지는 《동아일보》, 《머니투데이》, 《건대신문》, 《홍대신문》 등에 실린 글로 되어있다. 다시 보니 부끄러운 구석도 많지만 글을 쓸 당시의 생각의 반영이자 시대와 사회에 대한 내 방식의 발언이기도 하다는 점에 의미를 두고자 한다.

글을 쓴 사람의 생각과 읽는 사람의 이해가 언제나 일치하지는 않는다. 현대 문명과 미국 사회의 모습을 신랄하게 비판한 리차드 브라우티건의 『미국의 송어 낚시』가 대형서점의 등산·낚시 코너에 꽂혀 있다거나, 한국 근대의 수장가와 미술시장의 역사를 서술한 나의 책 『미술품 컬렉터들』이 취미·실용 쪽에 있는 것만 보아도 그렇다. 책이건 글이건 저자의 품에서 나가면 자신의 길을 스스로 개척해야 한다는 오에 겐자부로의 글이 떠오른다. 읽는 분들은 다른 의미로 받아들일 수 있으나 이 책에 실린 나의 글을 관통하는 논리는 역사와 사회에 대한 '부채의식'이다. 정확히 말하자면 좋은 사회를 만들지 못했다는 자책이라고 하는 게 옳다. 386들은 자신들이 기성세대가 되면 세상은 좀 더 좋은 모습이 되리라는 희망이 있었다. 우리 다음 세대에게는 우리가 살았던 시절보다는 조금이나마 나아진 세상을 물려줄 수 있으리라는 믿음이 있었다는 말이다.

그러나 2016년 오늘의 우리 사회는 '헬조선'이라는 한마디로 요약될 수 있을 것 같다. '헬'과 '조선'이 동의어이니 같은 뜻의 단어를 나열하는 것은 어법상 맞지 않는다는 우스개가 씁쓸하다. 우리나라가 갖고 있는 불명예스러운 기록인 세계 최고의 자살률, 세계 최저의 출산율과 서구로의 탈출을 목적으로 하는 젊은이들의 '이민계' 등은 헬조선의 단적인 반증이다. 분명한 것은 386이 은퇴를 바라보는 지금의 시점에서 우리의 현실이 이렇게 암울하다는 사실이다. 암울한 현실에 대한 책임은 현재 우리 사회의 중추인 386이 가장 클 수밖에 없다는 생각에 변함이 없다. 우리 사회가 왜 이렇게 되었고 어디서부터 잘못되었을까 아직도 궁금하다. 이 책에 실린 글들은 이러한 의문에 대한 내 나름의 진단이기도 하다.

이 책은 건국대학교 출판부의 신채호 전 출판부장님의 기획에 의해 비롯되었고 그 뒤로 이재철 부장님을 거쳐 신봉수 현 부장님에 의해 출간되었다. 세 분의 배려에 감사드린다. 편집을 맡아 수고하신 임경희 선생과 출판부의 여러분께도 감사의 말씀을 드리고 싶다. 아울러 건국대학교 인문과학연구원 김성민 원장님과 김호섭 홍보실장님, 벽오사[甓五社]의 김영복 선생님, 김상익 선생님, 황정수 선생님, 김규선 선생님께 감사드린다. 은사 안휘준 선생님께서는 애독하시던 《한국일보》에 실린 나의 글을 몇 번이고 스크랩 해주셔서 미욱한 제자를 여러 차례 감복케 하셨다. 다시 한 번 깊이 감사드린다.

얼마 전 돌아가신 고 정석범 형의 영전에 이 책을 바친다. 유능한 문화전문기자로서 격조 높은 기사를 썼고 탁월한 미술사학자로서 빼어난 논문과 지시를 발표했으며 주변을 배려할 줄 아는 속 깊은 동학이었던 형의 빈자리가 크다. 지금 계신 곳에서나마 평안하시길 빈다.

기록적인 폭염이 맹위를 떨치는 2016년 8월에

김 상 엽

차례

PART 2. 심은하를 아시나요

PART 3. 엄마의 바다

PART 4. 행복화라 부릅시다

PART 1 저개발의 기억

1970년대 청계천 판자촌(서울시 성동구 송정동 부근)
일본인 목사 노무라 모토유키 촬영

7080 유감

돌이켜 생각하면 참으로 단순한 시절이었다. 그 시절 세상은 두부모 자르듯 간단하고 분명했다. 적과 아군은 위치와 생김새부터 달랐다. 스크럼 이쪽은 우리 편이었고 마주 보이는 저쪽의 무리들은 적이었다. 자유로운 복장의 우리 편은 좋은 편이었고 투구 쓰고 방패 든 채 칙칙한 보호복을 입고 오와 열이 정연하게 서 있는 저쪽은 단순히 나쁜 편을 넘어 반드시 박멸되어야 할 존재였다. 그래서 우리는 로봇과도 같은 그들에게 화염병과 깨진 보도블록을 집어 던지며 조금의 미안함도 느끼지 않았다. 악의 제국에 비수를 꽂는 기분이었다고나 할까. 적은 너무도 또렷이 우리 앞에 있었기에 고민할 시간도 거리도 없었다.

당시의 통치가 얼마나 단순무식 했는지는 음악 레코드와 테이프의 말미에 이른바 '건전가요'라는 것이 꼭 붙어 있었다는 사실로도 알 수 있다. 건전가요란 그 이전에도 있었던 것이지만 이렇게 꼬박꼬박 의무적으로 강요하지는 않았다. 서정적인 음악에 몰입하다보면 불쑥 군가

풍의 "백두산의 푸른 정기 ……"로 시작되는 〈나의 조국〉, "하늘엔 조각구름 떠 있고 ……"로 흥겹게 시작되는 〈아! 대한민국〉 등이 튀어나와 황당해지곤 했다. 저녁 5시면 가던 길 멈추고 부동자세로 꼿꼿이 서서 애국가에 맞춰 느릿느릿 내려지는 태극기를 지켜봐야 했고 매번 영화 시작할 때에도 애국가가 나오면 자리에서 일어나 화면을 응시해야 했다. 애국가의 마지막 영상에 새들이 갈대숲을 떠나 무더기로 하늘로 날아가는 장면을 보고서 황지우 시인이 "새들도 세상을 뜨는구나"라 읊었다는 사실을 나중에야 알았다. 건전한 가요를 들으면 '건전한 사상'을 가질 것이고 애국가를 듣게 하면 애국자가 될 것이라는 사고는 자본주의 비판서와 마르크스 이론서 몇 권 읽으면 세상을 다 아는 것으로 여긴 386세대의 선부름과 그게 다르지 않았다.

당시 대학생들은 깨알 같은 글씨로 써진 '필독도서목록'을 들고 다니며 책을 구했다. 어쩌다 판매 금지된 책을 구하는 날엔 보물을 얻은 것 같은 기쁨에 밤새워 밑줄 그으며 읽었다. SNS는커녕 인터넷조차 없었을 때이니 정보란 책과 신문, 입소문뿐이라 조악한 번역서나마 지적 갈증을 채워주는 생명수와도 같았다. 지금이라면 쳐다보지도 않을 난해한 경제학 이론서, 경제사 책들이 필독서였고 사회주의를 소개하는 철학 강의는 대강당에도 자리가 없었다. 대학생들은 여름방학이면 농촌봉사활동을 갔고 현실로 뛰어 들기 위해 아예 공장노동자가 되는 경우도 어렵지 않게 볼 수 있었다. 혁명적 사고를 위해 당구와 같은 유흥도 자제되었고 사용하는 단어도 다분히 전투적인 것들로 도배되다시피 하였다. 그 이전 학번들이 제대한 후 학교에 돌아와서 만난 "당구도 못 치는 친구들"이라 표현한, 삶의 여유라곤 찾아보기 힘든 경직된 후배들이 우리들이었다. 그러면서도 경제는 호황이라 취업걱정은 필요 없었고 무역회사, 투자사, 증권사 등에 인재가 몰렸으며 공무원, 교사는 인기 직종의 순위 근처에도 오르지 못했다. 세상은 엄혹했지만 먹고 사는 것은 크게 걱정이 없는 시절이었는데, 그때는 그런 모순적 상황이 이상하지 않았다.

난데없이 80년대 회고담을 늘어놓은 것은 70년대와 80년대에 대학 생활을 보낸, 이른바 7080 당시의 유행음악을 들려주는 TV 프로그램을 본 탓이다. 그런 프로그램이 있다는 건 알고 있었지만 챙겨 보지는 않았는데 어쩌다 보게 되니 여러 생각이 교차하였다. 비슷한 시기에 불렸지만 기성세대의 것과 다를 바 없다고 경멸하던 그래서 청산되어야 한다고 매도하던 노래들과 시대에의 불만을 대변하던 노래들이 뒤섞이고 7080임이 분명한 중년 남녀들이 흥겹게 듣는 것이 아닌가. 음악에 상하나 등급이 있다는 것이 아니다. 젊었던 시절은 다 좋은 것인지, 싫어하던 것도 나이 먹으니 포용할 수 있게 된 것인지 아니면 옅은 공부로 세상을 다 안다고 생각했던 것이 잘못임을 안 것인지, 인간이란 불완전한 존재를 논리로 이해하려고 했던 것이 애당초 잘못이었는지는 잘 모르겠다. 어쨌거나 내게는 조화롭게 들리지 않는다. 이런 것들이 섞이기엔 시간이 더 필요하다. 나는 아직 철이 덜 들었나 보다.

[한국일보, 2014. 4. 4.]

책과 생존의 무게

책의 출간을 기다리는 저자의 심정은 약속시간에 늦으면서도 연락조차 없는 찍사랑하는 연인을 기다리는 심정을 넘어 아이의 출산을 기다리는 부모의 마음에 비교할 수 있을지 모르겠다. 억지로 쥐어짜다시피 쓴 책도 있고 따뜻한 봄날의 즐거운 산책과도 같은 기분으로 쓴 책도 있지만 자기가 쓴 책에 대한 애정은 우열이 없다. "열 손가락 물어도 안 아픈 손가락 없다."는 말을 이럴 때 쓰고 싶다.

몇 주 전의 일이다. 출간이 결국 이번 주를 넘기나 보다, 아니 주말에 나올 수도 있지 등등의 생각에 설레고 있었는데 드디어 출판사에서 전화가 왔다. 이런저런 사무적 대화의 마지막에 "요즘 책이 워낙 안 팔려서 800부만 찍습니다."라는 통보를 듣자 문자 그대로 멘붕이 왔다. 10년 전 첫 책을 낼 때만 해도 초판이 3,000부였다고 했더니, '웬 구석기시대 얘기'를 하느냐는 반응이었다. "소설가 ○○○ 씨의 책은 5년 전에 2만 부가 나갔지만 지금은 2,000부 나간다니까요."라는 말에 할 말을 잊었다. 인기작가 ㅇㅇㅇ의 수요가 5년 만에 1/10로 줄었다는데 나 같은 인문학쟁이야 더 할 말이 없었다.

그래도 궁금했다. 독자 수가 몇 년 만에 반 토막 정도가 아니라 반 토막의 반 토막도 못 되게 줄어든 이유를 말이다. 골똘히 생각할 것도 없이 스마트폰이 가장 먼저 범인으로 떠올랐다. 스마트폰의 급속한 보급에 따라 지하철 안에서 책은커녕 신문을 보는 이도 보기 힘들고 심지어 무가지와 지하철 광고도 거의 없어지지 않았는가 말이다. 지인들과의 모임에서 우리의 책을 읽지 않는 풍토와 그 원흉인 스마트폰을 성토했더니 신문기자 친구가 고개를 절레절레하며 말했다. 휴대폰은 눈에 보이는 현상일 뿐 근본원인은 집값, 전세비용이 워낙 올라 주요 문화소비층인 20~30대가 문화에 돈을 쓸 수 없기 때문이란다. 젊은 친구들이 경제적으로 쪼들리기에 가장 저렴하고 손쉽게 접할 수 있는 스마트폰을 애용하는 것뿐이지 그게 책을 안 읽는 이유가 될 수는 없다는 말이었다. 명쾌한 논리에 충분히 수긍하였다. 독서시장이 이 지경이 된 책임을 부동산 정책 입안자에게 물어야 한다고 그날 밤늦게까지 열변을 토한 기억이 숙취 속에 어렴풋이 남아있다.

얼마 뒤 상갓집에서 대학, 저술, 출판 등에 종사하는 분들이 모인 곳에 끼어 앉게 되었다. 관심이 오로지 책을 읽지 않는 원인에 쏠려 있기에 마침 잘됐다 하는 생각에 여쭈었더니 원로 교수께서 대답해 주셨다. "예전에는 대학에 가기 힘들어 고등학교만 졸업한 사람들이 많았는데 이들이 사실 문화의 주요 소비자였다. 지적·문화적 욕구를 해소할 수 있는 곳이 책밖에 없어 이들이 독서에 몰두하였고 그에 따라 교양서가 팔리게 되었다."는 설명이다. 세월이 좋아져서 대학 정원이 늘다 보니 너도나도 대학에 가게 되었는데, 대학생은 책을 읽지 않는다는 사실을 잘 알지 않느냐는 반문으로 끝맺음을 하셨다.

책을 읽지 않는 이유를 찾아 생각하고 탐문했더니 스마트폰, 부동산 정책의 실패, 대학입시 정책과 대학생들의 성향까지 돌고 돌아왔다. 모두 일리가 있지만 전폭적으로 수긍하기 어려운 주장도 있다. 한편으로는 독자만을 탓할 것이 아니라 인문학 전공자들이 대중과 호흡하려는 노력을 제대로 시도하지 않은 것이 보다 현실적인 원인이 아닐까 하는 생각이 들기도 했다. 그러다가 흥분을 가라앉히고 생각해보니 안개가 조금씩 걷히고 거대한 현실의 실체가 보이는 느낌이었다. 무엇보다 요즘 젊은이들이 책과 인문학에 관심이 없고 민주, 정의 등 거대담론에 반응하지 않는 것은 그들의 어깨를 짓누르는 생존의 무게 때문이 아닐까 싶은 것이다. "무항산無恒産이면 무항심無恒心", 곧 "생활할 수 있는 일정한 재산 또는 직업이 없으면 변하지 아니하는 바르고 떳떳한 마음가짐을 유지할 수 없다."는 맹자의 말이 절실하게 다가오는 요즈음이다. 상상력의 원천이자 미래에의 고귀한 투자인 책과 인문학에의 관심이 줄어든 직접적 원인이야말로 살기 좋은 세상을 만들지 못한 우리 기성세대에게 있다는 생각에 을씨년스런 날씨가 더욱 추워진다.

[한국일보, 2014. 1. 3.]

저개발의 기억

그땐 국민학교였다. 나는 서울시 성북구의 숭인국민학교 1학년 24반 54번이었다. 한 반에 100명이 넘는 아이들이 있었고, 우리 반 입구에는 24반 외에 두 개의 학급명패가 더 있었다. 우리 반은 아침 반으로 오전 3교시 수업을 했고, 점심 반은 중간에 3교시, 저녁 반은 오후에 3교시를 했다. 콩나물 교실에서 복작거리며 3년을 다녔는데 어느 날 갑자기 학교 운동장을 반으로 나누는 블록 담 공사가 시작되었다. 우리 학교가 2만 명이 넘는 세계 최대의 국민학교라 국제적 망신거리가 되기 때문에 학교를 2개로 나누고 일부는 아예 학교를 새로 지어 전학시킨다는 소문을 나중에 들었다. 얼마 뒤 담임선생님은 전학 갈 학생 명단을 호명하였다. 학생들을 셋으로 나누어 한 덩어리는 학교에 남고, 한 덩어리는 블록 담 저편의 학교로 옮기고 한 덩어리는 새로 지은 학교로 전학가게 된 것인데, 나는 새로 지은 학교에 배정되었다. 전학 가던 날 선생님들이 운동장 빽빽이 서 있던 아이들을 한 반씩 죽 인솔하여 새로 지은 학교로 출발하였다. 어미 닭이 병아리들을 이끌고 가는 모습과도 같았는데 행렬은 끝이 보이지 않았다.

돌산 꼭대기에 지어진 새 학교로 전학한 후 몇 달 동안은 매일 운동장 돌 줍기와 흙 나르기, 풀 뽑기를 거른 적이 없다. 학교가 산꼭대기에 있으니 전망은 좋았다. 어느 날 수업 중 "우리 집에 불났다!"고 소리치며 한 녀석이 뛰쳐나갔다. 무허가 집들은 종이 박스와 비닐로 지었기에 부셔도 금방 복구가 되자 철거반이 아예 불을 놓아 버린 것이다. 달려가는 녀석의 뒷모습이 애잔했는데 그 녀석을 다시 보지 못했다. 친구들은 여러 계기로 사라졌다. 생활고를 견디다 못해 귀향하는 상만이네를 배웅하기 위해 버스 종점에서 어머니들은 손을 맞잡고 눈시울을 적셨고, 상만이와 나는 골목 어귀에서 "서로 편지 자주하자"는 기약 없는 약속을 했다. 우리 집 대문 앞쪽에는 반은 개천 둑에 걸쳐 지은 말뚝 위의 집들이 있었다. 청계천 지류의 둑 옆에 걸쳐 지은 판잣집이었는데, 위쪽부터 차츰차츰 뚝방 집들이 없어지더니 우리 집 앞도 휀해졌다. 앞집 살던 친구들도 이후 본 적이 없다.

중학교에 가니 월요일 아침이면 애국조회라는 이름으로 꼬박 1시간을 부동자세로 서서 왱왱거리는 마이크 소리를 들어야 했는데, 조금이라도 움직이면 체육선생의 몽둥이와 이단옆차기가 날아왔다. 추우나 더우나 교장선생님의 훈화는 길었고 빈혈로 쓰러지는 학생이 있으면 요즘 애들은 정신력이 부족하다고 핀잔하느라 더 길어졌다. 기술 선생이라는 자는 입안에 가득 모은 침을 맘에 안 드는 학생의 입에 쏟아 부었고 흘리거나 몽땅 삼키지 않으면 혼쭐을 냈다. 기율부라는 것이 있어

학생들 간의 구타와 체벌을 방조하였고 체육시간에는 수류탄을 던졌다. 고등학교는 격한 미션스쿨이라 성령의 역사하심의 열기를 시도 때도 없이 느꼈지만 교련시간에는 총검술과 제식훈련을 줄곧 반복했다. 대학에 가니 교정에는 경찰이 가득했고 최루탄이 난무했다.

내 또래라면 이 정도는 애교로 넘어갈 만큼의 에피소드를 다들 갖고 있고 내 위 세대는 더한 기억을, 아래 세대 역시 무궁무진한 '꺼리'를 갖고 있음도 안다. 어쩌면 요즘이 더할지도 모르겠다. 사회의 변화 속도, 개성화 등은 이전과 비교할 수 없는데 구태의연한 관습은 여전하니 말이다. 그럼에도 불구하고 이런 시답지 않은 얘기를 늘어놓는 이유는 우리는 왜 지난 시절의 기억은 추억이라는 이름으로 존중하며 회고하고 있는가를 묻고 싶기 때문이다. 행복한 시절을 누려보지 못한 사람들은 최악을 면하게 해준 차악의 체제를 고마워하고 추억한다는 사회학자들의 지적에 나는 동의한다. 정신이 황폐해지고 분배가 불공평하더라도 배고픔 등 1차원적 욕구에서 벗어날 수 있게 해준 이른바 경제개발시기를 고맙게 여기게 되었다는 말로 들린다. 그 시절 배태된 현재의 불합리를 용인하는 사람들의 심리를 이해할 수 있게 해주는 이론이다. 그러나 나는 음울한 색감으로 기억되는 그 시절이 싫다. 그땐 젊었다는 이유로 그 시절을 좋게만 회고하고 싶지 않다. 나는 나이를 더 먹어야 되나 보다.

[한국일보, 2013. 9. 13.]

우리들의 행복한 시절

내가 참여하는 모임 가운데 벽오사癖五社라는 모임이 있다. 시·서·화·음주·친구의 5가지를 좋아하는 벽癖(고질)이 있는 사람들의 모임이라는 의미인데, 벽오사 모임에서 언제나처럼 술 마시고 떠들고 하다가 '좋았던 옛 시절'을 꼽아 본 적이 있다. 정확히는 어느 나이대가 가장 좋았던가라는 표현이 보다 적절할지 모르겠다. 하여간 그날의 결론은 30대 중반이었던 것으로 기억한다. 20대 젊은이들은 "그 나이가……?" 하고 놀라겠지만, 그 정도의 나이라야 필요 없는 데에 정열을 낭비하고 마음을 소모하곤 하는 젊음의 치기를 털어낼 수 있다는 것이 그날의 결론이었다. 이후로 벽오사 사람들과 이런 얘기를 또 다시 하지 않았기에 확신을 할 수는 없지만 다시 얘기를 하게 된다면 같은 결론이 나올지는 모르겠다. 몇 살 더 먹었으니 나이가 좀 더 올라가지 않을까 하는 생각이 든다. 분명한 것은 젊었을 때에는 지금 이 순간이 얼마나 소중한 것인지, 지금의 안온한 일상이 얼마나 행복한 것인지, 가족과의 따뜻한 대화와 웃음이 얼마나 행복감을 주는지를 알 수 없다는 사실이다.

최근 어느 정치인의 푸념을 인상 깊게 들은 적 있다. 그 정치인은 지역구 곳곳에서 특강 요청이 쇄도하는데 가장 어려운 곳이 대학이라고 했다. "요즘 젊은이들이 취업난, 생활고 때문에 얼마나 고생하는지를 알기 때문"이라고 고민을 토로했다. 그래서 젊은이들에게 다가갈 수 있는 여러 방식을 생각하다가 지금은 반응이 좋은 하나의 방식을 계속 사용하고 있다고 했다. 그의 방식은 다름이 아니었다. 지금의 20대 젊은이들의 부모 세대의 20대는 유신독재와 군사문화가 자유를 압살하던 시기였고, 할아버지 세대의 20대는 일제 말기의 극악무도한 통치, 6·25 전쟁과 생존의 고통기였고 다시 그 윗세대의 20대는 조선시대의 말기로서 전통의 붕괴시기이자 혼란기 등등 이런 식으로 설명하면서 "지금은 여러분의 부모 또 그 부모들 세대가 겪은 20대보다야 조금은 나은 시기 아니겠는가?"라고 설명한다고 했다. 그나마 망국의 혼란, 생존의 고통, 고문의 두려움에서는 벗어난 시기 아니냐고 반문하면 조금은 납득하며 자신이 역설하는 미래에의 청사진에 관심을 기울인다고 했는데, 386세대의 한 사람인 나로서는 솔깃한 바 없지 않았다. 마침 주변에 그의 말을 같이 들은 20대 후배가 있기에 나중에 소감을 물어 보았더니, "어른들 말은 죄 그래요! 대안도 못 주면서 회고로 끝난다니까요!"며 뚱한 반응을 보여 더 묻지도 못했다.

뜬금없이 좋았던 시절과 젊은이들의 고통에 대해 말을 하는 것은 다름이 아니다. "우리에게 좋은 시절이 있었을까?"라는 질문을 해보고 싶다. 우디 앨런의 최근 영화 〈미드나잇 인 파리〉를 보면 파리가 세계 문화의 수도였던 1920년대의 정경이 환상적으로 나온다. 파리 여행 온 미국의 3류 작가 길이 자정이 되면 1920년대 파리에서 활동한 스캇 피츠제럴드 · 장 콕토 · 헤밍웨이 · 거트루드 스테인 · T. S. 엘리엇 등의 문학가, 음악가 콜 포터 · 조세핀 베이커, 화가 피카소 · 모딜리아니 · 달리 · 마티스, 투우사 벨 몬테, 영화감독 루이 브뉴엘, 사진작가 만 레이 등을 만나고 추억을 쌓는 내용이다. 20세기 초중반까지 세계의 문화예술계를 이끌어 나아갔던 이들이 촘촘한 씨줄과 날줄로 엮은 장대하고 아름다운 대서사시를 보는 듯했다. 영화는 1920년대가 좋았다는 회고에서 벗어난다. 1920년대에서 다시 18세기 말에서 제1차 세계대전까지의 시기인 '벨에포크La belle époque (좋은 시기라는 뜻)' 시기로 가서 당시 활동한 고갱 등으로부터 지금의 시기는 창의력이 없고 르네상스시대가 황금기라는 말을 듣는다. 그러면서 다시 르네상스시대 작가들은 그 이전 시대를 동경할 것이라고 하며 회고조의 흐름에 선을 그으며 깨달음을 준다. 현실에 충실하고 지금을 '좋았던 시절'로 만드는 게 제일이라는 깨달음인데, 그렇다면 유럽이나 미국이 아닌 "우리에게 좋은 시절은 언제였을까?"라는 반문을 하지 않을 수 없었다. 그들은 현재가 아닌 이전 시기가 그렇게 좋았다는데 우리는 개인이 아닌 시대가 좋았던 적은 있었나? 우리는 언제쯤 과거를 즐거이 추억할 수 있을까?

[한국일보, 2013. 8. 23.]

꼰대의 고민

그녀는 오늘도 어김없이 성큼성큼 걸어와 맨 앞자리에 당당하게 섰다. 그날 이전까지 아침 7시 5분쯤 우리 동네 마을버스 정류장의 풍경은 한결같았다. 이 정류장에 서는 마을버스 노선은 오직 1개뿐이라 다른 정류장처럼 승객이 섞이지 않았다. 따라서 마을버스 정류장 표지판 뒤 쪽에 줄 비슷한 행렬이 만들어지곤 했다. 일렬의 줄은 아니었고 섞이기도 했지만 대체로 여학생이나 젊은 여자회사원들이 앞쪽에 서고 젊은 남자들은 정류장 기둥에서 조금 멀리 서 있곤 했고, 중년 남자들은 조금 더 먼 쪽에 서 있곤 했다. 묘하게도 이 줄은 정류장에 오는 순서이기도 했다.

매일 아침 그 시각에 마을버스를 타는 사람들은 대체로 일정하여 서로 인사를 나누지는 않았지만 누가 오는지 정도는 알 수 있었다. 어쩌다 가끔 타인의 시선은 아랑곳하지 않는 대담한 자들이 아침의 암묵적 질서를 깨고 불쑥 앞자리를 차지했지만 자주 있는 일이 아니라 그러려니 했다. 그러던 어느 날 아침 정류장의 평화로운 질서를 파괴한 여인이 등장했다. 긴 생머리 그녀가 지난 관행을 송두리째 뒤엎어버린 것이다. 그날도 줄 비슷한 어중간한 형태로 옹기종기 정류장 표지판 옆에 사람들이 서 있었는데 처음 본 그 여인이 저쪽에서 기운차게 걸어오는가 싶더니 중년 남자들의 자리를 지나 젊은 남자들의 주변을 지나치더니 여학생과 젊은 여자 회사원들의 자리를 비집고 들어가서 마침내 정류장 맨 앞에 섰다. 정류장 표지판 쇠기둥에 살짝 기대어 핸드폰에 열중하는 모습이 당당했다. 이렇게 아침 정류장 풍경이 바뀌더니 이후에는 이 모습의 반복이었다. 언제나처럼 그녀는 버스정류장 주변에 옹기종기 모여 있는 사람들 사이를 씩씩하게 뚫고 맨 앞자리를 차지한 후 제일 먼저 마을버스에 올라탔다. 며칠간은 그러려니 했지만 근 한 달 넘게 이런 모습이 되풀이되자 슬슬 부아가 치밀었다.

그날도 제일 늦게 왔지만 정류장 줄 맨 앞에 선 그녀에게 다가가 벼르고 벼른 말을 했다. "줄이 보이지 않느냐, 늦게 왔으면 뒤 쪽에 줄을 서라"고. 최대한 경어를 쓰며 나름 예의를 차려 말했지만 굳은 목소리에 날 선 표정도 충분히 읽혀졌으리라. 갑작스런 나의 말에 그녀의 눈에 짜증이 여과 없이 드러났지만 순순히 제일 뒤쪽으로 갔다. 어깨가 바짝 곧추 선 모습으로 물러가는 그녀를 보며 영 마음이 편하지 않았는데, 그게 해결이 아니고 시작이었음을 이튿날부터 알게 되었다.

아침 출근길에 엘리베이터를 기다리는데 복도 저쪽에서 그 여인이 오는 게 아닌가. 그녀와 나는 어색한 눈빛을 교환한 후 아무 말 없이 엘리베이터를 탔고 마을버스 정류장까지 몇 걸음 차이로 걸어가 버스를 함께 기다리게 되었다. 이게 무슨 일인지 머리가 복잡했지만 정리해 보면 이렇다. 그녀는 한 달 전쯤 우리 아파트 같은 층의 엘리베이터 건너편 집으로 이사 왔고 아침 7시 5분쯤에 오는 마을버스를 탔다. 그 동안 조금 빨리 나온 나와는 엘리베이터 앞에서 마주치지 않았다. 이 여인은 줄 서라고 잔소리하는 까칠한 중년 남자의 잔소리를 들은 후 전보다 일찍 나온 것인데 아침마다 그 '진상'과 엘리베이터 앞에서 꼬박꼬박 마주치게 된 것이다. 불편한 사람과 매일 마주치게 되니 아침에 현관 문 나서기가 괴로울 지경이었다.

그날 이후 "죄 짓고 못산다", "모난 돌이 정 맞는다" 등등의 구절이 머릿속에서 떠나지 않았다. 내부고발자의 심정이 이러지 않았을까 하는 생각이 들기도 했다. 살다 보면 젊은 시절 그토록 싫어하던 '꼰대'의 모습을 하고 있는 나를 발견할 때가 있다. "가만히 있으면 중간은 간다", "나서지 말라"는 등 듣기 싫던 말을 나 역시 천연덕스럽게 하고 있으니 사람은 나이 먹으면 비슷해지나 보다. 아침부터 피곤해지기 싫어 지하철역까지 걷기로 마음을 먹고 실행한 지 얼마간 되었다. 본의 아니게 아침 운동을 하게 된 셈인데 매일 걸어 다녔더니 몸과 마음이 가벼워진 느낌이다. 이번 가을부턴 좀 더 참아야겠다. 잘 될지 모르겠지만.

[한국일보, 2015. 10. 8.]

쌀벌레는 부자만 먹는다

냉장고처럼 생긴 하얀 철제쌀통이 집마다 있던 시절 이야기다. 뒤주를 밀어내고 마루 위의 한 자리를 차지한 쌀통은 당당한 혼수품의 하나이기도 했다. 쌀통 앞쪽의 손잡이를 누르면 쌀이 나오는 게 신기했는데 생긴 건 깔끔했지만 쌀통에서는 어김없이 벌레가 생겼다. 자리 위에 쏟아 놓은 쌀더미 사이를 기어 다니는 쌀벌레를 잡을 적에 귀찮다고 투덜댔더니 어머니께서 "쌀벌레는 부자만 먹는다."고 불평의 싹을 단칼에 자르셨다. 어린 나였지만 우리 집이 부자가 아닌 줄이야 진작 알고 있었기에 어머니의 말씀은 쌀이 떨어져 밥을 못 먹을 만큼 가난하지는 않으니 걱정하지 말라는 정도로 들렸다.

어쩌다 부엌 근처에 얼씬 거렸다가는 불호령이 떨어졌고 음식이 맛이 있다 없다는 물론 짜다 싱겁다 정도의 말을 하기도 어려웠다. 남자의 입은 무뎌야 했고 음식에 대해 이런저런 말을 하면 입이 짧은 사람 또는 까다로운 인간으로 매도되곤 했다. 음식을 남긴다는 것은 생각도 못했고 외식은 금기였으니 요리다운 요리는 접할 기회조차 없었다. 어쩌다 졸업식이나 되어야 먹는 짜장면 한 그릇이 최고의 호사였고 탕수육 등은 이름만 들었을 뿐 보지도 못했다. 대학에 가니 미팅 나가면 경양식 집에서 돈가스를 시킨 후 왼손에 포크, 오른손에 나이프를 들어야 한다는 것을 외우고 가야 했다. 약주 좋아하시던 은사님의 말씀을 빌리자면 "구이가 안주로 올라온 것이 80년대"였다. 그 이전은 대개 찌개, 두부, 김치 등이 안주였으니 우리가 고기다운 고기를 먹어 본 기간이 몇 년 되지 않았다는 말씀이다.

오래 전의 일이 되었지만 모 특급호텔의 이사에 그 호텔의 주방장이 임명된 사실이 언론에 크게 보도된 적이 있었다. 주방장의 경력이나 음식 등에 대한 얘기보다 "왜 남자가 요리를 직업으로 하게 되었는가, 자식들은 뭐라고 하는가, 부인은 요리할 줄 아는가" 등이 인터뷰 기사의 대부분을 차지했다. "집에서도 요리 하는가"라는 기자의 마무리 질문에 "집에서는 절대 부엌에 가지 않는다"라는 주방장의 상남자 포스의 대답이 인상 깊었다. 몇 해 뒤 일본의 유명 요리사가 사망하자 그의 수련과정, 대표요리, 세계대회에서의 성적, 요리사들의 장점을 극대화시킨 리더십 등이 찬사를 받았고 일본사회 전체가 그의 업적을 추모하는 분위기였다는 기사를 읽었다. 기사의 마무리는 요리사는 물론 전문인을 높이 평가하지 않는 우리 사회에 대한 비판적 언급이었다.

요리사가 '셰프'라는 멋진 이름으로 불려지고 TV나 신문 등에 맛집 정보가 넘쳐나게 된 것은 그리 오래되지 않았다. 나는 먹거리에 열광하는 현상 자체가 반갑지 않았다. 맛있는 음식이야 좋아하지만 먹는 것에의 집착은 1차원적으로 생각되었고 언제부터 우리가 먹는 것에 그렇게 신경을 썼는가에 대한 일종의 근원적 의문이 들었기 때문이다. 교양 프로그램은 괴멸 상태이고 육아 프로그램에 반감이 있는 경우도 많으니 상대적 박탈감이 적은 요리 프로그램이 각광받는 것이 아닌가 하는 생각이 컸다. 술자리에서 셰프가 연예인이 되어 가는 요즘 세태에 이런저런 삐딱한 생각을 늘어놓았더니 "요리사가 주목받는 현상이야말로 직업에 귀천이 없고 공부 외에 다른 길이 있다는 것을 보여주는 좋은 예가 아니냐"라는 반론에 말문이 막혔다.

제조업 등 이른바 3D 업종에 묵묵히 종사하는 분들에 대한 관심이 더욱 절실하다는 얘기를 하려고 했던 것인데 더 이상 말을 이어갈 수 없었다. 좁은 공간에서 위험한 불을 다루고 날카로운 칼로 재료를 다듬으며 때론 손님들의 불평과 맞닥뜨려야 하는 요리사가 육체적·정신적으로 얼마나 힘든 직업인가에 관심을 두지 않았기 때문이다. 요리를 완성하기 위한 험난한 수련은 생각하지 않고 요즘에야 겨우 사회적 대접을 받는 극소수 잘 나가는 셰프들의 모습만 본 것이 아닌가 하는 생각에 정신이 퍼뜩 들었다. 어릴 적의 교육은 그렇게 오래 기억되고 한번 생겨난 편견은 지워지기 힘든가 보다.

[한국일보, 2015. 6. 4.]

우리에게 '근대'란

남쪽 지방도시에 사는 선배를 만났다. 선배는 주로 비행기를 타고 서울에 오는데 비행기 표는 꼭 서울 본점을 통해 구입한다고 했다. 왜 그러냐고 물었더니 "내가 사는 도시에서는 여자가 남자에게 친절하게 대하면 남자에게 '꼬리친다'고 하는 생각에 여직원들이 '더럽게' 불친절하다."고 했다. "참, 근대화가 덜 되었군요." 하고 껄껄 웃으며 맞장구치며 소주를 비웠다. 3시간이 넘게 먹고 마신 술자리가 대개 그렇듯이 그날 무슨 말을 했는지 희미하게조차 기억나지 않는데, 유독 이 비행기 표 얘기는 또렷이 생각이 났다. 우리에게 근대란 무엇인지, 어떤 의미인지 궁금해서였나 보다.

근대는 고대, 중세 다음의 시기로 지금 우리가 사는 현대와 직접 연결되는 시기이다. 사전에 언급된 것처럼 "공동체에 대한 '나'라는 개인의식의 성립이나 개인존중 등의 '개인우월 사상'을 내세워 따진다면 유럽에서는 보통 15~16세기 르네상스나 종교개혁의 시기 이후가 되고,

자본주의의 형성이나 시민사회의 성립이라는 관점에서 본다면 17~18세기 이후"라 한다. 사전적 정의는 복잡하지만 근대라는 시기의 기본적 특징은 개인의식의 성립과 신분 또는 혈통 등 중세적인 속박에서의 해방에서 시작한다. 사실 개인으로서의 자각은 혈연적 종속관계에서의 탈피와 함께 도덕적 의무의 충실한 이행을 전제로 하기 때문에 시민으로서의 엄격한 도덕률이 요구된다. 그렇다면 우리의 경우는 과연 얼마나 '근대화'되었는지 궁금해지곤 한다.

종로에서 바라 본 동대문(1903)
동대문 왼쪽의 높은 굴뚝은 1898년에 미국인 콜브란(Corlbran)이 지은 화력발전소이다.

매년 추석과 설날이면 '명절 스트레스 증후군', '명절 스트레스를 날리는 방법' 등등의 기사는 신문과 방송의 단골 메뉴이다. 인간이 달나라에 진작 갔다 왔고, 컴퓨터·인터넷은 물론 페이스북·트위터 등 첨단의 이기가 난무하면서도 아직도 명절이라는 고색창연한 유물과 그로 인해 벌어지는 일들로 인해 인간관계의 괴로움에서 벗어나지 못하고 있다. 시대는 그 속도를 짐작하기도 어려울 만큼 빠르게 변화하고 있지만 우리의 생활과 관념, 인간에 대한 배려 등은 지난 시절에서 몇 걸음도 나아가지 못하고 있는 것이다. 명절 스트레스뿐이랴. 번호표가 나오는 기계 덕에 우체국과 은행 등에서는 새치기가 원초적으로 차단되었지만, 번호표 기계가 없는 곳은 그렇지 않다. 멀쩡히 차려 입은 사람들이 슬금슬금 옆에 와서 얼렁뚱땅 끼어드는데 이를 지적하면 "내가 새치기나 할 사람으로 보이냐"고 오히려 큰소리다. 지하철과 엘리베이터에서 내리기도 전에 밀고 들어오는 사람들에 짜증내면 내릴 때마다 까칠한 인간이 되고 만다. 사람들로 가득한 지하철 안에서 자신의 대소사를 안하무인격으로 떠들며 전화하는 자 역시 적지 않다. 사소해 보이지만 공중도덕을 지키지 않는 이런 인간들은 모두 개인으로서의 도덕적 의무를 다하지 못한다는 점에서 근대인으로서의 자격이 없는 부류라 보아도 무리가 없지 않을까 싶다.

1933년에 이효석, 이태준, 김기림 등과 함께 문학단체 구인회를 조직했던 소설가이자 영문학자인 조용만 선생의 "대동아전쟁 때 배급 줄을 세울 적에 양반과 상놈이 처음으로 한 줄로 선 게 근대의 시작이야." 라는 말씀을 기억한다. 제2차 세계대전 말기 식량과 유류 사정 등이 좋지 않아져 배급을 실시하게 되었는데, 당시 조선 사람들이 양반 · 중인 · 상민이 따로 줄을 서자 일제가 일렬로 서게 한 것이 양반과 비양반이 섞이게 된 최초의 계기라는 말씀이다. 조용만 선생의 기억은 "사료적 가치가 있다."는 평을 듣는 분이니 이 분의 기억은 신뢰할 만하다. 이렇게 보면 '우리에게 근대라는 시대의 시작은 100년은커녕 50~60여 년에 불과한 것이 아닐까' 하는 생각이 든다. 서구에서 수백 년에 걸쳐 이루어진 도덕률 등이 '반세기 남짓한 짧은 시간 안에 이루어질 수는 없겠거니' 하는 생각을 하지만 맥락 없이 씁쓸해지는 기분은 어쩔 수 없다.

[경기일보, 2013. 2. 14.]

정의내리기에 대한 집착

최근의 일이다. 6월 중순에 나는 일본 교토대학에서 개최된 일본 삼국지학회의 학술세미나에 발표자의 한 사람으로 참석했다. 삼국지를 중심으로 중국사와 동아시아 문화를 연구하는 학회인 일본 삼국지학회에서 우리나라 삼국지 그림의 내용과 종류 및 특성 등을 소개할 기회라 나름 정성껏 준비했다. 넓은 발표장에 가득 찬 청중을 보니 일본에서의 삼국지의 인기를 실감할 수 있었고 열띤 질문과 토론은 발표자를 긴장하게 했다.

순서가 되어 삼국지의 조선전래와 우리나라 삼국지 그림의 대부분을 이루는 민화를 중심으로 중국과 일본의 삼국지 그림을 비교하였다. 경극의 한 장면 같이 과장되고 화려한 중국 삼국지 그림과 꽉 짜인 구도 속에 기교적이고 감각적 표현으로 가득한 일본 그림에 비하여 해학적이고 풍부한 상상력이 넘쳐나는 우리 민화의 특성을 강조했다. 그러다보니 민화의 정의와 성격, 연구사를 언급하게 되었다. 민화라는 단어를 만든 야나기 무네요시에 대한 언급을 시작으로 민화의 의미와 범주에 대하여 여러 문장으로 조금은 길게 설명하였다. 그런데 통역을 맡은 분이 그 내용을 한 문장으로 짧게 통역해 버리자 조금 당황했다. 민화의 정의와 개념 말고도 발표할 분량이 많았기에 별다른 문제없이 발표를 마치고 여러 질문을 받은 후 단상을 내려갔다. 세미나 이후 뒤풀이 등 여러 행사가 있었고 다음날에는 출국해야 했기 때문에 정신없이 시간이 지났다.

그렇지만 마음 한구석에는 찜찜함이 남아 있었다. 나로서는 발표에서 민화의 정의와 규정 등에 대한 내용이 명확히 제시되었어야 했는데 그러지 못해 조금은 부족한 느낌이 있었기 때문이다. 세미나 후 몇 달 뒤에 당시 통역을 해주셨던 교토대학의 교수님께서 우리나라에 오실 일이 있어서 다시 만나게 되었다. 그 분은 재일동포이지만 민족의식이 투철한 부모님 덕분에 우리나라에서 초등학교 교육을 받았기에 정확한 우리말을 구사하셨다. 게다가 전공은 중국문학이니 한중일의 문화와 풍토를 잘 이해하는 분이셨다. 내가 세미나에서의 일에 대하여 묻기도 전에 먼저 "한국 사람들은 정의를 내리기를 좋아한다."며 말문을 여셨다. 순간 이 분도 '그때의 일을 기억하고 계시구나' 하는 생각이 들어 놀라웠다.

그 분의 말씀을 정리하면 이렇다. 국제학술회의에서 한국 사람들의 발표를 들어보면 대개 정의를 내리고 구분하는 것이 하나의 관행이자 중요한 연구방법인 것 같다는 생각이 든다고 하셨다. 중국에서 열린 어떤 학회에서는 한국 발표자가 발표 시간 내내 구체적 내용을 언급하지 않고 정의를 내리고 규정하고 구분만 하여 토론시간에 소동이 벌어진 일도 있었다고 했다. 이러한 경우가 드물지 않아 한국 학자를 부를 경우에는 학술회의의 취지와 방향을 잘 알려야겠다고 중국과 일본 학자들이 모여 심각하게 얘기한 적도 있다고 했다. 규정이나 정의는 사람마다 다 다르기 때문에 그 분류 방식에 대하여 심각한 의미를 두는 것이 적절하지 않고, 특히 일본인들은 내용 곧 실질에 관심이 많기 때문에 규정과 정의에 별 관심이 없다는 말씀도 덧붙이셨다. 핀잔을 주는 말씀이 아니라 진심에서 우러난 잔잔한 충고의 말씀이어서 대단히 고마웠다. 감사의 인사를 드렸지만 얼굴이 화끈거리고 몸 둘 바를 모를 지경이었다.

그러고 보니 우리는 규정하고 분류하기를 얼마나 좋아하던가. '○○는 보수 꼴통'이고 '○○는 좌빨' 아니 '종북'이고 '○○는 홍어' '○○는 흉노족'으로 규정하며 진영의 논리를 일삼지 않았던가? 주장과 내용을 검토하기 전에 지역과 학연, 혈연 등으로 규정부터 하고 편을 나누고 상대방을 비난하는 데에 익숙하지 않은가 말이다. 일상의 경향이 학술발표의 장에까지 '자연스럽게' 연결되었기에 외부의 시선에 그처럼 두드러져 보인 것이 아닐까 싶다. 실제의 내용에 대한 치밀한 탐구 없이 정의를 내리고 규정하는 행위는 본질에의 접근을 방해하고 포용력을 약하게 하는 편견일 뿐이라는 생각이다. 그러나 이미 몸에 배었으니 어떻게 고칠까 그게 걱정이다.

[한국일보, 2013. 11. 22.]

구별 짓기, 취향, 시선

오래전 기억이다. 일요일 아침 8시에 늘어져 자고 있는 내게 퉁명스럽고 짜증난 목소리의 전화가 왔다. 예비군 중대에 근무하는 방위병인데 예비군 훈련통지서를 내게 전달하려 해도 전달할 방법이 없었다며 "왜 그렇게 통지서를 전달할 수 없느냐?"며 불평을 쏟아냈다. 통지서는 커녕 아무런 메모조차 전달받지 못했던 나는 어떻게 이 시간에 무례한 전화를 할 수 있느냐며 화를 냈고 결국 말싸움으로 이어졌다. 혈기를 주체 못하던 시절이었기 때문인데, 그 대가는 가혹했다. 얼마 뒤 날아온 동원예비군 통지서에는 훈련지가 서부전선 최전방 어느 부대로 되어 있었던 것이다. 꼼짝없이 3박 4일을 그곳에서 보내게 되었는데, 애당초 그곳에서 훈련을 받게 되었던 것인지도 모르겠다. 그러나 그전의 동원예비군 훈련은 동네에서 가까운 곳에서 편하게 받았었는데 낯선 곳에서 모르는 사람들과 고생하게 되었으니 나로서는 방위병의 보복(?)으로 여길 구석이 많았다.

버스가 몇 시간 달려 도착한 그곳은 내가 군생활을 한 중부전선 전방부대에 비해서도 나은 점을 찾기 힘든 곳이었다. 닳아빠진 텐트 속에서 먹고 자며 낮에는 뙤약볕, 밤에는 추위와 싸우다보니 현대식 막사에서 생활하던 예전 훈련이 천국 같았다. 사격, 전술훈련 등은 별일 아닌데 식사가 번거로웠다. 총 메고 철모 쓰고 밥과 국을 타서 나무 그늘 밑에 쪼그려 앉아 홀로 꾸역꾸역 먹어야 하는 신세가 처량했는데, 식사 때마다 둘러 앉아 왁자지껄하게 밥을 먹는 예비군들이 있었다. 그들은 '사제' 김치는 물론 제육볶음, 장조림, 닭발, 멸치볶음, 무말랭이, 삶은 계란, 튀김, 쌈장과 상추, 마늘 등등 얼핏 보아도 10여 가지가 넘는 온갖 반찬을 늘어놓고 성찬을 즐기고 있었다. "어떻게 제대로 된 반찬 없이 밥을 먹을 수 있느냐"며 주변에 합류하기를 큰 목소리로 강권하는 그들의 모습이 한편으로는 부럽기도 했다. 식사 때마다 요란스럽게 벌어지는 일이라 본의 아니게 그들을 관찰하게 되었는데, 대체로 그들은 같은 동네에서 자란 친구들로서 자신들이 자란 지역에 계속 사는 토박이들이었다.

산해진미는 아니더라도 산속 군부대에서는 도저히 구할 수 없는 다양한 먹거리로 식사를 즐기는 이들을 보니 예전 우리 집에 세 살던 할아버지가 생각났다. 할아버지는 일생을 막노동으로 살아온 분으로 나의 중·고등학교 시절 우리 집의 건넌방에서 홀로 사셨다. 사실 홀로 사셨다는 표현이 적절하지는 않다. 미니 2층이던 우리 집의 반 지하 방에는 할아버지의 딸과 사위 내외가 살고 있었으니 말이다. 어쨌거나 건넌방에서 홀로 지내시던 할아버지는 언제나 단정한 넥타이 차림이었다.

간혹 일이 생겨 날품팔이를 하실 때를 제외하면 집 앞 구멍가게의 기다란 의자에 앉아 쥐포에 소주를 비우실 때도 그랬고 한여름 동네 놀이터에 손녀를 데리고 가실 때에도 늘 넥타이를 하고 계셨다. 어른이 되고 나서 넥타이가 얼마나 귀찮은 것인지를 알게 된 후 언제나 넥타이를 하고 계시던 할아버지는 얼마나 불편했을까 종종 생각하곤 했다. 지금 생각하니 그 할아버지는 평생 대우받지 못한 막일꾼으로서의 자신의 모습을 떨쳐버리고 싶으셨기에 노년에나마 넥타이로 옛날의 자신과 구별 지으려 하셨나 보다 정도로 짐작할 뿐이다.

예비군 훈련장에 온갖 반찬을 가져와 왁자지껄하게 먹어대던 동네 친구들의 모습, 집안에 혼자 있을 때도 넥타이를 항상 매고 계시던 할아버지의 모습은 전혀 달라 보이지만 결국 남과 자신을 구별 짓고 싶은 욕구에서 비롯된 행위가 아닐까 싶다. 두 에피소드는 남의 시선을 끊임없이 의식하고 비교하는, 그래서 일상의 행복이나 만족마저도 다른 이의 평가를 통해 검증받으려는 우리의 의식구조가 적나라하게 반영된 경우가 아닐까 하는 생각이 든다.

[경기일보, 2013. 6. 6.]

가르칠 만한 녀석

"소년이여, 너는 가르칠 만한 가치가 있는 녀석이다(孺子可教)."

중국사에서 숱한 영웅과 인물이 등장하지만 최고의 참모이자 전략가로는 한 고조 유방의 참모 장량張良이 꼽힌다. 장량은 자가 자방子房이어서 흔히 '장자방'으로 불리는데, 후대에 뛰어난 참모를 얻을 경우를 두고 '나의 장자방이 생겼다'라는 표현이 관용어로 쓰였을 정도로 장량은 완벽한 참모상을 구현한 인물이었다.

장량은 본래 한韓나라 사람으로 3대에 걸쳐 재상을 배출한 명문의 후손이었으나 진시황에 의해 6국이 멸망한 뒤 집안이 영락하였다. 자연히 진시황에 대한 적개심이 하늘을 찔렀던 장량은, 동이족이라는 설이 있는 창해역사를 시켜 진시황을 암살하려다 실패하여 쫓기는 몸이 되었다.

하비로 피신한 장량이 어느 날 하비교 근처를 지나고 있을 때였다. 어떤 노인이 일부러 신발 한 짝을 다리 밑으로 떨어뜨리고는 장량에게 신발을 주워 달라고 부탁했다. 장량이 신발을 주워 오자, 노인은 한술 더 떠 발에다 신겨 달라고 하는 것이 아닌가. 언짢은 내색을 감춘 장량이 무릎을 꿇고 신을 신겨 주자 노인이 빙그레 웃으며 "소년이여, 너는 가르칠 만한 가치가 있는 녀석이다."라고 말했다. 그리고는 닷새 후 아침에 다리 위에서 자신을 기다리라고 했다.

닷새 후 아침 다리 위로 나온 장량에게 노인은 "늙은이와 약속을 하고서 늦게 나오다니, 어찌된 노릇이냐?"라고 화를 내면서 닷새 뒤 다시 나오라고 하고는 가버렸다. 닷새 뒤 새벽에 다리로 나온 장량보다 먼저 나와 있던 노인은 또다시 늦었다고 하며 닷새 후 오라며 화를 내고 가버렸다. 닷새 후 해가 뜨기도 전 캄캄한 새벽에 장량이 다리 위로 나가니 어둠 속에 나타난 노인이 웃으며 장량에게 책 한 권을 주었다. "이 책을 읽으면 제왕의 스승이 될 수 있으며, 10년 후에는 그 뜻을 이룰 것이네. 그리고 13년 뒤에 제수濟水 북쪽에서 나를 만날 수 있을 것인데, 곡성산 아래의 누런 돌(黃石)이 바로 나일세." 하고는 그곳을 떠났다.

노인이 준 책은 중국 고대의 병법서로 유명한 『황석공소서黃石公素書』로서 이 책을 깊이 연구한 장량은 후에 유방의 책사가 되어 한나라 개국에 큰 공을 세웠다. 그러나 노인의 진정한 뜻은 책을 전해 주려는 것이 아니었다. 장량을 거듭 시험한 이유는 '참는 연습'을 시키기 위함이었다. 항우는 백 번 싸워 백 번 이기는 싸움의 귀재였으나 자신을 다스리지 못하고 함부로 칼날을 사용하였다. 반면에 유방은 자신을 낮추고 참고 참아서 상대가 약해지기를 기다려 결국 최후의 승자가 되었다. 유방의 뒤에는 뛰어난 참모 장량이 있었던 것이다.

북송의 대문호 소동파는 〈유후론留侯論(장량은 유후에 봉해졌다)〉에서 이렇게 말했다.

> 천금을 가진 부자의 아들은 도적에게 죽음을 당하지 않으니 그 이유는 왜일까? 몸이 아까워 함부로 도적에게 죽을 수가 없기 때문이다. 자방은 세상을 덮을 만한 재주를 가지고서 커다란 계책을 세우지 않고 작은 계책을 구하니 다리 위의 노인이 애석하게 여긴 것이다. 이러므로 거드름을 피워 자방의 기를 깊이 꺾어 놓았으니 노인의 생각에 자방이 참는 바가 있은 뒤에야 큰일을 이룰 수 있다고 생각해서였다. 그래서 "이 아이를 가르칠 만하다"고 한 것이다. 남에게 보복할 뜻이 있으면서 남에게 자신을 낮추지 못하는 것은 필부匹夫(한 사람의 남자, 곧 보잘것없는 사내)의 강함일 뿐이다. 노인은 장량의 재주가 넉넉하나 도량이 부족함을 걱정하였다. 그러므로 소년의 날카로운 기운을 깊이 꺾어버리고 그로 하여금 작은 분개를 참아 큰 계책을 이루게 한 것이다. 유방이 승리한 이유와 항우의 패배는 참을 수 있느냐 참을 수 없느냐의 차이일 뿐이다. 항우는 참지 못하여 백 번 싸워 백 번 이기는 싸움의 귀재였으나 함부로 칼날을 사용하였고, 유방은 참아서 온전한 칼날을 길러 상대가 피폐해지기를 기다렸으니 이것은 자방이 가르쳐 준 것이다. 천하에 대용大勇(큰 용기)이 있는 자는 갑자기 닥쳐도 놀라지 않으며 까닭 없이 방해해도 성내지 않으니 그가 평소 지키는 것이 매우 크고, 뜻이 원대해서이다. 큰 뜻을 품은 사람은 참고 견뎌낼 줄 아는 법이다.

가르칠 만한 녀석(孺子可敎)
19세기 민화, 종이에 채색, 96.5×50.5cm, 가회민화박물관.
장량이 무릎 꿇고 노인에게 신발을 신겨 주고 있다. 장량이 용 위에 그려진 것은 훗날 출세할 것을, 노인이 말을 탄 것은 그가 높은 신분임을 암시한다. 글씨가 거울에 비쳐진 것처럼 써진 것은 상서로움을 알려 주는 일종의 장치이다.

각설탕과 제3의 길

페이스북을 하되 열심히 하지는 않는다. 바쁘다는 것은 핑계일 뿐 내 생활이 지지부진하여 통 올리지 못하고 있는데 페친들의 즐거운 사연이 올라올 때면 은근히 짜증이 나곤 한다. SNS를 할수록 소외감 또는 고립감을 느끼게 된다는 기사를 본 적이 있는데 그런 경우가 다른 사람 얘기가 아니었구나 하는 생각이 들곤 한다.

페친 중에 일본 관계 정보를 자주 올리는 일본통이 있다. 젊은 시절 다른 나라에 유학한 경우 특히 그 나라가 선진국일 경우에는 자신이 경험한 그 나라의 장점에 깊숙이 빠지게 되는데 이 친구가 유독 그렇다. 이 친구가 일본 출장이라도 갈 때면 일본의 풍경과 음식 사진들로 나의 페이스북은 도배되다시피 한다. 그가 올린 여러 사진 가운데 "누런 각설탕과 흰 각설탕이 함께 나오는 일본 찻집의 배려"라는 설명이 써진 사진에 특별히 눈길이 갔다. 하얀 냅킨에 싸인 노란 각설탕과 흰 각설탕이 식탁 위의 작은 바구니에 들어 있어서 앙증맞았다. 정확히 말하자면 각설탕이 아닌 둥근 설탕이 맞다. 각설탕이라 하면 문자 그대로 분말 설탕을 네모나게 굳혀 만든 설탕인데 사진 속의 설탕은 둥글게 굳힌 설탕이니 둥근 설탕 또는 원 설탕이라고 불러야 할지 모르겠다.

최근 일본에서 개최된 학회에 참석하게 되었다. 간만에 간 일본이라 비행기 표를 최대한 이른 시간으로 하여 이곳저곳 둘러보느라 식사도 제대로 못하고 돌아다니다 저녁 무렵에야 겨우 숙소에 도착했다. 부랴부랴 씻고 대학 구내식당의 저녁 식사 모임에 도착하니 다음날부터 개최되는 학회의 발표자 및 관계자들이 거의 앉아 있었다. 대학 구내식당답지 않은 호화스런 식당 내부도 인상적이었고 격식을 갖춘 프랑스 요리도 놀라웠다. 후식으로 커피와 함께 노랗고 둥근 각설탕(?)과 희고 둥근 각설탕이 예쁜 그릇에 담겨 나왔다. 각설탕을 보자 페이스북의 기억이 불현듯 떠올랐다. 잠시 생각에 빠지느라 대화를 놓쳐 핀잔을 듣기도 했지만 각설탕으로 인해 떠오른 생각은 죽 이어졌다.

학회일정을 마친 후 한국 유학생들과 우리나라에서 공부한 일본인 연구자들과의 자리가 있었다. 여러 대화 중 각설탕을 중심으로 우리나라와 일본 문화의 특징이 비교되었다. 일본의 정확함과 친절에 대비되는 우리의 대강 넘어가는 기질, 상대에 대한 배려 부족 등이 언급되자 여러 말들이 쏟아졌다. 우리나라에서 공부한 일본인 연구자가 말문을 열었다. "한국에서의 유학 경험은 대단히 유익했어요. 무엇보다 따뜻했어요. 일본은 철저히 개인적인데 한국에서는 끈끈한 선후배의 정이 있어 모르는 것을 알려주고 아무 조건 없이 자료를 빌려주는 등 형제처럼 여기는 태도가 얼마나 고마웠는지 몰라요." 그러자 비슷한 경험을 공유한 여러 사람들의 호응이 컸다. 물론 한국에서의 경험이 그리 유쾌하지만은 않았다는 사람도 있기는 했지만, 그런 것은 문화의 차이일 따름이지 그렇다고 해서 한국을 비하해서는 안 된다는 속 깊은 결론을 내리기도 했다. 이 방면의 대화를 먼저 시작한 나의 얼굴이 화끈거렸다. 여러 모로 아직 연륜이 깊지 않은 사람들이라 우리나라 문화의 폭과 깊이를 어찌 알랴 생각했는데 그들의 눈은 한일 양국 문화의 깊은 속내까지 이해하고

일본 교토 동지사(同志社)대학 교정
1875년에 세워진 명문 사립대학으로 시인 정지용과 윤동주가 졸업했다.

있었기 때문이다.

‘제3의 길’이라는 단어가 유행한 적이 있다. 좌파와 우파를 적당히 섞어놓은 것에 불과하다는 비판도 받았지만 그 이름의 여운은 내겐 아직 크다. 사회체제니 이념이니 하는 거창한 것을 논하려는 게 아니다. 한국과 일본으로 좁혀 보면 민족국가인 두 나라는 애국을 지상의 목표 가운데 하나로 간주하고 있다. 자국에 대한 애국심을 제1의 길이라면 한국과 일본은 각기 1개씩의 길을 갖고 있다고 할 만하다. 한국과 일본의 두 길은 지향이 너무나 다르고 서로에 대한 이해를 위한 노력도 부족하여 결국 평행선을 달리는 느낌이다. 상대에 대한 이해를 위한 노력은 물론 자국문화에 대한 투철한 성찰을 통해 근거 없는 미화나 자기비하를 넘어서는 것이야말로 한·일 두 나라에 있어 진정한 의미에서의 제3의 길이 아닐까 싶다. 사소한 경험을 통한 손쉬운 결론이라 할 수 있지만 귀국 이후에도 뇌리에서 떠나지 않는 생각이다.

[한국일보, 2014. 10. 10.]

나이 듦에 대하여

'나이 듦에 대하여'라는 글을 쓸 만큼 나이 먹지도 않았기에 이런 제목의 글을 쓰자니 귀가 간질거리기도 한다. 그렇지만 아침저녁으로 서늘한 기운이 느껴지고, 마로니에 열매는 떨어지고 있으며 긴 옷 꺼내놓을 준비를 하고 있지 않은가. 그렇게 세월은 가고 어른이 되고 아버지가 되나 보다.

나이 듦의 징표는 다양하고 생각지도 않은 것들에서 드러나곤 한다. 나부터 돌아보기로 한다. 언제부턴가 꼬박꼬박 횡단보도로만 건너고 파란불이 아니면 절대 길을 건너지 않게 되었다. 왜냐고? 무단횡단 하다 비명횡사까진 안 가도 접촉사고가 나서 다치는 경우와 횡단보도에서 다치는 경우는 보험금에서 비교가 되지 않기 때문이다. 그렇다. 나는 보험금 아니 돈 때문에 바른생활 사나이가 되었다. 언제부턴가 고속버스 등 빨리 달리는 버스를 탈 때면 안전벨트를 매고 있는 나를 발견한 지 오래다. 벨트를 매면 안전하다니 불편을 참을 수 있다. 안 다치려면 그 정도는 감수하며 살아가야겠다고 마음먹은 지도 꽤 되었다. 한때 젊음의 아이콘이었던 가수들의 노래가 추억의 가요에서 나올 때면 시간의 빠름을 실감함은 물론이다. 그래서 그들의 살찐 몸과 굵은 주름이 불편해 이른바 7080 가수들이 나오는 프로그램을 의식적으로 멀리하는 내 자신을 보곤 한다. 그런가 하면 TV에 나올 때면 설레던 걸 그룹 소녀들이 언제부터인지 딸같이 보이니 자괴감이 앞선다.

뿐인가 '젊었던 시절' 이야기를 과시하듯 떠들곤 할 때면 더욱 그렇다. 젊은 친구들 앞에서 홀로 몰입하여 지난 일을 구구절절이 설명하는 나의 모습을 발견할 때야말로 세월이 많이 갔음을 느낀다. 그러다가 젊은 친구들에게 나이, 출신지 등을 따지듯 물으며 별로 미안해하지 않음은 물론 한 술 더 떠 본관에 형제 등 시시콜콜한 것까지 뻔뻔하게 묻는 내 자신에 놀란다. 언제부턴가 문상 갈 때면 망자께서 어떻게 돌아가셨는지를 자세히 묻고 어느 샌가 공감하는 나를 발견하곤 한다. 화장실에서 머리에 온갖 크림, 왁스 등을 바르며 헤어스타일에 신경 쓰는 젊은 친구들이 우습기도 하고 부럽기도 할 때도 그렇다. 나 역시 그 시절에는 외출 한 번 하려면 옷장을 뒤져 옷을 입었다 벗었다 하며 시간에 쫓겼는데 어느새 그런 것에 신경이 가지 않게 되었다는 사실을 떠올린다. 다른 사람의 시선에 관심이 있는 것도 젊은 시절뿐이라는 것을 알기 때문이다. 식사 뒤 신경을 안 쓰면 트림이 꺽꺽 나오곤 하는데 좀 더 지나면 남들 앞에서 방귀를 소리나게 뀌면서도 부끄러움을 느끼지 못하게 되는 것이 아닐까 두렵다.

나이를 먹으니 창피함이 줄어들더라는 사실에 생각이 미치다 보니 정치가들이야말로 나이를 제대로(?) 먹어가는 사람들이라는 생각이 든다. 그 사람들이 동시대를 살아가는 사람들이 맞는가 하는 생각이 들기도 하고, 심지어 저들도 이상이란 걸 가졌던 시절이 있었을까 하는 생각이 들 때도 있다. 이래저래 정치가들이야말로 나이 든다는 사실에 잘 적응하고 또 적절히 이용하는 사람들이 아닐까 싶다.

영국의 작가 서머셋 몸의 단편 〈레드〉로 기억한다. 남태평양의 어느 섬에 도착한 빨강머리 젊은 선원 레드가 아름다운 원주민 여성을 만나 사랑에 빠져 행복하게 살았다. 어느 날 선원은 멀리서 온 배를 충동적으로 타고 떠나갔다. 젊음은 좁은 섬에서 한 여인과의 사랑만으로는 만족하기 어려웠나 보다. 선원은 잠시 다녀오려고 했을지도 모른다. 그러나 남자가 오래도록 돌아오지 않자 여인은 어쩔 수 없이 다른 남자와 결혼했지만 돌아오지 않는 남자를 못 잊어 했다. 몇 십 년이 지난 어느 날 뚱뚱하고 천박한 빨강머리 선원이 원주민 여인과 결혼한 영국인 남자의 집에 왔다. 이런 자에게도 젊은 시절이 있었을까 궁금할 정도로 무지하고 혐오스러운 그 자가 레드라는 것을 남편은 알았지만 펑퍼짐하고 심드렁한 중년의 아낙네가 되어버린 부인과 레드는 서로를 알아보지 못했다. 닳아버릴 대로 닳아버려 회상하기도 싫은 너절한 옛사랑의 그림자라고나 할까. 어릴 적엔 허무하다 못해 추한 결말에 너무나 실망하여 다시 생각하기도 싫었다. 그러나 이젠 〈레드〉야말로 몸의 걸작 가운데 하나라는 사실에 동감한다. 이것도 나이 들어 알게 되었다. 세월은 이렇게 가나 보다.

[한국일보, 2014. 8. 29.]

이백과 두보

국문과 여학생들이 예쁘다는 소문에 혹한 게 발단이었다. 혹시 수업이라도 같이 들으면 뭔가 일이 생기지 않을까 하는 마음에 덜컥 수강신청을 한 게 두 번째 실수였다. 수강신청 변경하기도 쉽지 않던 시절이었기에 개강하고 나니 빼도 박도 못하고 수업을 들을 수밖에 없었다. 무엇에 홀렸는지 모르겠지만 국문과 학생들도 어떻게든 도망가려고 기를 쓴다는 그 과목을 겁도 없이 들었다. 이름하여 '한문강독'이었다. 타과에서 온 학생은 나 혼자이니 대화할 상대도 없었고 그저 꾸역꾸역 진도를 따라갈 뿐이었다.

수업 진행은 무지막지했다. 3시간 연강이 안 되던 때라 화요일 오전에 1시간 수업을 한 후 금요일 오후에 두 시간 수업을 했다. 화요일 한 시간 동안 중국의 명문을 죽 한번 읽고 설명하면 끝이었고, 금요일에는 화요일 수업내용을 노트에 볼펜이나 만년필로 100번, 모필로 한자 전용 노트에 30번, 화선지 큰 종이 한 장에 써온 것을 검사 받았다. 노트 검사가 끝나면 써온 내용을 외워 쓰는 시험을 치러야 그 주 수업이 끝났는데, 못 외우면 그 다음 주에 재시험을 봐야했다. 요즘 대학 수업을 이런 식으로 하면 당장 폐강되겠지만 그때는 그러려니 했다. 4학년 1학기 내내 다른 과목은 무얼 들었는지 생각조차 나지 않는다. 국문과 여학생들의 미모(?) 따위는 눈에 들어올 겨를도 없었다. 한 주 한 주가 왜 그리 빨리 가는지 모르겠고 그저 쓰고 또 쓰며 무모한 선택을 한 자신을 원망할 뿐이었다.

그런데 어느 순간 참으로 기묘한 일이 생겼다. 언제부터인지 모르겠지만 괴로움을 즐기는 나를 발견하게 된 것이다. 한 주 한 주가 지나면서 굴원의 〈어부사〉, 제갈량의 〈전출사표, 후출사표〉, 왕희지의 〈난정기〉, 이백의 〈춘야연도리원서〉, 두보와 백거이의 시, 한유의 〈사설〉, 소동파의 〈전적벽부, 후적벽부〉, 주돈이의 〈애련설〉, 구양수의 〈추성부〉 등을 줄줄 외는 내가 대견스러웠고 또 그 글의 멋과 맛에 푹 빠지게 된 것이다. 아무리 힘들어도 이 과목만큼은 잘 끝내야겠다는 나름의 다짐까지 하며 열심히 쓰고 외우느라 분주했다. 젊어서인지 긴 문장도 여러 번 쓰면 어렵지 않게 술술 외워졌다. 얼마 전 중국 작가들과의 술자리에서 〈적벽부〉와 〈출사표〉를 볼펜으로나마 줄줄 써대며 '가오' 잡았던 것도 그때 머리 깊숙이 새겨진 덕분이다.

중국 문학의 평가에 관한 소박한 의문이 있었지만 수업 때 질문하지 못했다. 소심한 탓이 크지만, 조금 더 공부하면 알게 될 것 같았고 세월이 가면 답이 나오지 않을까 하는 생각이 들기도 했기 때문인데 이제야 의문이 풀렸다. 젊을 적에는 왜 이백보다 두보가 더 높은 평가를

이백
(701~762)

두보
(712~770)

받는지 이해할 수 없는데 세월이 흐른 지금은 알게 되었다는 말이다. 젊은 시절에는 보통 사람들은 생각조차 할 수 없는 호쾌한 시세계로 '시의 신선詩仙', '벌을 받아 인간세계로 쫓겨 내려온 신선謫仙'이라 불리는 이백보다 쓸쓸하고 답답한 소리만 하는 두보가 더 높은 평가를 받는 것이 이해가 가지 않았다. 두보의 글은 왜 그리 어두운지 이백에 비하면 궁상 그 자체로 여겨질 정도였다. 두보의 일생 자체가 고난의 연속이었던 탓에 그의 시세계가 밝은 면보다 어두운 면이 많다고 보기도 한다. 그러나 이젠 알겠다. 고난과 역경이 어찌 두보뿐이랴! 인간사 자체가 후회의 연속이고 이상은 높지만 현실은 남루하며 밝은 일보다 어두운 일이 훨씬 많음을 알게 되었으니 말이다. 그러고 보면 천재형인 이백은 답답한 인간사를 넘어선 초월적 세계를 제시하려 했고 노력형인 두보는 인생 자체의 의미와 본질에 다가서려 했던 것이 아닌가 하는 생각이 들기도 한다. 어쨌거나 젊은 머리가 외우는 공부에는 좋지만 인생의 전반을 살피고 조망하는 데는 부족함을 알게 되었다. 나이 먹는 즐거움이 하나 더 늘었다. 가을은 두보의 시가 어울리는 계절이다. 『두보시선』을 꺼내 놓아야겠다.

[한국일보, 2015. 9. 17.]

모든 것에는 이유가 있다

육회가 나왔다. 메인요리가 준비되는 동안 작은 접시에 담긴 육회가 나온 것인데 육회를 좋아하지 않기에 눈여겨보지 않았다. 그런데 구석에서 "이 집은 왜 계란이 없어요?"라는 앙칼진 목소리가 터져 나왔다. 모임의 여러 사람이 육회와 그녀를 번갈아 보며 한마디씩 했다. "정말 그렇네 ……" 또는 "육회엔 계란이 있어야지"에서 "계란이 없으니 깔끔한데" 등등 여운이 이어졌는데, 계란이 없다고 외친 여인이 덧붙였다. "난 어릴 적에 계란 프라이 한 번 제대로 못 먹었다고요. 계란 프라이는 2대 독자에 장남인 오빠만 먹었고 세 여동생은 부러운 눈으로 쳐다보고만 있었단 말이에요! 그래서 우리 세 자매는 언제나 계란만 보면 먹고 싶어 안달이었어요. 이 나이가 되어도 '계란' 하면 느낌이 달라요. 이집 육회에는 왜 계란이 안 나오는지 그것이 궁금하단 말이에요!" 10여 년 가까이 지속된 모임에서 그다지 말이 없던 여인의 격정에 찬 토로는 처음이라 다들 귀가 쫑긋했다. 이후 음식에 대한 트라우마가 봇물처럼 쏟아졌다.

다른 여인이 덧붙였다. "저는 대접받고 컸어요. 아빠랑 동급이었다니까요. 통닭을 시키면 닭다리는 아빠랑 하나씩 뜯었어요. 그런데 유학 시절 닭을 튀겨 식탁에 놓은 다음 부엌을 잠깐 정리하고 왔더니 글쎄 남편이 다리 두 개를 다 먹었더라고요. 그때 얼마나 소리 지르고 길길이 날뛰었는지 몰라요. 저의 자존감을 짓밟은 남편을 용서하기 힘들었어요. 그런데 남편의 말을 듣고 나니 되레 안쓰러웠어요." 남편의 말인즉슨 이렇다. 두메산골 출신인 그녀의 남편은 중학교에 진학하면서 도시에 사는 친척 집에서 지내게 되었다. 일종의 유학이었는데 남편이 잠이 들면 그 집에서는 맛있는 음식을 몰래 해먹거나 통닭을 시켜먹었다는 거다. 한창 나이에 다른 음식도 물론 먹고 싶었지만 통닭 냄새야말로 견디기 힘든 유혹이었다. 문 밖에서 은밀히 벌어지는 통닭 파티가 너무나 부러웠던 남편은 닭요리라면 무조건 좋아하게 되었고 특히 닭다리에 대해서는 일종의 편집증 같은 집착이 생겼다고 했다. KFC건 양념치킨이건 백숙이건 간에 닭다리는 무조건 '내 것'이 되어야 한다는 강박관념이 있던 남편이 간만에 닭다리를 보자 식탐을 멈출 수 없었다는 일종의 고해성사를 듣고선 그의 만행(?)이 이해되었고 용서할 수 있었다고 했다.

구석에서 빙긋빙긋 웃으며 이런저런 얘기를 듣고 있던 나이 지긋한 선배께서 한 말씀 하신다. "내가 모신 ○○ 화백님께서 세발낙지를 얼마나 좋아하시던지 양동이로 하나를 다 드시는 거야. 뻘에서 막 잡아와 꼬물거리는 녀석들을 초장에 찍어 훌훌 드시는데, 얼마나 맛있게 드셨는지 몰라. 침을 삼키며 보고 있는데 아 이 양반이 한 마리도 안 남기시는 거야 글쎄. 남기신 적도 먹어보라는 말씀도 하신 적이 없어. 한두 번이 아니야. 그때마다 얼마나 먹고 싶었던지 표시도 못 내고 하여간 죽을 뻔했어. 난 그 후로 세발낙지만 보면 눈앞에 보이는 건 모두 먹어 치워야 직성이 풀리게 되었다니까." 남도 바닷가에서 노 화백님을 오래 모셨던 선배가 낙지에 집착이 있다는 사실도 그날 처음 알았다. 그러고 보니 나 역시 떡집 근처만 가면 약과를 사가는 통에 집에서 핀잔을 듣곤 한다. 아마도 형제 많은 집에서 자란 덕분에 약과 부스러기밖에 먹지 못한 어릴 적의 결핍감이 컸을 것이라 짐작한다.

그렇다. 사람의 행동엔 다 이유가 있다. 음식은 예에 불과할 뿐 인간의 저 깊은 무의식의 바닥에는 자신도 잘 모르는 흔적과 생채기가 이렇게 깊이 새겨져 있나 보다. 어려서 받은 학대가 얼굴에 써져 있을 리 없고 가슴 깊은 곳에 숨겨 둔 서러움이 다른 사람들 눈에 띌 가능성도 희박하다. 지하철 성추행범이나 몰카를 찍어대는 자들이 대개 멀쩡한 직업에 소심한 사람들이라는 통계가 실감날 때가 있다. 그들의 역겨운 행동을 두둔하려는 게 아니다. 그들 역시 어떤 결핍과 견디기 힘들었던 고통이 성인이 된 후 왜곡된 형태로 표출된 것이 아닐까 하는 생각이 들기 때문이다. 다른 사람 얘기할 것 없다. 나의 의식의 바닥에는 무엇이 또 어떤 것이 더 숨어있을까. 그래서 언제 어떤 모습으로 드러날까 그것이 알고 싶다.

[한국일보, 2014. 9. 19.]

'덤불 속'을 생각하며

새해 첫날이면 어떤 사람은 언제나 만해 한용운의 〈님의 침묵〉을 읽는다고 했고, 누군가는 동해 바닷가에 가서 일출을 보며 새해 구상을 한다고 하였다. 이 사람들의 규칙적인 모습은 게으른데다 불규칙한 생활 습관을 가진 나 같은 자에게는 그저 부러움의 대상이다. 그렇지만 해가 바뀔 무렵이면 저절로 머리 한구석에 떠올려지는 작품이 있다. 대학시절 읽은 소설인데 연말연시는 물론 중요한 결정을 앞두거나 골치 아픈 상황과 맞닥뜨리면 본의건 본의 아니건 그 내용과 의미가 머릿속에 오락가락하는 걸 보면 신기할 때도 있다.

일본 최고의 문학상은 35세의 나이에 '그저 막연한 불안'이라는 유서를 남기고 자살한 아쿠다가와 류노스케芥川龍之介를 기리기 위한 '아쿠다가와 상'이다. 아쿠다가와 류노스케는 "잘 정제된 보석"같은 언어로 인간의 내면과 인간사의 진리를 예리하게 묘사하였다. 그 중에서도 〈덤불 속〉은 압권이다. 일본의 영화감독으로 스티븐 스필버그, 조지 루

카스 등에게 지대한 영향을 준 구로사와 아키라의 영화 〈라쇼몽〉은 아쿠다가와 류노스케의 두 단편소설 〈라쇼몽〉과 〈덤불 속〉의 조합으로 이루어낸 걸작으로 유명하다.

아쿠다가와 류노스케
(芥川龍之介, 1892~1917)

〈덤불 속〉의 줄거리는 사실 간단하다. 산 속에서 무사의 시체가 발견되자 수사에 나선 수사관에게 사건과 관련이 있는 사람들이 진술을 하는 방식으로 진행된다. 말에서 떨어진 통에 사로잡힌 도둑 다조마루는 이제 막 결혼해 길을 나선 무사의 신부에 마음을 빼앗겼다. 무사의 부인을 취하기 위해 다조마루는 무사에게 산기슭에 묻힌 보물을 찾아 나누자고 유혹하였다. 물욕에 사로잡힌 무사는 다조마루를 쫓아 산으로 올라가고 말았다. 으슥한 곳에서 본색을 드러낸 다조마루와 무사는 격렬한 대결을 벌였으나 무사는 악명 높은 도둑 다조마루의 상대가 될 수 없었다. 무사를 나무에 묶어두고 무사의 부인을 겁탈한 후 달아난 다조마루는 다리를 건너다 말에서 떨어져 체포되고 말았다. 경찰에 잡힌 다조마루는 수사관에 무사의 시체와의 연관에 대한 취조를 받게 된다.

이상에서 보듯 줄거리는 복잡하지 않지만 수사관 앞에 진술하는 다조마루와 무사의 부인 그리고 무당의 입을 빌려 말하는 무사의 영혼의 진술은 달랐다. 다조마루는 무사의 부인을 차지하기 위해 무사와 결투를 벌인 후 무사를 죽였다고 했지만, 무사의 부인은 다조마루에게 정조를 빼앗긴 자신을 멸시하는 남편을 자신이 죽였다고 진술하였고 무당의 입을 빌린 무사의 영혼은 수치심에 자결했다고 하였다.

몇 해 전 모 대학에서 강의하다가 학생들에게 〈덤불 속〉을 읽고 독후감을 써오라는 과제를 낸 적이 있다. 객관성의 문제를 함께 생각해 보자는 의미에서였는데, 일본에서 유학 온 여학생의 레포트를 통해 〈덤불 속〉을 분석한 글이 수백 편이 넘고 진정한 사실을 알고자 여러 차례 재연도 했지만 아직도 진실은 오리무중이라는 것을 흥미롭게 읽

일본 교토 용안사(龍安寺)의 돌정원
일본적 미감과 선종(禪宗) 세계관의 정수를 반영했다는 평을 듣는다.

었다. 〈덤불 속〉의 '진실'을 알기 위한 이런 시도에 아쿠다가와 류노스케는 깔깔대며 웃어넘길지도 모르겠다. 그가 의도했던 것은 인간이란 불완전한 존재이고 기억이란 얼마든지 자기에게 이롭게 구성될 수 있음을 보여주려 한 것인데 겨우 누가 죽였는가에 관심이나 갖다니 …… 하고 말이다.

우리는 흔히 "내 눈으로 똑똑히 봤어!" 또는 "내가 경험한 것이니 이게 맞아!" 등등의 말을 쉽게 한다. 자신이 본 것이니 진실이고 자신이 겪었으니 맞다고 생각하는 것인데, 시각이라는 것 그리고 기억이란 자신의 필요와 생각, 관점에 따라 얼마든지 달라질 수도 있음을 염두에 두어야 한다. 정치적 견해와 입장 등에 따라 과거는 물론 어떠한 현상에 대한 평가는 완전히 달라질 수도 있음은 물론이다. 이번 대선의 패인에 대한 민주당의 갈등과 수개표 논란 등을 보니 〈덤불 속〉 생각이 또다시 떠오른다.

[경기일보, 2013. 1. 24.]

나의 리즈 시절

언제부터인가 인터넷에서 '리즈시절'이라는 말이 종종 나와 어리둥절했다. 우리 세대의 감각으로는 리즈하면 당대 최고의 미녀 배우였던 엘리자베스 테일러를 의미하니 도무지 무슨 말인지 알 수 없었다. 그러다가 역시 인터넷으로 찾아보니 리즈시절이란 "현재 영국 프리미어리그 축구 클럽 맨체스터 유나이티드에서 활약하고 있는 앨런 스미스선수의 팬들이 앨런 스미스가 과거 뛰어난 활약을 펼쳤던 리즈 유나이티드 선수시절을 떠올리며 종종 하던 말인 '리즈시절 스미스 ㅎㄷㄷ' 에서 비롯되었다. 현재는 리즈시절이란 말이 '전성기' 또는 '황금기'를 뜻하는 유사어로 널리 쓰이고 있다."로 되어 있다. 나이 먹으니 새로운 용어의 수용이 늦구나 하는 생각에 서글펐지만, 어쨌든 '리즈시절'이라는 표현은 '아햏햏하다' 등 유치하고 생경한 조어에 비하면 비록 외래어이지만 나름 운치 있는 표현이라는 생각이 들었다.

리즈시절의 뜻을 알게 되니 곧바로 '그 자'가 떠올랐다. 그 자는 '쏭'

또는 '쏭 대위'라 불리는 자였다. 다시 말해 그 자의 성은 '송'이고 계급은 '대위'였으니 중대장이었다. 외모나 성, 이름 등 본인의 의지와 관계없이 부모에 물려받거나 혈연 등에 의해 정해진 것을 비하하는 일은 잘못임에 틀림없다. 그렇지만 꽉 짜인 군기 속에 복종을 강요당하던 시절에 감시자 곧 상관에 대한 비꼼과 불평 없이는 그 세월을 보내기 힘들었다고 변명하고 싶다. 중동부 전선 최전방에서 20대 중반의 3년 가까운 세월을 보낼 적의 이야기이니 벌써 꽤 오래된 이야기이다.

어쨌든 '쏭'은 아직도 뇌리에 선명하다. 지금 생각해도 그 자의 언어와 행동방식은 남을 피곤하게 한다는 일관된 목적의식 하에 이루어진 것 같다는 생각이 드는 걸 보면 참으로 못 말리는 자였음에 틀림없다. 그는 물심양면(?)으로 주변을 못살게 굴었는데 그 가운데 압권은 "생도 때에는……"으로 시작하는 과거 회상이었다. 다소 느릿한 어조로 "생도 때에는……" 하며 만족한 표정으로 과거를 회상하는 쏭 대위의 번들거리는 실눈과 비웃듯 살짝 치켜 올라간 입 주변의 침 자국을 생각하면 아직도 끔찍하다. 그 자가 그토록 자랑스럽게 생각하는 회상에 동참하지 않으면 여러 형태의 가혹한 보복과 응징이 있었으니 우리는 꼼짝없이 초롱초롱한 눈, 존경이 우러나오는 표정과 진지한 자세로 경청하고 과장된 반응을 할 수밖에 없었다.

그런데 문제는 그의 자랑스러운 과거가 실은 조금도 자랑이 될 수 없는 내용이라는 데에 있었다. 쏭은 깡촌에서 태어나 고등학교 졸업 후 사병으로 입대했다가 중사로 지원하여 직업군인이 되었고 다시 장교가 되어 대위가 되었으니 사회와 군대의 밑바닥을 잘 알았다. 쏭이 자랑스럽게 회상하는 그 시절은 장교가 되기 위하여 교육받던 1년여의 시기였고 구체적으로는 생도 때 어쩌다 주말외출 나왔을 때의 경험이었다. "생도 때에는 문이 옆으로 열리는 음식점—출입구가 미닫이로 된 허름한 음식점—에는 출입하지 말라고 했어, 생도의 품위가 무너지잖아", "생도 때에는 외출할 적에 곁눈질을 하지 말라고 했지", "생도는 데이트 할 적에 우산을 들지 않아" 등등 시시한 것들이었는데 그 회상은 매일처럼 반복되었고 그때마다 감탄과 리액션을 요구하였다. 쏭에겐 생도 때가 인간답게 대우받은 최초이자 몇 안 되는 기억이기 때문이리라 하는 생각이 들어 안쓰럽기도 했지만 매번 괴로웠고 진저리가 났다.

같잖은 권력에 취하여 자기 자랑으로 소일하는 인물들을 볼 때면 이미 30대에 조로한 '쏭 대위'가 생각나곤 한다. 한편으론 그가 부러울 때가 있다. 나는 그렇게 애착을 가졌던 시절이 있던가? 그의 리즈시절은 '생도 때'인데 나의 리즈시절은 과연 언제였던가? 담배 연기 자욱한 술집 뒷방에서 막걸리를 들이키며 세상을 바꿀 수 있다고 떠들 적이었던가, 제대한 그날인가, 연애하던 시절인가, 첫 월급 받던 때인가. 쏭 대위의 알량한 회상만큼이나 초라해진 나의 모습을 발견해야 함이 서럽고 슬프다.

[한국일보, 2013. 11. 1.]

러다이트, 히피 그리고 스마트폰

연말연시면 어김없이 찾아오는 여러 행사와 약속 등에 온갖 핑계를 대고 빠지곤 하지만 매년 12월 셋째 주의 망년회 모임에는 꼬박꼬박 침석한다. 학교를 졸업한 지 꽤 되었으니 이젠 신문, 여행, 기획사, 출판 등 여러 직종에 어느덧 중견이 된 다섯 명의 동문들과의 모임인데, 각 분야의 생생한 내용과 요긴한 정보를 들을 수 있어 시간 가는 줄 모를 정도로 흥미진진하기 때문이다.

그런데 올해 모임의 중반부터는 대화가 스마트폰으로 흘러가더니 어느새 성토의 장이 되고 말았다. 여행사를 하는 친구가 내년 1월 약정 기간이 끝나면 2G폰으로 바꾸기로 했다는 폭탄선언(?)을 하자 기획사 대표 역시 내년 상반기에는 자신도 그러려고 했었다고 동조했고 신문 기자는 업무상 스마트폰을 사용할 수밖에 없는 자신의 직업을 원망했다. 이들의 결론은 스마트폰이야말로 필요 없는 정보를 끊임없이 강요하는 애물단지요 휴식을 방해하는 잔소리꾼에 불과하다는 것이었다.

여행사 친구야말로 재작년까지만 해도 스마트폰 전도사였던 걸 생각하면 실로 격세지감이었는데, "미국에서는 스마트폰을 먼저 보는 사람이 모임 비용을 지불하는 게임이 성행한다."는 최근의 경향을 소개하기도 했다. 스마트폰 수리를 맡긴 며칠 간 "전에는 느낄 수 없었던 비교할 수 없는 편안함"에 빠져들었다는 경험과 SNS를 끊은 이후 생긴 기쁨 등을 듣다 보니 출근과 동시에 스마트폰을 회수하고 워키토키를 나눠준 후 불량품이 줄고 안전사고도 예방되더라는 벤처기업 관계자를 만난 올해 초의 기억도 떠올랐다.

'똑똑한 휴대폰', '진보된 기능을 지닌 핸드폰' 등으로 정의되는 스마트폰이 어쩌다 이런 대접을 받게 되었을까. 사실 스마트폰의 폐해는 쉽게 열거할 수 있다. 오래 쓰면 목이 뻣뻣해지는 거북이목 증후군에 걸릴 수 있고 전자파로 인해 눈이 침침해지고, 심신이 쉬 피로해진다는 등의 건강 상의 문제는 물론 아이들의 뇌 발달에 치명적 악영향을 주고, 가족 간에 대화가 없어지며, 운전하거나 걸을 때 이용하면 사고의 위험이 크고 보안에 취약하다는 문제도 꼬박꼬박 나온다. 그러나 이러한 문제를 상쇄할 만큼의 장점이야 또한 많지 않은가 말이다. 휴대폰에 고성능 카메라, 음악은 물론 인터넷 검색, 메일 확인도 가능한 데다 게임까지 할 수 있으니 이보다 신통방통한 물건이 어디 있는가 말이다. 불과 10여 년 전에만 해도 007 영화에서나 볼 수 있는 장비를 누구나 들고 다니고 이용할 수 있게 되었다는 것만으로도 인류 생활의 진보는 명확해 보였던 것이다.

최근의 스마트폰 거부 움직임은 마치 18세기 말 영국 노동자에 의한 기계파괴운동인 러다이트 운동Luddite Movement, 1960년대 미국에서 일어난 물질문명에 항거하는 젊은이들의 그룹인 히피hippie를 생각나게 한다. 그러나 러다이트 운동의 한계는 노동계급의 빈곤의 원인이 기계가 아니라 자본가에 의한 기계의 소유와 노동의 착취, 즉 자본주의가 지닌 모순이었는데 당시의 노동자계급은 자본주의의 모순을 알지 못하였다는 데에 있었다. 히피는 기성의 사회통념, 제도, 가치관을 부정하고 인간성의 회복, 자연에의 귀의 등을 강조하며 평화주의를 주장했지만 대안 문화로서 유효한 비전을 보여주지 못했기 때문에 소멸될 수밖에 없었다. 스마트폰에 대한 반발 역시 이와 비슷한 경로를 밟지 않을까 싶다. 목가적인 세계로의 회귀는 개인의 취향 문제 정도에 그칠 수밖에 없는 슬픈 운명이라고 할까.

2G로 돌아가려는 이들의 생각 역시 스마트폰을 없애야 한다거나 아날로그 시대로의 복귀를 목표로 하는 것은 아닐 것이다. 최근 인문학이 다시 주목받는 것은 물질만능의 세태 속에서 상실되어가는 인간의 기본을 찾으려는 원초적 욕구 때문으로 여겨지는데, 편리함의 첨단을 달리는 스마트폰에 대한 반발 역시 첨단과학에도 상식과 자기책임이라는 인간의 기본이 필요하다는 자각 때문일 것으로 생각한다. "과학에는 조국이 없지만 과학자에게는 조국이 있다."고 자랑스럽게 말하던 줄기세포 논문조작 사건의 당사자 황 모 씨의 말을 원용하여 "과학에는 도덕이 없지만 과학의 산물은 상식과 자기책임에 의거하여 이용해야 한다."는 말을 하고 싶다. 거창하게 시작해서 케케묵은 도덕주의자 노인네 같은 말을 하고 있으니 나도 모르겠다.

[머니투데이, 2014. 1. 3.]

동풍이 빠졌을 뿐

소설 『삼국지연의』에서 적벽대전이 가장 중요하고 극적으로 묘사된 것은 아마도 진수의 역사책인 『삼국지』에서는 몇 줄에 불과한 내용이었기에 창작과 문학적 윤색, 곧 상상력이 가미될 여지가 많아서였는지도 모른다. 적벽대전은 『삼국지연의』에서 가장 극적인 반전을 거듭한 전쟁으로 묘사되어 있지만, 그 전개는 물 흐르듯 말끔하다. 전체의 구도와 진행이 오로지 제갈량의 의지와 계획에 따라 흘러갔기 때문이다. 적벽대전의 승리는 황개의 제안과 주유의 지휘에 의한 것이지만 소설에서는 제갈량이 중심이 된다. 주유는 거푸 제갈량에 '물을 먹고' '어설프게' 복수를 하려 하지만 '미리 알고 정한' 제갈량의 지혜에 여지없이 당하고 만다. 손권의 오나라는 크게 원하지도 않았던 싸움에 끌려 나와 전쟁을 하고 이득은 유비와 제갈량이 얻는 모양새는, 유비와 제갈량의 팬들에게 극도의 만족감을 준다.

장강長江 곧 양자강은 오나라를 지켜 주는 최고의 방어벽이자 자신

칠성단에서 동남풍을 기원하는 제갈량
가쓰시카 다이토(葛飾戴斗),『회본통속삼국지』 일본(1836)
적벽대전의 승리를 위하여 동남풍을 기원하는 제갈량의 모습이 비장하다. 사선의 음영으로 표현된 바람은 간절한 제갈량의 마음속을 엿보는 듯하다.

을 구획하는 선이기도 했다. 천연의 방패 장강에 기댄 오나라는 중원을 제패하려는 야심보다는 현실에 안주하였던 것이다. 소극적 방어로 일관하려던 손권과 주유는 촉과 연합하여 위나라에 맞서자는 제갈량의 언변에 설득되어 조조의 대군과 맞선다. 당시 남진한 조조군은 백만 대군이라고 하지만 과장된 내용이다. 당시 조조의 군사를 40만 명으로 볼 경우 손권의 군사는 10만 명인데 주유가 반을 지휘하였기에 5만 명, 유비는 2천 명 정도로 평가된다. 실제 적벽에 진군한 조조의 위나라 군사의 수는 10~15만 명으로 보는 견해가 지배적이다. 어쨌든 조조의 대군은 질래야 질 수 없는 싸움에서 오·촉 연합군에 대패하였다.

적벽대전의 진정한 승리자는 주유라 해도 과언이 아니다. 주유는 조조군의 위세에 눌린 오나라의 분위기를 일신하고 오·촉 연합군을 결성하여 결전을 준비하였고 황개의 제안을 수용하여 화공으로 위나라 군사를 몰살시켰다. 그러나 『삼국지연의』에서는 촉을 중심으로, 정확하게는 철저하게 '제갈량에 의한 드라마'가 전개된다. 이런 이유 때문에 『삼국지연의』를 『제갈량전』으로 부르기도 한다.

수적으로 상대가 되지 않는 적을 이기기란 사실 불가능하다. 불가능을 가능케 하려면 상대의 약점을 극대화하여 그 틈을 파고드는 특수한 방법을 사용할 수밖에 없다. 조조군의 약점은 그들이 화북의 군대이기 때문에 수전에 약하다는 점이다. 오·촉 연합군은 수전에 약한 조조군의 약점을 극대화시켜 일거에 궤멸시킬 방법을 찾는다. 제갈량은 물론 주유도 역시 화공을 생각했지만 몇 가지 요소가 더 필요했다. 화공을 하려면 적을 한곳에 묶어 두어야 했고 화공의 효과를 높이려면 바람이 필요했다. 그것도 동남풍이어야 했다. 조조군의 배를 연결하는 연환계連環計는 방통에 의해 성공하고 동남풍은 제갈량이 일으켰으며 황개의 고육지계苦肉之計(자기를 희생하면서까지 짜낸 계책을 뜻하는 고육지계는 주유의 심복 황개가 자기 몸을 상하게 해 조조를 속인 것에서 비롯된 말이다.)는 조조군의 허점을 극대화시켰다. 이처럼 적벽대전은 '삼국지 안의 삼국지'라고 부를 수 있을 정도로 문학적 상상력을 동원한 장쾌한 드라마이다. 적벽대전 이전의 주요 무대는 화북이고 주인공은 조조였는데, 적벽대전을 계기로 『삼국지연의』의 주 무대는 강남으로 옮겨지고, 주인공도 제갈량이 되었다.

삼국시대에는 화공火攻에 의한 싸움이 많았다. 당시는 화약과 같은 살상력이 큰 무기가 없어 칼, 창 등을 갖고 격투로 승부를 결정했기 때문에 자연의 힘을 이용한 화공과 수공 등이 위력을 발휘하였던 것이다. 불을 이용해 작전을 벌일 경우 가장 중요한 제약조건은 바람이다. 바람이 없으면 화력이 오르지 않기 때문이다. 주유가 동남풍을 그토록 애타게 기원한 것도 다 이유가 있다. 『삼국지연의』에는 제갈량이 바람 그것도 조조군이 가장 큰 타격을 입을 동남풍을 일으켰고, 복병을 병행해서 적을 궤멸시킨 것으로 되어 있다.

"만사가 준비되었으나 동풍이 빠졌을 뿐(萬事具備 只欠東風)"이라는 말은 국면을 결정지을 최후의 조건이 채워지지 않았을 때에 사용된다. 흔히 사용되는 2%가 부족하다는 말과 비슷하다고 할까. 한편으로는 내가 할 수 있는 일은 다했다고 긴장을 늦추지 말아야 하며 끝까지 최선을 다해야 한다는 것을 알려 주는 경구가 아닐까 싶다. 결코 실패할 수 없다고 자신하던 일의 결과가 예측대로 되지 않는 경우를 종종 본다.

운동 경기에서조차 경기 내용은 압도적으로 우세하지만 어처구니없는 실책 또는 불운으로 인해 정작 승부에서는 지고 마는 경우가 곧잘 있으니 말이다.

자살과 손톱

영국 런던을 관통하는 템즈 강에 놓인 많은 다리 가운데 배가 지날 때면 다리를 들어 올리는 다리 곧 세계 최초의 도개교로 설계된 타워브리지가 가장 유명하다. 런던브리지로 더욱 알려진 타워브리지는 19세기 말에 세워진 이래 항구도시 런던의 상징이 되었지만 자살의 명소이기도 하다. 특히 겨울이면 이 다리에서 자살을 시도하는 이가 많다고 전한다. 추운 겨울에 익사한 시신을 찾아 강물에서 건져 올리는 작업은 고역이었을 것이다. 시신을 끌어 올리는 이들은 자살의 원인을 대개 짐작할 수 있었다고 하는데 그 비결은 간단했다. 손톱만 확인하면 되었다고 한다.

손톱이 멀쩡한 자살자는 채무 등 경제적 문제가 원인이고 손톱이 망가진 자살자는 대개 기타 원인이란다. 손톱이 멀쩡한 시신은 대체로 물속에서 몸부림 흔적도 없고 손톱이 망가진 시신은 몸부림치다 몸과 옷이 헝클어진 경우가 많다고 전한다. 추운 겨울날 물속에 몸을 던져도 편안하게(?) 죽음을 맞이할 수 있는 것은 살아봐야 고단한 삶이 달라지지 않을 것임을 잘 알기 때문일 게다. 이성문제 등의 고민으로 자살을 시도한 사람은 차가운 물속에 들어가면 정신이 번쩍 들어 살기 위해 교각을 잡으려고 발버둥 치다 손끝이 다 망가졌다는 풀이다. 실연 등으로 인한 일시적 흥분이나 격정으로 인한 고통은 채무 등 경제적 문제와는 비교하기 힘든 것임을 실감하게 해주는 예이다.

자살률에 관한한 세계최고 수준인 우리의 경우 자살충동의 원인은 나이와 성별 등에 따라 다르지만 경제적 어려움, 이성문제, 질환, 불화, 고독, 진학과 직장문제 등이 공통적으로 꼽힌다. 이들 가운데 진학과 학업문제가 큰 비중을 차지하는 10대를 제외하면 가장 먼저 꼽히는 내용은 물론 경제적 어려움이다. 큰딸의 만성 질환과 어머니의 실직으로 인한 생활고에 시달리다가 갖고 있던 전 재산인 현금 70만 원을 집세와 공과금으로 놔두고 번개탄을 피워 자살한 송파 세 모녀가 남긴 "정말 죄송합니다."라는 메모, 전셋집에서 쫓겨나게 된 65세 노인이 자기의 시신을 수습할 사람을 위해서 "개의치 말고 국밥이라도 사드시라."고 10만 원을 봉투에 넣어두고 목을 맸다는 소식, 부모의 잘못된 선택으로 생활고에 시달리다 동반 자살한 가족의 열두 살 딸의 유서에 "우리 가족은 영원히 함께 할 것이기에 슬프지 않다."고 적은 뒤 직접 그린 자신의 얼굴과 담임교사의 연락처도 남겼다는 보도가 가슴을 울린다. 이들에 대한 언론의 설명은 한결같이 "착한 사람, 양심적인 사람들이었다."로 되어 있어 사고의 원인을 사회구조적인 것에서 선량한 개인이기에 당한 것 정도로 호도하고 있다는 생각이 든다.

패자부활전은커녕 최소한의 기초적 보장도 되지 않는 우리의 민낯은 최근 여러 경로로 드러나고 있다. "직장 안은 전쟁터, 밖은 지옥" 등 잠언과도 같은 숱한 명언, 명장면을 남기고 있는 〈미생〉의 인기는 TV 속의 드라마에서 우리네 고단한 현실을 생생하게 볼 수 있기 때문이고 비정규직 노동자의 팍팍한 삶을 다룬 영화 〈카트〉에의 높은 관심도 역시 같은 이유로 여겨진다. 한편 현실은 드라마보다 더 하다는 사실은 대표의 폭언, 고성, 인격 모독으로 인해 진행 중인 서울시향 사태와 로열패밀리 출신 부사장의 안하무인 막장드라마 같은 행동으로 인한 '땅콩 리턴'이 실감나게 보여주고 있다. 막장드라마에 나와도 현실감 없다는 비판을 받을 만한 일들이 우리나라 한복판에 세계적 수준으로 지어진 공연장 건물 안에서 이루어지고 있었고 첨단기술과 최고 수준의 인력관리를 자랑하는 국적항공사에서 벌어졌다는 사실이 놀랍다. 라면 상무와 남양유업의 갑의 횡포로 인한 봇물과도 같은 비난이 어제 같은데 현실은 막장드라마에서 한 발도 더 나아가지 못했다니 안타깝다. "죽어라고 공부해서 저런 짓이나 하려고"라는 〈미생〉을 함께 본 중3 딸의 말에 말문이 막혔다. 친구와 식당에서 점심을 같이 하던 중 긴급조치 뉴스를 접한 어느 원로 시인이 술을 몇 병 더 시켜 마시는 일 외에 할 일이 없었다는 글을 읽은 적 있다. 극도의 충격과 무력감 때문이리라. 존경하는 원로시인 덕에 술 핑계가 생겼다. 오늘은 무슨 술이 좋을까?

[한국일보, 2014. 12. 12.]

지킬 박사와 하이드

나의 어린 시절 우리 집의 책꽂이에는 전집류가 많은 칸을 차지하고 있었다. 전집류 전성기의 책답게 하드커버에 비닐, 그 위에 다시 책갑까지 이중삼중의 겉치레를 한 요란한 모습으로 꽂혀 있었지만 손이 간 것은 문고본의 작은 책들이었다. 전집은 양이 많아 부담스러운데다 포장이 너무나 과시적인 느낌을 주었나 보다. 출판사 이름은 잊었지만 노란 바탕에 예쁜 그림이 그려진 세계명작문고의 『마경천리』, 『암굴왕』, 『보물섬』 등은 몇 번이나 봤는지 모르겠다.

그 책들 가운데 『지킬 박사와 하이드』를 읽은 후 한동안 밤에 잠을 이루지 못했다. 초등학교 저학년에게는 이게 허구인지 사실인지를 구분하기 어려웠다. 어떤 무서운 병이 있어서 그 병에 걸리면 평범한 사람도 밤만 되면 흉악한 괴물이 되어 사람을 해친다는 내용으로 이해되었기 때문이다. 밤이면 괴물로 변할까 봐 두려워서 잠을 제대로 이루지 못했고 악몽에 시달리다 깨면 팔다리를 만지며 괴물이 되지 않았음을 확인하고 안심하곤 했다. 누구에게도 말하지 못하고 끙끙 앓던 어린 시절의 공포는 얼마 뒤에 풀렸다. 『지킬 박사와 하이드』는 『보물섬』을 쓴 영국인 소설가 스티븐슨이 쓴 소설이라는 사실을 알게 된 것이다. 그때 느낀 안도감은 어리석었다는 자책감에 비할 바가 아니었다. 이후 밤에 잠드는 것이 두렵지 않았고 악몽에 시달리지도 않게 되었지만, 스티븐슨은 왜 그런 끔찍한 글을 썼을까 하는 의문은 머릿속 한구석에 오래 남아 있었다. 고전은 시대의 변화에 따라 재해석되고 개인의 경우에도 인간적 성장과 변화에 따라 의미가 달라진다는 것은 잘 알고 있다. 그러나 너무 어릴 적에 축약판으로 고전을 읽는 것은 큰 의미가 없다는 생각을 나의 경우를 통해 종종 해본다.

나중에야 알게 되었다. 『지킬 박사와 하이드』는 인간의 양면성 또는 이중인격과 현대인의 성격분열, 자신의 진정한 자아 안에 내재하는 제2의 자아에게 쫓기는 한 인간의 이중성을 다룬 작품이라는 것을 말이다. 그렇지만 인간의 이중성이라는 사실에 쉽게 공감하지 못했던 것도 사실이다. 청소년기를 생각 없이 보낸 탓인지 아니면 입시위주의 교육에 휩쓸린 때문인지 모르겠다. 점차 세파에 시달리며 여러 일을 겪게 되니 조금은 알게 되었다. 세상은 두부 모 자르듯 선과 악, 민주 대 반민주, 적군과 아군으로 나뉘는 것이 아님을 알게 되었고, 인간은 이중성만이 아니라 다중성을 가진 복잡한 존재임도 알게 되었다. 조폭도 집에서는 자상한 가장이자 부인에게 바가지 긁히는 소심한 남편일 수 있으며, 선량한 회사원이 집에서는 폭군일 수도 있고 치한이 될 수도 있다는 사실을 깨닫게(?) 된 것이다. 자상한 어머니가 둘도 없이 모진 시어머니일 수도 있음을 알게 된 후의 세상은 그 이전과 같기 어렵다.

오랜 시간 신용을 쌓아 지역에서 인심을 얻은 사람이 주변 사람에게서 모은 거액을 들고 도주하였다는 기사를 볼 때면 "사람들이 남을 잘 믿는군" 정도의 생각이었다. 인간을 맹목적으로 신뢰하다 사기 당하는 경우는 동네 시장통에서나 있을 수 있는 얘기인 줄로만 알고 있었는데 그게 아니었다. 그런 일은 남에게만 일어나는 일이 아님을 실감한다. 최근 내가 속해 있는 단체에 문제가 생겨 해결하느라 근 일 년의 시간을 허비하고 있다. 10여 년 전에도 커다란 일이 발생하여 해결 방법을 찾느라 사람들과 머리를 맞대고 의논하던 기억이 새롭다. 난제가 풀려갈 때면 모두 자기 일처럼 함께 기뻐했었는데 지금은 의기투합했던 동지(?)들과 마주보는 상대가 되어 불편한 모습으로 조우하게 되었다. 그들이 변한 것인지 내가 변한 것인지 모르겠다. 새삼『지킬 박사와 하이드』가 떠오른다. 개인의 입장은 사안과 경우마다 다르고 그럴 때면 이전과 전혀 다른 모습으로 다가올 수밖에 없음을 느낀다. 바람직한 결말이 이루어지고 새해에는 사람 때문에 섭섭한 일이 적어지길 바랄 따름이다.

[한국일보, 2015. 12. 31.]

나이 먹는 즐거움

“형!……” 하며 걸려 온 전화가 있었다. ‘형’이라는 단어를 정말 오랜만에 들었기에 가슴이 뛸 지경이었다. 내가 대학을 다닌 80년대에는 남녀불문하고 손윗사람이면 모두 ‘형’이라고 했기에 그 시절로 돌아간 듯했다. 얼굴 본 지 20년이 넘는 여자 후배의 전화였는데, 전화한 후배는 마치 엊그제 헤어진 것처럼 해맑게 말을 이어갔다. 대수롭지 않은 부탁과 소소한 신변잡기를 풀어놓는데 나는 이미 그 시절로 돌아가 있었다. 회상된 과거는 연록색의 따뜻한 공기에 휩싸인 기분 좋은 곳이었다. 아아, 그렇게 아름다운 시절이었구나. 그때는 왜 몰랐을까. 그렇게 좋았던 시절이었는데, 남들 눈에는 시시했을지 몰라도 딴에는 심각하게 고민하며 허둥대던 청춘이었는데 하는 생각에 가슴이 짠했다. 그때가 그렇게 아름다웠던 시절이었음을 안 것도 ‘나이를 먹었기 때문’이다.

얼마 전 벨기에의 연구팀이 흥미로운 조사를 진행하였다. 20대에서 80대에 이르는 사람의 나이에 따른 행복의 정도를 그래프로 나타낸 것인데 그 결과가 놀라웠다. 30대부터 행복의 정도가 점차 낮아지다가 40대가 되면 최저점을 찍은 후, 서서히 올라가서 80대에 최고점에 달한 것이다. 연구자들은 40대는 부모와 자식에 대한 책임감과 부담감이 심하기 때문에 행복하다는 감정을 갖지 못하다가 80대가 되면서 모든 책임을 내려놓고 남은 삶을 살아갈 수 있기 때문에 만족도가 가장 큰 것이라고 분석했다. 나이 먹는 것에 대한 두려움을 조금이나마 줄여주는 연구 결과이다.

내가 참여하는 모임 가운데 벽오사癖五社라는 모임이 있다. 시·서·화·음주·친구의 5가지를 좋아하는 벽癖(고질)이 있는 사람들의 모임이라는 의미인데, 벽오사 모임에서 언제나처럼 술 마시고 떠들고 하다가 '좋았던 옛 시절'을 회상한 적이 있다. 정확히는 '어느 나이대가 가장 좋았던가'라는 표현이 보다 적절할지 모르겠다. 하여간 그날의 결론은 30대 중반이었던 것으로 기억한다. 20대 젊은이들은 "그 나이가 ……?" 하고 놀라겠지만, 그 정도의 나이라야 필요 없는 데에 정열을 낭비하고 마음을 소모하곤 하는 젊음의 치기를 털어낼 수 있다는 것이 그날의 결론이었다. 이후로 벽오사 사람들과 이런 얘기를 또 다시 하지 않았기에 확신을 할 수는 없지만 다시 얘기를 하게 된다면 같은 결론이 나올지는 모르겠다. 몇 살 더 먹었으니 나이가 좀 더 올라가지 않을까 하는 생각이 드는 것이다. 분명한 것은 젊었을 때에는 지금 이 순간이 얼마나 소중한 것인지, 지금의 안온한 일상이 얼마나 행복한 것인지, 가족과의 따뜻한 대화와 웃음이 얼마나 행복감을 주는지를 알 수 없다는 사실이다. 주변을 배려하고 남의 감정을 헤아리기 힘든 시절이 젊음이다. 그래서 영국의 극작가 겸 소설가이자 비평가인 조지 버나드 쇼George Bernard Shaw는 "젊음은 젊은이에게 주기에는 너무 아깝다."고 했나 보다.

동양의 선비나 학자라고 해서 모두 늙음을 순순히 받아들이지는 않았다. 대만의 유명한 철학자 방동미가 1977년에 78세로 돌아갈 때 삶에 보인 집착은 유명하다. 그의 삶에의 집착이 너무나 속물스러운 양태를 보이게 되자 제자들은 두 패로 나뉘었다고 전한다. 연로하신 선생님의 인간적인 모습이니 이해하자는 쪽과 너무도 좀스러워 보이는 스승의 행보에 실망을 느껴 제자이길 포기하다시피한 쪽으로 나뉘었다는 삼류소설 같은 이야기가 그것이다. 인간이 약한 존재임을 새삼 느끼게 해주는 일인데, 방동미의 생에의 집착은 역설적으로 인생이 아름답다는 것을 몸으로 보여주는 예가 아닐까 싶다. 이젠 방동미를 이해할 듯도 하니 역시 나이를 먹게 되었나 보다.

[경기일보, 2013. 5. 9.]

단발부인
戀愛
說
熱情
美人의一生
미인일생

PART 2 심은하를 아시나요

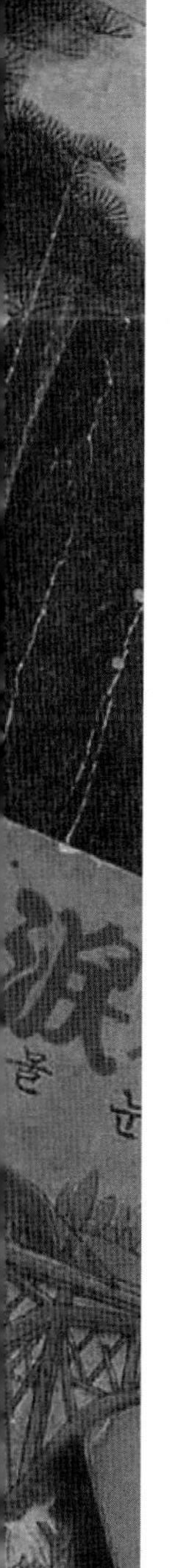

한국 근대의 딱지본 소설류 표지

누가 도끼를 가져갔는가

그날 나는 식구들을 차 뒷자리에 태우고 운전하여 집으로 돌아오고 있었다. 분당의 어느 공원 옆을 지나가는데 골목에서 고급 승용차가 불쑥 나와 내 차의 뒷문을 들이받았다. 살짝 받혔기에 뒷자리에 탄 식구들이 잘 모를 정도였지만 엄연히 사고는 사고였다. 운전하다 처음 당한 사고였기에 깜짝 놀라 머릿속은 하얗게 되어 정신이 하나도 없었다. 허둥지둥 차를 빼내 길가에 주차시키고 내려서 보니 우리 차를 받은 승용차는 그 자리에 그대로 있었다. 사고 직후 차를 움직여 멀리 떨어진 곳에 주차시켰다고 주변에 얘기했다가 비웃음을 받았음은 물론이다.

그 승용차를 보고 있노라니 조수석에서 남자가 내려 걸어왔다. 그가 먼저 말했다. "무조건 저희 잘못입니다."라는 첫마디에 안도의 한숨이 절로 나왔다. 사고처리의 순서나 방법도 모르겠는데 상대방이 자기 잘못이라고 먼저 인정하다니 다행이었다. 그러면서 "보험사를 부르시지요." 하길래 그제서야 보험사 전화번호를 부랴부랴 찾았다. 30여 분 후에 온다고 하는 보험사 차를 기다리는데 왜 운전자를 볼 수 없는지 궁금해졌다. 내 눈치를 살피던 조수석의 남자가 설명했다. "운전은 형수님이 하셨구요. 저는 시동생입니다. 형수님께서 너무 놀라 내릴 수 없는 상황입니다."라고 하였다.

두 보험사 차량이 얼마쯤 뒤에 도착했고 보험사 직원끼리 함께 조사하고 의견을 조율한 후 서류를 작성하느라 생각보다 시간이 꽤 지났다. 경미한 사고인데다 전적으로 자기들 책임이라는 시동생의 말에 상황은 복잡하지 않았지만 시간은 1시간이 훌쩍 지나갔다. 그때까지 운전자는 얼굴을 비치지 않았고 시동생이 모든 걸 해결하고 있었는데, 시동생이라는 단어를 자주 사용하는 것이 살짝 특이할 뿐 그의 일처리는 능숙하고 무리가 없었다. 차를 몰고 집으로 가면 보험사에서 렌트카를 보내 준다고 하여 다시 집으로 출발할 때까지도 내 차를 받은 승용차 운전자의 모습은 볼 수 없었다. 집으로 돌아오는 길에 불현듯 그 차가 나온 골목이 모텔촌인데다 운전자는 나오지도 않고 조수석에서 나온 그 사람은 왜 굳이 말끝마다 시동생이라고 강조했을까 궁금해졌다. 그러자 그자의 능란한 말솜씨와 갸름한 턱 선과 호리호리한 몸까지 모두 의심이 갔다.

그들을 불륜커플로 단정하자 이젠 억울했다. 한몫(?) 잡을 수 있었는데 아깝다는 생각이 든 것이다. 그자가 시동생이라 한 것은 운전석의 여인과 성이 다르니 친동생이라고 하는 것은 무리이고 조카나 삼촌이라고 해도 의심받을 것 같아 그랬을까? 의문은 꼬리를 물었다. 그러나 분명한 건 불륜커플이라는 내 의심이 맞다 해도 뻔한 접촉사고 수습조차 쩔쩔매는 주제에 그것을 어떻게 증명할 것이며 또 두 사람을 다그쳐서 얻을 수 있는 결과가 무엇이냐는 것이다. 부질없는 의심, 해결할 수 없는 의혹 또는 알아봐야 소용없는 일에의 집착 따위는 멀리하고 눈앞의 일에 충실하는 것이 몸과 정신건강에 좋을 것이라는 게 오늘의 결론이다.

중국 고대의 철학서 『열자』에 '실부의린失斧疑隣' 곧 도끼를 잃고 이웃 사람을 의심한다는 구절이 있다. 어떤 사람이 도끼 한 자루를 잃어버리고 샅샅이 뒤졌으나 찾지 못하자 이웃집 젊은이를 의심하게 되었는데, 유심히 살피니 그 걷는 모습, 안색, 하는 말이 모두 의심스러웠다. 이튿날 산에 갔다가 거기서 잃었던 도끼를 찾은 후 이웃집 청년을 다시 보니까 동작이나 태도, 안색에서 도끼를 훔친 듯한 느낌이 들지 않더라는 내용이다. 남을 오해하고 의심하는 것은 이렇게 쉽다. 그러고 보니 나는 또 어떤 오해를 받고 있을까, 어떤 의심의 대상이 되고 있을까 생각하니 조금은 뒤숭숭해진다. 지난 일을 어쩌겠는가. 알 수 없는 일, 알아 봐야 소용없는 잡사에 신경 쓰지 말고 주변을 잘 갈무리하고 자기 앞가림에 충실한 것이 우리 같은 소시민이 한 해를 잘 매듭짓는 비결 가운데 하나가 아닐까 싶다. 하지만 아직도 궁금하다. 형수와 시동생은 왜 그 시간에 함께 차를 타고 그 골목에서 나왔을까?

[한국일보, 2013. 12. 13.]

안나를 위하여

나의 어머니가 8남매의 맏딸이시라 이종사촌 동생들이 많다. 어림잡아 20여 명이 훌쩍 넘는데 그 중 '안나'라는 서구적 이름의 여동생이 있다. 요즘에야 아이 이름을 지을 적에 한글로만 짓는 경우도 많고 리나, 지나 등 서구적 이름도 많지만 안나가 마흔 가까우니 그 시절엔 결코 흔하지 않은 이름이었다. 안나는 시골 사시는 넷째 이모의 딸로 우리와 교류가 많지 않았기에 대화를 오래 나누어 본 적이 없다. 넷째 이모나 이숙께도 안나의 이름에 대하여 물은 적도 없었다. 다만 이런 시크한 이름을 짓다니 이모와 이숙의 감각은 대단하구나 하는 생각을 오랫동안 했었다.

이런 생각은 어느 해인가 보기 좋게 깨졌다. 어머니가 넷째 이모와 통화하시며 "그래! 그년 이름을 안나라고 한 덕이야. 이름 덕 본 거야 ……" 운운하시는 말씀을 들은 후 그 내막을 적나라하게 알 수 있었다. 안나는 딸 셋을 연달아 낳은 넷째 이모의 "더 이상 딸을 낳지 않겠다."는 눈물어린 결의의 표현이었고 그 덕택(?)인지 아들을 보게 된 것이다. 안나가 '말숙이', '딸막이', '끝순이', '끝녀'와 발음만 달랐지 결국 같은 뜻의 이름이었음을 알게 된 후 그 이름을 편안한 심정으로 부를 수 없었다.

그러고 보니 우리 집에서는 형제를 헤아릴 경우 딸은 숫자에서 제외할 경우가 많았다. 나는 4남 1녀의 막내인데 다섯 번째가 아니고 넷째로 불렸다. 예법은 경상도, 전라도, 충청도가 다 다르고 또 그 남도와 북도가 다른 데다 좌도와 우도가 다르고 당색과 집안에 따라 다를 수 있다. 우리는 제사상에 쇠고기가 오르는 것을 당연한 것으로 여기지만 율곡의 집안에서는 쇠고기를 올리지 않는다고 들었다. "평생 일만 시키고 죽어서도 인간의 제사용으로 쓰이게 할 수 없다."라고 율곡이 역설하여 율곡 집안의 제사상에는 쇠고기가 오르지 않게 되었다는 원로 한학자 선생님의 말씀이다. 남의 제사에 감 놔라 배 놔라 할 수 없는 것은 집안의 법도가 각각 다르기 때문이라는 것을 설명하다 나온 말씀인데, 감히 그 진위를 추적해 보지는 않았지만 충분히 일리가 있는 말씀이라는 생각이다. 하여간 우리 집안의 가족 헤아림 방식에서 딸 곧 누나는 형제건 남매건 서열 안에 들어가지 않았다.

고등학교 때로 기억한다. 영어 선생이 "서양 여자들은 결혼하면 남편의 성을 따르지만 우리나라 여자들은 결혼해서도 자기 성을 쓰니 우리가 여성의 권리를 더 존중한다."고 목에 힘주며 말한 것을 기억한다. 걸핏하면 여성을 비하하던 그가 갑자기 여권론자처럼 자신을 포장하는 것이 의아했다. 지금 생각해 보면 아마도 '한글 전용' 등 당시 강하게 불었던 민족주의 바람 속에 자신의 입지를 확보하려 했던 것이 아닐까 싶지만 그 속을 모르겠다. 대개 계통 없이 떠드는 인간들의 의도는 짐작하기 어려운 법이다. 이런 허울 좋은 말에 이제는 속지 않는다. 지금은 분명히 말할 수 있다. 우리나라 여자들이 결혼한 후에도 자기 성을 유지하는 것은 며느리를 가족의 일원으로 인정하지 않았기 때문이라고 말이다. 딸이라는 이유로 태어날 때부터 환영받지 못하고 형제의 한 명으로 인정받지도 못하다가 시댁에서는 그 집의 일원이 되지도 못하는 우리나라 여인의 삶이란 얼마나 괴로운 것이었을까.

언젠가 여자 후배가 "여자를 무시하는 사회 풍조가 계속될까요?" 하는 말에 "여자들 숫자가 확연히 줄어들고 있으니 우리 다음 세대에는 훨씬 나아질 것"이라고 자신 있게 말한 적이 있다. 그런데 명나라 말기에 여아 살해 등으로 여자가 모자라게 되었지만 남자들의 과거 급제 스트레스로 인해 여자에 대한 억압은 오히려 심해졌다는 『공자의 이름으로 죽어간 여인들』이라는 책을 읽고 이런 확신이 다 날아갔다. 그렇지만 역사는 반복될 경우도 있지만 한편으로는 발전한다고 하지 않았던가. 그 소박한 믿음이 지켜지길 바란다. 그나저나 자기 이름의 비밀을 만천하에 떠들어댄 오빠라는 자의 만행을 안나가 납득할까 그게 두렵다. "쏘리! 안나!"

[한국일보, 2013. 10. 11.]

아메리칸 스타일

"관우 좋아해요?" 털북숭이 백인의 우리말에 깜짝 놀랐다. 서울 동대문 밖에 있는 관우의 사당, 그러니까 중국의 삼국시대 촉한의 명장 관우를 모신 동묘에서의 일이다. 그때 나는 동아시아 최고의 인기소설인『삼국지』가 중국에서 어떻게 그림으로 그려졌는지 그리고 우리나라와 일본에서는 어떤 변화상을 보였는지를 조사하고 있었다. 동일한 문학작품을 그린 그림이 민족과 국가, 시대를 달리하여 어떻게 변화하였는가가 당시 나의 관심이었다. 관우는『삼국지』의 주인공들 가운데 가장 인기 있는 영웅의 한 명으로 중국 사람들의 열광적인 관우신앙은 현재도 진행 중이고 우리나라에서도 관우를 모신 성제교가 근대까지 번성했다. 임진왜란 때에 조선에 원군으로 온 명나라 군대의 요청에 의해 지어진 동묘는 건축물의 배치와 형태에서 석물까지 모두 중국식으로 되어 있다. 이런저런 생각을 하며 동묘의 여러 곳을 촬영하고 있었는데 노랑머리에 푸른 눈의 서양인이 나를 유심히 보고 있었나 보다.

그 친구의 큰 목소리에 잠시 당황했지만 우리는 곧 여러 이야기를 나누게 되었다. 내가 왜 동묘를 조사하고 있는지 그리고 우리나라에서 관우는 어떤 존재로 인식되었는지 등에서 시시콜콜한 개인사에 이르기까지 많은 대화가 오갔다. 그는 미국인이었고 미국 한국학의 태두라 일컬어지는 워싱턴대학의 제임스 팔레 교수의 제자였다. 한국근대사를 전공하는 그는 특히 한국과 중국의 외교사에 관심이 많았다. 그는 동묘에 걸려 있는 크고 작은 현판글씨는 중국의 유력한 정치가들의 것으로서 근대 한중 교류사의 중요한 자료이기 때문에 종종 들러 살펴보고 있다고 했다. 미술사 전공자인지라 그 방면에까지 관심이 미치지 못

서울 종로구 숭인동의 동묘(東廟) 전경
보물 제142호. 동묘는 중국 삼국시대의 명장 관우를 모시는 사당으로서 1602(선조 35)년에 준공하였다.

했던 내게 그의 말은 대단히 흥미로웠다. 섬돌에 나란히 앉아 한참 얘기한 뒤 전화번호를 교환하며 우리 모임에 초청하자 그는 선한 미소를 지으며 흔쾌히 수락했다.

얼마 뒤 시·서·화·술·친구를 좋아한다는 의미인 벽오사라는 이름의 우리 모임에 동묘에서 만난 미국 친구도 함께했다. 공부는 서울의 한 대학에서 하고 있지만 춘천에 산다는 그는 햇살이 내리쬐는 소양강변을 자전거로 달리는 기분을 아느냐고 물으며 한국 사람들은 왜 복잡한 서울에만 몰려 사는지 모르겠다고 했다. 그리고 한국말이 잘 늘지 않는다며 쑥스러워 하기도 했는데, 우리는 우리말을 잘 못한다고 민망해하는 서양인은 처음이라며 웃었다. 그의 아이디가 '섬놈sumnom'이어서 어떤 의미냐고 물었더니 자신이 미국 동부의 작은 섬에서 태어나서 그랬다고 했다. 이런저런 대화를 하다 학교를 옮겨 다니며 사학·미술사·예술철학 등 한국학의 여러 분야를 공부한 내 얘기를 듣더니 '아메리칸 스타일'이라고 반가워했다. 미국에서는 학교나 전공을 바꾸는 일이 흠결은커녕 플러스가 되는 경우가 많다고 말했다. 자신도 대학은 미국의 동부에서 다니고 석사는 남부, 박사는 서부에서 하고 있는데 전공이 조금씩 다르고 지금은 한국에서 관우사당을 조사하다 우리와 인연을 맺게 되었다며 껄껄 웃었다. 그러면서 우리에게는 당연한 이른바 순혈주의라는 것은 미국에서는 절대 있을 수 없는 일이라고 했다. 몇몇 학교 출신이 독식하는 학회, 대학에서도 볼 수 있는 향우회 등 우리나라의 현상이 재미있고 신기하다고 덧붙였다.

줄곧 우리나라에서 한국학 분야를 전공한 토종인 내가 본의 아니게 아메리칸 스타일이 된 셈인데 그의 말에 마냥 웃을 수만은 없었다. 우리에게는 당연한 일이 외부의 눈에는 신기해 보일 수도 있고 그 반대의 경우도 얼마든지 있을 거라는 생각은 했지만, 혈연·지연·학연 등으로 꽁꽁 묶여 있는 우리의 현실을 미국인 '섬놈'이 정확하게 집어냈기 때문이다. 섬놈의 눈에 비친 우리의 모습을 더 듣고 싶었지만 굳이 더 묻지는 않았다. 우리 허물을 들춰보는 데에 외국인의 눈을 빌리는 것이 그다지 내키지 않았기 때문이다. 이래저래 나는 아직 민족주의자인가 보다.

[한국일보, 2015. 8. 6.]

나 대 나

얼마 전의 일이다. 처음 가는 전시장인데 그 전시장의 규모가 크지 않아 전시작품을 배치하는 데에 어려움이 많았다는 주최 측의 말을 들은 터라 전시 효과 등에서 조금은 걱정이 되었다. 오후에 급한 일이 있어 일찍 서둘렀더니 오늘의 첫 입장이라는 환영의 말을 듣고 전시장에 들어섰다. 전시장 한가운데에 긴 복도가 있고 그 좌우로 작품이 배치되었는데 복도의 길이가 상당하여 전시장 규모가 크지 않다는 말을 실감하기 어려웠다. 천천히 걸으며 보는데 저 멀리 어떤 사람의 모습이 살짝 보였다. 속으로 '나 말고 다른 사람이 있었군!' 하며 조금은 놀라며 작품을 감상하다보니 점차 그 사람과의 거리가 좁혀졌다. 짧은 순간이지만 그 사람에게서 느껴진 인상은 '작달막하고 다소 꾸부정한, 볼품없고 조금은 늙수그레한 사람'이었다. 그런데 그 사람도 내가 가려는 방향으로 조금씩 다가오는 것이 아닌가? 조금 더 가면 너무 가까워질 것 같아 다른 방향으로 움직였더니 그 사람 역시 그쪽으로 왔다. 그래서 다른 방향으로 움직였다. 왼쪽 오른쪽으로 방향을 바꿔가며 움직였는데 그 사람 역시 내가 가려는 방향을 그대로 따라하며 계속 오락가락하더니 결국 부닥칠 뻔하였다. 조금은 짜증이 난 나는 "뭐 이런 사람이 다 있어" 하는 눈빛으로 꼿꼿이 서서 그 친구를 쳐다보았다. 그런데 세상에! 그 사람은 내가 너무나 잘 아는 자였다.

그는 바로 나였다. 전시장 입구에서 들은 오늘의 첫 입장이라는 안내는 틀린 말이 아니었다. 전시장을 넓게 보이게 하려고 전시장 한 가운데의 복도에 커다란 거울을 배치한 것인데, 그 거울에 비친 나를 다른 사람으로 착각한 것이다. 어릴 적에 누군가가 나의 일상을 몰래 촬영해주면 나를 객관적으로 볼 수 있지 않을까 하는 생각을 한 적이 있는데 짧게나마 본의 아니게 실현된 셈이다. 어쨌거나 조금 전에 얼핏 본 '작달막하고 다소 꾸부정한, 볼품없고 조금은 늙수그레한 사람'이 바로 나였다. 볼품없고 꾀죄죄한 중년의 모습인 나를 돌이켜 생각하니 한숨부터 나왔다. 지금부터라도 운동 열심히 하고 헤어스타일도 젊게 바꾸어 볼까, 아니 화장품부터 바꾸고 새 옷을 살까 갈팡질팡했다. 그러다가 운동은 부지런해야 하고 새 옷과 화장품은 돈이 드는 데다 헤어스타일을 바꾸는 일은 보통 결심으로 될 일이 아니라는 '깨달음'에 이르게 되었다. 정확히 말해 깨달음이라기보다 상황은 벌어졌지만 대처할 방법은 없고 설령 방법이 있다 해도 돈과 노력, 용기(?)가 무한히 필요하다는 것을 알고 체념했다는 것이 옳다.

그러나 체념도 오래가지 않았다. 마흔 넘어 죽으면 요절이 아니라고 하니 지금 죽어도 요절은커녕 살만큼은 살았으되 해놓은 것 없이 갔다는 비웃음만 들을 터라 마음 고쳐먹었다. 젊어 보이고 싶은 욕구, 남들 앞에서 자랑질 하고 싶은 속됨 등을 조금이나마 줄일 수 있다면 오히려 좋은 게 아닌가 하는 생각이 든 것이다. 역사적으로 볼 때 젊음을 존중하는 서양문화에 비하여 동양에서는 늙음을 존중하였음은 알려진 사실이다. 동양에서 즐기고 누리는 등 현실의 욕심이 없어진 단계를 '노老의 경지'라 하여 높이 평가하였는데, 여기에서 '노'란 늙었다는 현실적 나이를 말하는 것이 아니고 원숙하고 존경받을 만하다는 의미를 담고 있다. 그래서 중국에서는 나이가 많건 적건 남을 가르치는 사람을 '라오쓰老師'라 부른다. 젊음은 동양문화에서 미숙 또는 불완전함을 의미하는 경우가 많아 높은 평가를 받지 못했다.

전시장에서의 그 사건 이후 정신적으로는 아직도 멀었지만 생물학적으로는 늙음의 문턱 근처에 왔구나 하는 생각이 머리 한구석에서 떠나지 않았다. 한편 어떻게 하면 품위 있는 노년을 맞이할까 하는 생각도 하게 되었다. 공자께서 일흔이 되면 "하고 싶은 대로 하여도 법도를 어기지 않았다(從心所慾不踰矩)" 하셨는데 그 정도의 연륜이 되기에는 시간이 많이 남아 있고 또 그런 경지는 아무나 이를 수 없는 것임은 물론이다. 이래저래 생각하다가 먹는 것부터 줄여야겠다고 결심했다. 나이 먹어 식탐하는 것도 꼴불견인 데다 돈도 안 드는 소식이야말로 누구나 추천하는 건강요법이니 말이다.

[한국일보, 2013. 3. 12.]

대한민국 장남

문화재 조사 관계로 지방출장을 갔을 때의 일이다. 문중에서 보관하고 있는 초상화를 문화재로 지정하기 위한 조사였는데, 후손들의 정중한 손끝을 따라 펼쳐진 초상화는 시대성과 예술성이 조화된 수준 높은 작품이라 감탄사가 절로 나왔다. 훌륭한 작품을 조사하는 기쁨을 만끽하는 경우는 흔치 않은데 그날은 대단히 성공적이었다. 조사가 끝난 후 조사단원들끼리 유물에 대한 얘기를 나누는 가운데 한 분이 말씀하셨다. "대개 큰 집에 좋은 물건이 있지." 하시며 말문을 여셨는데, 그 분의 말씀을 정리하면 조상의 초상화를 제작할 경우 1점만 그리기도 하지만 형제의 수에 맞게 그리는 경우도 많다고 하였다. 각 형제 집안에 나누어 봉안된 초상화는 후손의 형편이 어려워지면 그림이 밖으로 나오곤 하는데 큰아들의 집에서 그림을 내놓는 경우는 거의 보지 못했고 대개 둘째 이하 집안의 초상화가 유통되곤 한다는 말씀이었다. 초상화에 관하여 최고의 전문성과 경험이 있는 분의 말씀이라 고맙게 잘 새겨들었다. 그러면서 '역시 장남은 다르군!' 하는 생각을 하였다.

조사를 마치고 밤늦게 올라오는 기차 안에서 옅은 잠이 들었다. 반주 때문인지 새벽부터 일찍 일어나 돌아다닌 탓인지는 모르겠는데 어디선가 목소리가 들려왔다. 눈을 살짝 떠보니 부모님과 교복 입은 큰 형님이 대화를 나누고 계셨다. 무슨 일인가 궁금하여 잠든 척하며 귀를 쫑긋하며 듣자니, 고향에 내려가 시제지낼 일, 형제들 학업 문제 및 여러 집안일들에 대한 의논인데 재미없고 골치 아픈 말씀들이라 고개를 돌리자 꿈에서 깨고 말았다. 집은 좁고 가족은 많은 탓에 막내인 나는 중학교 들어갈 무렵까지 안방에서 부모님과 함께 지냈는데, 부모님과 큰 형님이 밤중에 집안 대소사를 의논하시던 모습을 잠결에 종종 볼 수 있었다. 초상화 전문가 선생님께 초상화의 유통과정과 우리의 상속제도 등에 대한 말씀을 듣다보니 머릿속 어느 구석에 숨어 있던 옛 기억이 꿈을 통해 의식 위로 떠올랐나 보다.

큰 형님과 막내인 나와의 나이 차이는 10살인데, 큰 형님은 이미 중고등학교 무렵부터 부모님과 집안의 대소사를 함께 의논하였다. 그러나 부모님께서 누나, 둘째형, 셋째형과 집안 일에 관하여 의논하시는 모습을 본 적은 거의 없다. 막내인 나는 물론이다. 불혹이 넘도록 나이를 먹은 지금도 의논의 대상이 아닌 통보의 대상일 뿐이다. 집안일에는 참여하되 그 일의 개요, 방향 등을 정확히 알지도 못한 상태에서 그저 동참하는 한 사람에 불과했는데 어쩌면 그런 상황에 안도감(?)을 느꼈다. 복잡한 제사 관계 일들, 친척 사이의 일 등에 능동적으로 참여하기보다는 어떻게든 피하고 싶었는데 막내라는 것이 핑계가 되었는지 모르겠다.

다시 초상화로 돌아가 보자. 조상의 초상화를 시장에 내놓지 않았다고 해서 효자이고 초상화를 팔았다고 해서 불효자라는 의미가 아니다. 근대로의 전환기에 장남은 가업인 농사를 이어받는 경우가 많았고 둘째 이후는 신학문을 배우거나 출향하여 새로운 시대에 맞는 사회활동을 하다 보니 필요에 의해서 초상화를 내놓게 되었다고 보기도 한다. 그러나 장남이 기업을 창업하고 차남 등이 고향을 지키며 사는 경우도 어렵지 않게 볼 수 있으니 이 경우를 일반화할 수 없음은 물론이다. 어쨌거나 대한민국의 장남과 그 가족들이 느끼는 심리적 중압감은 여러 경로로 들려오곤 한다. 명절이나 제사가 가까워오면 가슴이 턱턱 막힌다는 주변 여성들의 대화, 맏며느리인 어머니의 고생이 안쓰러워 결혼 자체를 포기하고 싶다는 후배의 토로를 듣는 것은 드문 경우가 아니기 때문이다.

말자 상속제인 몽고는 유목사회이니 농경민족들과는 다르다쳐도 일본은 사위가 대를 잇기도 하고 모계 쪽 성을 따르기도 한다. 중국은 재산상속에서 형제끼리 고르게 나누는 경우가 많으니 장남에게 모든 권한과 책임이 집중되는 우리와는 다르다. 여성의 권익신장에 대한 논의는 오래 지속되었고 변화의 조짐도 있지만 대한민국 장남이 져야할 무게는 아직 크게 변하지 않은 느낌이다. 신정, 구정이 다 지나고 집안의 대소사가 대략이나마 정리되고 나니 조금은 더 처져 보이는 큰 형님의 어깨를 보며 든 생각이다.

[한국일보, 2014. 2. 21.]

시어머니와 며느리 그리고 한류

"아들 내외는 앞 동에 살고 사위와 딸은 뒷동에 살아. 걔네들 퇴근했는지 외출하는지 다 알 수 있어. 집에 불이 들어오는 것만 보면 된다니까. 아파트 비밀번호도 알아서 내 맘대로 다녀. 싫어하는 기색 없냐구? 며느리가 괜찮다고 했어!" 시내 커피 집에서 지인과 자리를 함께했는데 뒤쪽 자리에서 들려오는 중년 여성의 목소리가 드셌다. 쩌렁쩌렁하게 떠들어대는 중년 여성의 걸쭉한 목소리와 연이어 들리는 여인들의 맞장구, 끊이지 않는 웃음소리 때문에 지인과의 대화는 진전이 되지 않았다. 소음에 지쳐 서둘러 나가면서 어지간하면 쳐다보지 않으려 했지만 그 여성의 얼굴이 궁금했다. 고개를 꺾어 바라봤더니 공들인 파마머리와 고급 원피스에 싸인 넓은 어깨만 살짝 보였다. 커피 집을 나와 "이제 부유함의 징표가 자식들을 주위에 거느리고 사는 데까지 이르게 되었구나."하는 나의 말에 "아들과 딸이야 그렇다손 쳐도 며느리와 사위는 뭐야. 사위는 그나마 덜하겠지 며느리가 무슨 죄인이야?"라고 친구가 답했다.

그렇다. 모두가 그러한 취급을 받았다고 일반화하기는 힘들지만 우리네 며느리는 죄인이었다고 해도 과언이 아니다. 적어도 시어머니에게는 말이다. 남아선호 사상이 극에 달한 우리의 경우 아들을 빼앗아간(?) 며느리라는 존재는 시어머니에게 있어서 단순히 싫은 걸 넘어 증오의 대상이었다면 심한 표현일지 모르겠다. 며느리가 저항은 꿈도 못 꿀 약자인 반면 시어머니는 절대 강자로 군림했다. 궂은일은 며느리 시키고 쉽고 편한 일은 자기 딸에게 시킨다는 의미의 "봄볕에 며느리 내보내고 가을볕에 딸 내보낸다."는 게 우리네 속담이 아니었던가. "미운 열 사위 없고, 고운 외며느리 없다.", "흉이 없으면 며느리 다리가 희단다."고도 했다. '며느리'라는 단어가 붙은 경우는 예외 없이 달갑지 않은 것들이다. '며느리 밥풀꽃'은 며느리가 밥이 잘 되었는지 보려고 밥풀을 입에 넣었는데 시어머니가 이를 핑계로 며느리를 때려죽이자, 며느리 무덤가에 그녀를 닮은 꽃이 피었다는 전설에서 나온 이름이다. 어릴 적 뒷산에서 놀다 허기졌을 때 동네 형들의 반강제 권유로 억지로 먹었다가 입이 얼얼했던 삼각형의 가시 돋친 풀이 '며느리 배꼽'이고, 잔가시가 촘촘히 나서 손댈 생각조차 못했던 밉살스런 풀이름이 '며느리 밑씻개'라는 것도 나중에 알았다. 수챗구멍 근처나 집안 으슥한 곳에서 스멀스멀 기어 나오는 갑각류 절지동물인 '쥐며느리'는 그나마 바퀴벌레나 지네, 곱등이에 비하면 훨씬 덜 징그러워 다른 며느리 비하 사례와 견주어 심하지 않다는 생각이 들 정도이다.

싸이의 '강남스타일'이 세계적 히트를 칠 때의 일이니 벌써 2년여 전

싸이의 '강남스타일'이 한창 인기를 끌던 2012년 겨울의 중국 사천성 낙산시 거리의 광고판

의 일이다. 중국 사천성의 작은 도시에 행사가 있어 참석했는데, 궁벽한 도시이지만 곳곳에서 싸이의 얼굴을 볼 수 있었고 강남스타일 역시 자주 들렸다. 행사 후 개최된 만찬에 중국 관계자들의 부인들도 함께했다. 그날 참석한 중국 여인들은 모두 한국 드라마의 광팬으로서 우리 일행을 바라보는 눈빛에 선망과 호의가 적당히 섞여 있었다. 그녀들의 말을 요약하면 "한국 드라마는 정말 재미있고 한국 드라마에 나오는 남자들은 잘 생기고 친절하다. 다시 태어난다면 한국에서 태어나고 싶다. 특히 서울과 제주에 꼭 가고 싶다."가 대체적인 줄거리였다. 강남스타일을 정점으로 한 한류 열풍을 실감한 셈인데, 자리가 끝날 즈음에 나온 그녀들의 말에 낯이 뜨거워졌다. "한국 드라마는 좋지만 한국 시

어머니들은 모두 그렇게 악독한가요? 드라마만 그렇겠죠?"라는 물음에 말문이 막혔다. 답변이 궁해 "한국에 다시 태어나서 실제로 경험해 보시라."는 우스개로 얼버무렸지만 뒤끝이 영 개운치 않았다. 한국 문화의 세계화와 비례하여 한국 시어머니들의 악명도 함께 높아지는구나 하는 생각에 말이다. 일본에서도 "가을 가지는 며느리에게는 먹이지 않는다."라는 속담이 있다고 한다. 가을 가지는 그만큼 맛이 좋다는 의미인데 일본도 며느리 홀대하는 데에는 큰 차이가 없다는 생각이 들었다. 서로 달가워하지 않는 한국과 일본 두 나라가 며느리라는 사회적 약자를 무시하는 쪽으로는 닮았구나 하는 생각에 초겨울 날씨가 더욱 을씨년스러워진다.

[한국일보, 2014. 11. 21.]

볼링장 대참사

드디어 운명의 순간이 왔다. 쥐구멍이라도 있으면 들어갈 텐데 찾을 수 없다. 눈을 둘 곳도 없다. 흠씬 두들겨 맞은 것처럼 몸은 천근만근이었고 다리가 후들거렸지만 누구에게도 도움을 요청할 수 없었다. 내가 이런 곤경에 몰리게 되다니, 내가 왜 이 자리에 있게 되었을까 등등 후회와 원망이 교차되었지만 어쩔 수 없었다. 무거운 볼링공을 들고 심호흡을 크게 하며 떨리는 가슴을 진정시키려니 옛 일이 주마등처럼 스친다. 처형장에 올라가는 죄수의 심정이 조금은 짐작되었다면 과장일까.

직장동료들과 점심을 후딱 먹고 볼링장에 가서 한 게임하는 것이 하루의 낙이던 시절이었다. 볼링 핀이 요란하게 쓰러지는 쾌감보다 동료들과 어울리는 자리가 더욱 좋았다. 레슨을 받지 않고 몰려다니며 배운 동네 볼링이니 계통 없는 건 당연하고 자세는커녕 룰도 잘 모른 채 왁자지껄 하며 볼링 자체보다는 음료수 내기, 저녁 맥주 내기에 일희일비했다. 그런데 그날 뭔가 이상했다. 처음 스트라이크가 날 적에는 뭐 그럴 수 있지 했는데, 연속으로 스트라이크가 난 것이다. '더블Double'이다. 살다보니 이럴 수도 있구나 하며 다시 볼링공을 굴렸더니 요란한 음악 소리와 함께 스코어화면이 번쩍거린다. 스트라이크가 세 번 연달아 나오면 '터키Turkey'라고 하는 것도 그때 알았다. 오늘 맥주 값 벌었다고 깔깔대다 공을 굴렸더니 웬걸 또 스트라이크가 나오는 게 아닌가. '포 베거Four bagger'란다. 이거야말로 당연히 처음이고 생각도 못했다. 그러자 볼링장이 술렁거렸다. 작은 볼링장에서 경악할 만한 높은 점수가 나오자 볼링장 전체가 일종의 흥분 상태가 된 것이다. 볼링장의 모든 게임은 올 스톱된 상태로 포 베거의 주인공인 나의 차례를 기다렸다. 결과? 족보도 없는 '개폼'에다 잔뜩 긴장하며 던진 공이 제대로 들어갈 리 없었다. 떨리는 걸음으로 허우적거리며 공을 놓을 때 터져 나온 갤러리들의 비웃음 섞인 탄식 소리가 아직도 귀에 들리는 듯하다. 초장에 벌어 놓은 점수가 워낙 많아 게임은 당연히 이겼지만 그때의 굴욕감, 수치심은 아직도 생생하다.

그 당시에는 경황없고 창피할 뿐이라 기억이 나지 않았지만 나중에 되새겨보니 비슷한 경우가 떠올랐다. 고등학교 시절 읽은 프랑스 단편소설인데 누구의 것인지는 모르겠다. 어느 몰락한 귀족 청년에게 상류사회의 무도회 초대장이 잘못 배달되었다. 상류사회의 초대에 들뜬 청년이 외투를 빌려 입고 호화로운 무도회에 참석하여 잔뜩 기분을 내고 있었는데 마침 한 귀부인이 지갑을 소매치기 당해 무도회에 참석한 사람들은 모두 겉옷을 벗고 지갑을 훔쳐가지 않았음을 증명해야 했다. 청년은 돈이 없어 겉옷만 겨우 빌렸기에 번드르르한 겉옷 아래는 너덜 너덜 해진 누더기 속옷이었다. 누더기 속옷을 무도회 참석자 모두 앞에서 보여야 하는 절체절명의 위기인데, 이 소설은 친구들 간의 회고로 이루어져 있어 결말을 알 수 없게 되어 있다. 어쨌든 몰락한 귀족 청년의 낭패감, 모멸감이 얼마나 실감났는지 모른다. 요즘 식으로 표현하자면 뜨거운 다리미로 오그라진 손발을 몇 번이고 다려도 펴지지 않을 것 같다고나 할까.

나는 몰락 귀족이 아니기에 상류층 무도회에의 초대 같은, 폼은 나지만 한편으로는 위험부담도 큰 경우와 맞닥뜨릴 일은 없을 것이라 생각했는데 그게 아니었다. 동료들과의 내기 볼링이 대참사로 귀결될 줄 누가 알았겠는가. 포 베거나 무도회의 초대장 같은 경우는 오래 산다해도 마주치기 힘든 일이지만 이런저런 기회란 잘 보이지 않을 뿐 우리 주변에 널려 있음을 느끼곤 한다. 준비도 못한 와중에 불쑥 찾아왔다 훌쩍 가버리거나 기회인 줄도 몰랐는데 지난 후에야 그게 기회였구나 하고 깨달으니 말이다. 하지만 노력에 의하지 않은 기회, 굴러들어온 행운은 오히려 독이 될 때가 많고 자신의 그릇을 넘는 것에 욕심을 부리다 화가 닥치는 경우가 심심찮게 눈에 띄는 걸 보면 준비와 절제의 중요성을 실감한다. 말이야 참기름 친 듯 반질반질하게 하지만 요즘도 좋은 건 내 것, 좋은 자리는 내가 적임자로 생각되는 걸 보면 아직 한참 멀었다.

[한국일보, 2014. 8. 8.]

군자는 푸줏간과 부엌을 멀리해야 한다

어린 시절 음식과 관련해 들은 말은 대개 야단이었다. 배가 고파 부엌 주변을 얼쩡거리다 보면 "남자는 부엌을 멀리해야 한다"와 반찬 투정하면 "남자는 맛에 둔감해야 한다"이다. 모두 부엌과 음식의 미각에 대한 편견을 심어주기에 충분한 것들이었다. 맛있는 음식은커녕 먹을 것 자체가 부족했던 시기에 배불리 먹일 수 없었던 어머니들의 눈물겨운 당부이자 교훈 정도로 알고 있었는데, 『맹자』에 푸줏간과 부엌을 멀리하라는 구절이 나와 있었다.

> 제나라 선왕과 맹자가 왕도정치王道政治에 대하여 대화하고 있었다. 선왕이 "어떻게 하면 왕노릇을 제대로 할 수 있습니까?"고 하자, 맹자가 "할 수 있습니다. 신은 호흘이라는 사람에게 이런 말을 들었습니다. 왕께서 당 위에 앉아 있는데 소를 끌고 당 아래를 지나가는 사람이 있어 묻기를, "소는 어디로 가는 길이냐?"라고 묻자, 그 사람이 "피를 받아서 종에 바르려고 합니다."라고 대답했고, 왕께서 "그 소를 놓아 주어라. 소

가 두려워하는 모습을 하고 죄 없이 죽을 곳으로 끌려가는 것을 차마 볼 수 없구나."라고 했으며, 그는 "그렇다면 종에 피를 바르는 의식을 폐지하려고 하십니까?"라고 했습니다. 왕께서 "어떻게 폐지할 수 있느냐? 양으로 바꾸라."고 하셨다는데 그런 사실이 있었습니까?" 하니 선왕이 "있습니다." 하고 대답하였다. "이 마음이면 왕이 되시기 충분합니다. 백성들은 왕께서 소 한 마리가 아까워서 그랬다 하지만 신은 왕께서 차마 볼 수가 없어서 그렇게 하신 줄로 알고 있습니다. "군자는 금수에 대함에 있어서도 그 산 모습을 보고서는 그들의 죽는 꼴을 차마 보지 못하며, 그 죽는 소리를 듣고서는 그 고기를 차마 먹지 못하기에 군자는 푸줏간을 멀리하는 것君子遠庖廚입니다."

맹자가 강조한 이상적 정치인 왕도정치의 첫 번째 조건은 어질어야 한다는 것이다. 그래야만 백성들을 그런 방향으로 인도할 수 있다는 것이다. 이런 맹자의 가르침은 우리나라에도 영향을 끼쳐 숱한 정치가와 문인들의 이상이 되었다. 이상적 정치를 희구한 것은 좋은데 한편으로는 남자들이 집안일과 무관하게 만든 것이 이 가르침이라는 점에서 다시 새겨볼 필요가 있다. 조선시대에는 물론 근대에도 법도 있는 집안에서는 남자의 부엌 출입을 철저히 금하였으며, 남녀가 유별하니 남성은 여성의 영역인 부엌에는 얼씬거리지도 못했다. 사경을 헤매면서도 남편을 부엌에 들여보내지 않으려고 스스로 기어가 물을 마시려다 기운이 다하여 죽은 열녀도 있다.

남성이 부엌을 멀리해야만 하는 사회적 기준이나 통념은 최근까지도 당연한 것으로 여겨졌지만 변하는 데는 그렇게 오래 걸리지 않았다.

최근 대학생을 상대로 '남성 전업주부'에 대해 어떤 생각을 가지고 있는지 조사한 결과 70%가 넘게 긍정적이라고 답변했고, '남성 전업주부'가 5년 만에 2배 이상 늘어났다는 서울시의 발표도 있다. 한편으로는 남녀의 영역이 무너지고 있는 변화가 반갑지만은 않다. 여권이 신장되고 여성의 활발한 사회진출을 삐딱하게 보려는 것이 아니다. 극심한 경쟁과 불황 속에 초식동물처럼 체제 순응적인 온순하고 착하기 만한 '초식남'이 양산되는 현실이 불편할 따름이다.

천격이라는 격

문인화 또는 남종화에서 표현된 정신성을 문기文氣라 표현한다. 문기야말로 정의내리기 어렵다. 작품에서 느껴지는 고귀한 풍격, 높은 정신성이라고 표현하면 대략 비슷하다고 생각한다. 문기는 작품에 반영된 작가의 높은 정신성을 의미하지만, 이 반대의 경우로 '천기賤氣' 또는 '천격賤格'도 있다. 천격을 통해 문기를 이해해 볼까 한다.

어느 가을날 서울 종로구 낙원동의 한옥 보존지구에 있는 우리 모임의 행사에 조촐한 여흥을 위해 소리꾼을 불렀다. 그런데 신명이 과하게 오른 이 '자者'가 자기를 위한 무대로 착각하여 분위기를 다 깨버렸다. 1시간이 넘도록 혼자 북치고 장구치고 신명이 나서 떠들고 장광설을 해대니 진행은 엉망이 되어, 남은 일정을 소화할 수도 그렇다고 그냥 둘 수도 없고 해서 행사를 주최한 우리는 좌불안석이었다. 그때 어르신 한 분이 뒤를 돌아보시며 낮은 목소리로 "천격이라는 게 있다."고 하셔서 우리를 안도케 하였다. 저 사람을 부른 주최의 잘못이 아니라는 속 깊은 말씀이셨다. 범접하기 힘든 위엄, 존경심이 절로 들게 하는 일종의 '아우라Aura'와 같은 것만을 '격'으로 알았는데, 천한 것도 격이 있다는 것을 처음 알았다. 문기가 고귀한 기운이라면 천기와 천격은 어쩔 수 없는 천한 기운 또는 천한 풍격이다.

소설가 이문구는 현대의 고전의 반열에 올랐다고 해도 과언이 아닌 그의 소설집 『관촌수필』에서 근대화의 미명하에 훼손된 농촌공동체를 느릿하고 구수한 충청도 사투리로 절묘하게 살려냈다. 그 가운데 〈여요주서〉는 아버지의 약값을 마련하려고 꿩을 잡아 팔려다가 발각되어 자연보호를 위배했다는 이유로 공권력의 횡포에 시달리는 중학 동창에 관한 이야기인데 그 묘사가 구성지다.

> 매사에 물렁하고 …… 앞뒤가 어두워 일의 갈피를 모르고 … 천성이 우둔하여 무슨 일에나 흥미가 없었고, 어떤 것에도 무관심이었으므로, 한 번만 귀띔해줘도 넉넉할 것을 열 번 스무 번 가르쳐보아야 아무 소용이 없던 …… 신경이 무디고 됨됨이가 헐렁하니 변변치 못한 ……

이문구는 이런 동창 신용모를 우연히 역전거리에서 만났다. '늘 몰라' 하기에 별명이 '장부식不識'이 된 신용모의 행색은 가관이었다.

> 그는 그의 얼굴빛보다 색깔이 엷다고 할 수 없을 밤색 골덴바지에 해묵어 바랜 하늘색 저고리를 회색 긴 남방으로 받쳐 입고 있었는데, 그 겉꾸림만 해도 남은 그렇게 시늉해보려고 할래야 할 줄을 몰라서 못할 지경으로 어설프고도 촌스러운 행색 ……

신용모가 천격이라는 것이 아니다. 신용모의 어설프고 촌스러운 행색이야말로 그의 얕고 엷은 성정의 반영이다. 천격이란 신용모와 같은 농군에게나 있는 것이 아니고 도회지에 살며 돈이나 지위가 있다 해서 없어지는 것도 아니다. 아무리 애를 써도 없앨 수 없는, 씻어낼 수 없는 본질과도 같은 것이라고 한다면 비슷할 듯하다.

내가 대학졸업 후 짧게나마 다닌 직장에 두 명의 최 국장이 있었다. 편의상 A, B 국장으로 지칭한다. A 국장은 점잖았고 B 국장은 언제나 주변을 불편하게 하는 인간이었기에 아예 상종 않는 쪽이 마음 편했다. 그런데 어쩌다 '최 국장'을 바꿔 달라는 전화가 오면 골치였다. A 국장인지 B 국장인지 알 수 없어 쩔쩔맸던 것인데, 옆자리 동료에게서 조언을 들은 후 두 최 국장에게 오는 전화를 정확히 구분해 낼 수 있었다. 요령은 간단했지만 확률은 100%였다. 전화한 이의 목소리가 점잖으면 A 국장, 그렇지 않으면 B 국장으로 전화를 돌렸던 것이다. 두 국장 모두 지역색이 있는 것도 아니었고 사투리를 사용한 것도 아니었는데, 어쨌든 그 후로 전화 바꾸는 일이 한 번도 틀린 적이 없었으니 지금도 신기하다. B 국장에게 오는 전화 목소리는 어딘지 모를 비루함과 공연한 우쭐댐이 교차되는 등 상대방의 심기를 거스르는 목소리였던 것으로 기억한다. 이것도 천격의 한 예가 될지 모르겠다.

나쁜 며느리에 대한 단상

탤런트 전원주 씨의 "감히 내 아들을 빼앗은 나쁜 며느리"에 대한 '용감한' 발언이 인터넷을 들끓게 하고 있다. 그간 각별한 아들사랑을 곧잘 드러내 온 전원주 씨인지라 그리 놀라울 것도 없지만 최근 TV의 여러 프로그램에서 자신의 며느리에 대한 섭섭한 감정을 여과 없이 화끈하게 표출하여 네티즌의 공분을 자아내고 있는 것이다.

'고부갈등'을 주제로 한 프로그램에서 전원주 씨는 "결혼 후 아들을 뺏겼다는 생각이 백번 천 번 든다. …… 아들은 내 전체의 기둥이고 내 생명이고 내 마음의 전체였다."고 했고 다른 프로그램에서는 "며느리와 시어머니는 같은 한 남자를 반씩 나눠 갖는 것이다. 며느리가 지나치게 색을 쓰면 안 된다. …… 가끔 아들 집에 전화 안하고 몰래 간다. 내 아들 집인데 뭐 어떠냐"라고도 했다. 특히 아침방송에서는 둘째 며느리를 앞에 앉혀놓고 "너와의 결혼은 혼전임신 때문에 울며 겨자 먹기로 허락한 거다." 등의 말을 퍼부어 결국 며느리가 눈물을 흘리게 했다고 한다. 이에 전원주 씨를 비난하는 네티즌들의 글이 봇물처럼 쏟아졌다.

그런데 전원주 씨가 자랑스러워한 '잘난' 아들들이 백수인 데다 손자들은 초등학교부터 유학 보냈고 이들의 생활비와 유학비 등을 전원주 씨가 대고 있다는 네티즌 수사대의 글이 올라가며 양상이 바뀌었다. 시어머니 돈으로 사는 주제에 조기 유학 등 할 것 다 하는(?) 며느리에 대한 비난을 제기하는 측과 한편으로는 돈 좀 대준다고 그런 모멸

20세기 초반 서양 선교사의 사진에 찍힌 혹사당하는 조선의 어린 며느리의 모습

감을 줄 수 있느냐는 며느리 옹호론, 아직도 부모로부터 자립 못하는 아들과 낭비하는 며느리, 경제적 도움을 기화로 할 말 못 할 말 다 하는 시어머니 모두 잘한 것이 없다는 일종의 양비론 아니 삼비론이 제기된 것인데 전원주 씨를 비난하는 쪽이 수적으로 훨씬 많다.

어머니의 아들에 대한 사랑은 우리에게 있어 절제를 요구받지 않는 일이기는 하다. '튀는' 아들사랑과 아들자랑은 일종의 애교로 여기곤 했던 것이다. 이미 결혼한 아들과의 애정의 끈을 놓지 못하는 어머니와 이에 질색하는 며느리의 관계를 그린 영화 〈올가미〉가 우리나라에서는 히트했지만 다른 나라에서는 전혀 공감할 수 없는 내용이라 수출할 수 없었다는 후문이 떠올려진다. 그러나 장성한 아들에 대한 과도한 집착은 아들을 자신의 부속품처럼 보고 끝없이 간섭하거나 며느리를 인격적 존재로 대하지 않는다는 점에서 문제가 될 수밖에 없다. 아들과 자신을 분리해 보지 못하기 때문에 "며느리와 시어머니는 같은 한 남자를 반씩 나눠 갖는 것 …… (결혼 이후) 나 혼자 외톨이가 되었다."라는 황당한 말을 하는 것이고, "내 아들 집인데 왜 전화하고 가느냐"는 등 무례한 행위를 아무렇지 않게 하는 것이다. 며느리를 주체성을 가진 하나의 인격체로 본다면 "감히 내 아들을 빼앗은 주제에 인간대접을 받으려고 하느냐"는 식의 천박한 인식과 행동은 없었을 것임은 물론이다.

최근 추석 연휴에 서울의 한 특급 호텔에서는 '여고 패키지' 상품을 기획했다. 여고 패키지란 추석 때 고생한 부인을 위로하기 위한 기획 상품 '여보 고마워 패키지'의 줄임말이란다. 1박에 조식까지 주는 특급 호텔의 숙박비치곤 그다지 비싸지 않은 가격으로 되어 있다. 이번 추석에도 이 땅의 많은 며느리들은 시어머니의 지극한 아들사랑에 대비되는 언어폭력과 육체적 피로 속에 고행의 시간을 보냈을 것이다. 여고 패키지야말로 부인 고생시킨 남편들에게 알량한 속죄의 기회를 주는 면죄부(?) 비슷한 것이 아닐까 싶다. 결국 여고 패키지는 여성들의 희생에 대한 일종의 사회적 공감대를 확인할 수 있게 해주는 예라 할 수 있는데, 한편으로는 '개선의 필요성에는 다들 공감하지만 작은 변화의 기미도 보이지 않는 현실'에 대한 근원적 의문이 드는 것은 나만의 생각일까?

[경기일보, 2012. 10. 4.]

정수동과 묵죽 그리고 IS

조선 후기의 기인으로 유명한 정수동은 술을 워낙 좋아하여 과음으로 돌아갔다. 정수동의 부인이 홀로 되어 고생할 적에 정수동을 아끼던 대감 한 분이 한겨울에 쌀과 나무를 보내자 "그 댁 대감께서 내게 쌀과 땔감을 보내실 일이 없다."고 받지 않았다. 실수를 깨달은 대감이 마님이 보냈다고 하며 다시 보내니, 그제야 수동의 아내는 그 쌀과 나무를 받았다고 한다.

근대의 화가이자 미술평론가인 이태준은 〈묵죽과 신부〉에서 이 일화를 예로 들며 "떨고 굶주리되 사량思量(생각하여 헤아림)과 체도體度(체모와 태도)를 헐지 않는 여유, 이거야말로 높은 교양이요 예의요 자존심일 것이다."라 해설을 붙였다. 이태준은 대나무를 직접 지칭하지는 않았지만 대나무와 같은 꼿꼿하고 곧은 기상을 이렇게 높이 기렸다. 물질적으로는 부족해도 정신과 법도를 높이 여기던 시절은 그리 옛날이 아니었다.

청계천변 달동네 유일의 대학 졸업자 그것도 법대를 졸업하신 아버

풍죽
추사 김정희의 제자 소치 허련(1808~1893)의 작품이다. 화면에 써진 글씨에서 추사의 영향을 확인할 수 있다.

속기 없는 미인을 너무 닮았거니와,	太似美人無俗韻
맑은 바람이 푸른 가지를 씻기듯 스친다.	淸風徐灑碧琅玕

지는 동네 무료 법률상담소장 노릇을 하셨다. 안방에는 아버지가 창호지 문을 닫고 앉아 계셨고 어머니는 마루에 그리고 의뢰인인 동네 아주머니는 마당 또는 문가에서 어머니께 묻고 싶은 내용을 전하였다. 아주머니가 어머니께 이러이러한 일이 있었다고 하시면 어머니는 들으신 대로 아버지께 전달하는 방식이었는데 대답은 물론 그 역순이었다. 어린 나는 이러한 불편하기 짝이 없는 전달체계가 이해가 가질 않았다. 아주머니들이 근심어린 표정으로 감자나 채소 바구니 등을 들고 집에 오면 또 그 일이구나 하며 골목으로 뚝방으로 달려 나가곤 했다. 육성회비를 제때 못 내는 애들이 워낙 많았기에 육성회비 빨리 내라고 재촉

하는 담임선생님의 닦달은 다들 그러려니 넘어갔고 도시락 반찬이 언제나 고추장이나 김치 하나라도 부끄럽지 않았다.

그땐 모두 그렇게 살았기에 가난이라는 이유로 차별을 한다는 사실이 용납되긴 어려운 시절이 아니었나 싶다. TV 드라마에서는 “그래도 우리가 사대부 집안이었는데! 어떻게 저런 장돌뱅이에게 ……”라는 표현이 나오곤 했음을 기억한다. 요즘처럼 재벌가가 명문가로 인식되는 시절은 아니라는 의미이다. 언젠가 미식가 선생님을 모시고 약주 한 잔 나눌 적에 들은 말씀이다. “우리 때는 돈 있는 걸 숨겼지.” 하시며 당신 사모님이 부잣집 딸로 약사인데 그걸 결혼할 때 말하지 않았고 주변에서도 그 사실을 알았지만 화제에 올리지 않았다고 하셨다. 결혼은 당사자끼리 하는 것이고 그 집안의 일이니 부자건 학벌이건 중요하지 않았다는 의미로 이해했다. IMF 사태를 겪은 지 얼마 되지 않은 어느 날, TV 광고에서 미모의 여성 탤런트가 화사하게 웃으며 “여러분 부자 되세요!” 했을 때의 충격이 아직도 잊히지 않는다. 너무나 직설적이어서 보는 사람이 다른 생각을 할 수 없게 하는 충격적 화면이었기에 뇌리에 쏙쏙 들어와 아직도 사람들 입에 오르내리는 성공작이다. 살아가는 데에 필요한 것은 체면, 교양 등이 아니고 오로지 돈이라는 사실을 단적으로 ‘증명’해 보인 일이 아닐 수 없다. 작가 최인훈은 “복색과 교양이 일치된 황금시대여”라는 구절로 전통시대를 회상한 바 있다. 이 말에 다양한 해석을 할 수 있지만 여기에서는 자신의 지위나 신분에 걸맞는 사고의 수준을 갖거나 가지려 노력해야 한다 정도로 이해하고 싶다.

이슬람국가(IS)에 대한 취재를 위해 위험지역에 갔다가 참수 당한 일본인 저널리스트 고토 겐지의 어머니가 외국인 기자클럽에서 기자회견을 하면서 일본 정부와 국민에게 "아들로 인해 심려를 끼쳐 드려서 정말 죄송합니다."라고 사과부터 먼저 했다. 그런 다음 아들이 살아서 돌아올 수 있도록 도와 달라고 눈물로 호소했다. 일부에서는 '내 슬픔보다 예의가 먼저' 등 이해하기 힘든 일본인의 행태라고 비하하기도 했지만 국가와 사회, 주변에 대한 배려의 마음이 읽혀진다고 생각하면 과한 해석은 아닐 듯싶다. 우리는 어떤가. 감정의 원초적 폭발을 부끄러워하지 않음을 쉽사리 목격할 수 있지 않은가. 문명의 수준은 인간의 욕심, 욕망 등 원초적 감정을 얼마나 세련되게 가리는가에 따라 그 높고 낮음이 갈린다는 생각이다. 그나마 조금씩이나마 나아져 가는 듯한 흐름에 희망을 걸어야겠다.

[한국일보, 2015. 2. 13.]

심은하를 아시나요

이번 봄 학기 수업 때의 일이다. 우리나라 여자 스타들의 사진이미지를 학생들에게 보여 주었다. 미 곧 아름다움에 대한 평가기준은 시대에 따라 달라진다는 것을 실증적으로(?) 보여주기 위해 우리나라 여자 연예인들을 예로 든 것인데, 한마디로 '인기 여배우의 변천을 통해 본 미감의 변화'라고 하면 적절한 표현이 될지 모르겠다. 50~60년대의 최은희·김지미, 60년대 말의 문희·윤정희·남정임, 70~80년대의 안인숙·정윤희·장미희·유지인, 90년대의 심은하, 2000년대의 이효리 등으로 이어지는 여자 스타의 이미지를 나열하였지만 어쩐지 반응이 잘 오지 않는 느낌이었다. 학생들의 눈빛은 이효리를 제외하면 삼국시대 불상이나 조선시대 산수화를 볼 때의 반응과 비슷하게 시큰둥했다. 내가 다른 배우들은 차치하고 "심은하를 모르냐?"고 물었더니 학생들은 눈을 동그랗게 뜨며 이구동성으로 "심은하가 누구냐?"고 반문했다.

전혀 예상치 못한 반응에 깜짝 놀랐다. '심은하를 모르다니!' 하는 것은 내 생각이었고 학생들은 '심은하가 누구?'였다. 심은하를 모른다면 〈마지막 승부〉의 청순미의 대명사 다슬이는 물론, 〈8월의 크리스마스〉의 순수하고 생기 넘친 다림, 〈청춘의 덫〉에서 불꽃같은 눈빛으로 뿜어낸 명대사 "당신, 부셔버릴 거야!"를 모른다는 말이다. 심은하를 모른다는 것은 심은하의 전성기 80년대 말과 90년대의 분위기를 모른다는 말과 같다. 젊은 친구들과의 소통은 이래서 쉽지 않나 보다. 어릴 때에는 중년남자들이 자신들과 비슷한 나이의 여인들과 바람피우는 이유를 이해할 수 없었다. 젊고 예쁜 여성들이 많은데 왜 중년 여인들과 스캔들을 만드는지를 알 수 없었는데, 이젠 충분히 이해하게 됐다고나 할까. 사람의 관계는 자신과 상대방의 삶의 공감대가 클수록 소통이 잘 된다. 공감대는 함께 한 세월만큼 또는 함께 반추할 지난 세월의 길이와 양과 비례하기 때문이다. 그래서 함께 겪은 세월과 시간이 중요하다.

심은하야말로 당대 최고의 청춘스타요 그 시절의 아이콘이었는데 이젠 그 사람이 누구냐고 되묻는 지경이니 무정한건 세월이라는 말이 실감난다. 그동안 수업 중간마다 딴에는 재미있으라고 얘기했던 80년대의 대학문화, 피맛길 소줏집, 청진동 해장국집에서의 일화 등등은 얼마나 지겨운 회고담이었을까 하고 생각하니 민망했다. "내가 젊었을 때 ……", "월남에서 말이야 ……" 등등 자기 말에 스스로 도취해 침 튀기며 떠드는 동에 어른들의 장광설에 몸을 배배 꼬며 지겨워했던 기억이 되살아났다. 나이 먹으면 옛날 얘기 좋아한다더니 남 말이 아니었다. 별 수 없이 '꼰대'가 되었음을 확인하니 서글프다.

나훈아가 좋아지거나 아침마다 국물이 있는 식사를 찾는 등 나이 듦의 증세는 여러 가지이지만 단점만 있는 것은 아니다. 세상과 사물을 대하는 관점이 여유로워지고 깊어진다는 점에서 긍정적 일면도 있기 때문이다. 조선 말기의 대학자 추사 김정희는 '일독 이호색 삼음주一讀二好色 三飮酒'라는 현판글씨를 남겼다. 어떤 연구자는 이 뜻을 글자대로 "첫째는 독서(공부), 둘째는 여자(섹스), 셋째는 술"이라고 풀었다. 섹스와 술을 좋아하는 와중에 공부를 의미하는 것인지 아니면 공부하는 중의 술과 섹스를 의미하는 것인지 모르겠다고 하며, 추사가 고지식한 선비가 아니고 솔직한 인간적 쾌락을 표현한 것이 아닌가라는 부연설명을 추가하였다. 예전에 이 대목을 읽으며 추사의 인간적인 면의 발견이라 생각하였으나 이젠 그렇지 않다. 여기에서 색을 좋아한다는 말은 남녀의 조화가 잘되어야 집안은 물론이고 여러 세상사가 잘된다는 의미로 풀어야 한다는 생각이다. 이것도 물론 나이 먹은 후의 깨달음이다.

[경기일보, 2013. 8. 29.]

고통의 보수

풍치가 생겨 쩔쩔맸더니 주변에서 인간의 3대 고통이 있는데 출산, 치통, 담석으로 인한 통증이라고 했다. 위로의 말이라 고맙게 들었지만 고통에도 순위가 있다는 사실이 재미있었다. 10여 년 전 담석 수술을 받았으니 남자로서 할 수 없는 출산 빼고 겪을 수 있는 고통을 본의 아니게 모두 겪어본 셈이다.

어느 날 집에서 TV를 보고 있었는데 갑자기 엄청난 통증이 몰려왔다. 몸이 폭발하는 것 같기도 하고 어떤 큰 손이 온몸을 쥐어짜는 것 같기도 했다. 119에 전화를 하려고 했지만 불과 50cm도 떨어지지 않은 전화기에 손을 뻗을 수조차 없었다. 그런데 갑자기 통증이 씻은 듯 사라졌다. 한바탕 소나기가 쏟아진 다음 맑은 해가 불쑥 나오듯 그토록 강한 통증이 순식간에 사라지기까지 겨우 몇 초의 시간도 안 걸린 것 같다. 담석이라고 진단한 의사가 수술을 권하자 1초의 망설임도 없이 동의했다. 운전하다 또는 지하철에서라도 통증이 다시 오는 상황은 생각하기도 싫었기 때문이다.

교통사고를 당해 일주일 만에 깨어난 적도 있다. 벌써 20년 전의 일인데 승용차 뒷자리에서 자다가 사고가 났기에 사실 사고의 고통은 조금도 없었다. 푹 자다 깨어난 것 같은데 온몸이 꽁꽁 묶여져 있었고 얼굴도 굵은 실과 붕대로 칭칭 감겨 있었다. 어떤 몰골인지 얼굴을 보고 싶은 데 거울을 주지 않으니 한장할 노릇이었다. 넉 달 넘게 입원해 있었는데 퇴원이 가까워오자 이젠 재활치료를 시작하게 되었다. 재활치료를 하기 위해서 제일 먼저 한 일은 천정에 매달아 놓은 나의 오른발을 푸는 일이었다. 정강이뼈에 구멍을 뚫어 금속 파이프를 관통시킨 후 끈으로 묶어 천정에 매달아 놓았는데 금속 파이프가 뼈와 붙어 버렸다. 장정 4명이 달려들어 병상에 드러누운 나의 좌우에서 힘을 쓰며 밀고 당기는데 도무지 빠지질 않았다. 한참 뒤 마침내 금속 파이프가 뼈를 스치며 빠져 나가는 날카로운 촉감이란 말로 표현 못하겠다.

그보다 몇 해 전 강원도 산골 어느 부대에서의 기억도 있다. 부대 취사장 뒤쪽에 집합했을 때의 일이다. 풀 스윙한 쇠몽둥이에 명치를 맞아 숨이 막혀 뒤로 넘어갔는데 마침 뒤쪽에 돌멩이가 있었나 보다. 돌멩이에 머리를 부딪혀 살짝 기절했는데 누군가 흔들어 눈을 떠보니 기다란 풀이 보이는 가운데 내가 누워 있었다. 대학시절 술만 먹으면 버스 종점까지 가서 풀숲에서 자다 버스회사 사람들에게 깨어 집으로 오곤 했는데, 그때인 줄 착각하고 "아저씨 깨워줘서 고마워요." 했다가 한심한 녀석이라고 몇 대 더 맞은 기억이 난다. 그때는 쇠몽둥이로 맞은 아픔보다 아직도 군대구나 하는 생각에 억울했는데 뒤통수에서 뭔가 뜨끈한 것이 흘렀다. 귀찮은 표정의 위생병이 연신 하품하며 얼마나 대강 꿰맸는지 한동안 상처 부위가 불쑥 튀어나와 있었는데 지금은 만져도 티가 나지 않으니 시간이 흘렀음을 실감한다.

밝고 즐거운 얘기도 많은데 이런 너저분한 얘기를 늘어놓는 것은 다름이 아니다. 흔히 고통을 겪어본 사람들이 고통 받은 사람을 이해한다고 한다고 하지만 나는 이 말에 동의하지 않는다. 지난 경험은 그저 지나간 일일 뿐이라는 것을 말하고 싶은 것이다. 앞에서 열거한 일들이 당시에는 그렇게 고통스럽고 몸서리쳐지는 일이었지만 지금은 그저 술안주거리일 뿐 그 이상도 이하도 아닌 것만 봐도 그렇다. 우리네 부모세대 또 부모세대의 부모세대가 겪은 경험을 듣다 보면 어떻게 그 시절을 살아왔는지 경탄스러울 때가 많다. 다만 그런 경험을 해서 주변과 사회를 보는 시야가 너그러워지고 고통 받는 사람들에 대한 이해가 커졌는가는 별개의 문제가 아닐까. 지금도 얼마나 많은 이가 어려운 삶을 살며 모진 목숨을 이어가고 있는가, 얼마나 많은 해체된 가정과 가족 간의 갈등이 있는가 말이다. 어릴 적의 어려웠던 경험을 훈장처럼 달고 다니며 과시하는 인사들을 보면 더욱 그렇다. 고통이나 경험이 중요한 것이 아니고 그것을 사랑과 이해로 승화시킬 사유와 성찰이 필요함을 실감한다.

[한국일보, 2015. 3. 13.]

어느 배드민턴 클럽의 경우

벌써 쉰 지 꽤 되어 몸의 긴장은 풀어졌지만 한창 배드민턴 칠 당시의 활력을 잊지 못한다. 코트 안에서 벌어지는 숨 가쁜 공방은 스릴과 흥분의 도가니였다. 운동 후의 시원한 생맥주는 생활의 활력소이자 운동하는 이유의 하나이기도 했다.

동네 배드민턴 클럽에 일주일이면 사흘 이상을 꼬박꼬박 다니며 운동을 한 지 2년여가 되니 몸에 탈이 나기 시작했다. 어깨가 결리고 무릎이 시큰거리는 증상을 무시했는데 슬슬 허리가 아파왔다. 몸에서 허리가 중요하다는 사실을 그제야 알았다. 허리가 아프니 도무지 힘을 쓸 수 없고 앉아도 누워도 편안하지 않으니 삶의 의욕마저 잃을 지경이었다. 용하다는 한의원, 정형외과를 찾아다니다 보니 두어 달 넘게 운동을 쉬게 되었고 조금 나은 것 같아 체육관에 갔다가 그날 다시 허리 아픈 게 도져 또 쉬게 되니 이제 배드민턴이라는 멋진 운동은 나와 영영 관계가 없어지는 것이 아닐까 하는 아쉬움이 크다.

허리가 조금씩 아프기 시작할 무렵 몇몇 회원들끼리 나직한 목소리로 무언가 얘기하곤 했다. "바닥이 …… ", "샤워시설이 …… " 운운했는데 나 같은 신참은 의논상대가 아니어서 온전한 정보를 듣지는 못했다. 나중에야 그 말들이 클럽 이전 논의였음을 알게 되었다. 우리 클럽의 체육관은 지은 지 얼마 되지 않았지만 시멘트 바닥에 장판만 깐 바닥이었고 여름에는 에어컨 사용이 까다로운데다 겨울에는 온풍기 사용마저 쉽지 않았다. 마침 근처에 있는 다른 초등학교의 체육관이 새로 완공된다는 소식을 듣고 일부 회원들의 마음이 동한 것이다. 코트가 4면에서 3면으로 줄지만 바닥이 나무로 되어 있어 부상 위험이 적고 샤워장도 있으며 냉난방이 잘 된다니 얼마나 좋은가! 젊은 남자회원들의 열띤 노력과 클럽의 전현 임원들의 전폭적 지원 아래 이전 여부를 묻는 찬반 투표가 실시되었다. 나는 물론 이전에 적극 찬성이었다. 나의 허리 부상이 딱딱한 바닥 때문이라는 생각에서였다. 치료받느라 투표도 못했지만 이전에 작은 의심도 갖지 않았다. 그런데 막상 뚜껑을 열어보니 이전 찬성은 1/3에도 못 미쳤다.

이전 반대논리는 이전 찬성논리를 조목조목 뒤집었다. 체육관 바닥이 딱딱하지만 대회에 나가지 않을 우리 같은 아마추어는 조심해서 살살 치면 괜찮고 샤워는 집에 가서 하면 되고 덥고 추운 것은 그때만 조금 참으면 될 것 아니냐, 게다가 옮겨갈 학교는 멀지 않느냐는 주장이었다. 남자회원과 여성회원, 젊은 회원과 나이 든 회원으로 표가 나뉘었다. 성별, 세대별 대결양상을 보이게 된 셈인데, 압도적인 반대에 조금은 멀어도 환경이 좋은 구장을 기대했던 회원들이 의기소침해진 것은 물론이다. 참으로 신기했다. '침묵하는 다수'의 힘이 변화를 시도하는 사람들에 비해 상대가 되지 않을 정도로 막강하다는 사실이 말이다. 주변에서 여당 찍는다는 사람은 찾아보기 힘들지만 선거만 하면 여당이 압승하는 이유를 조금은 알 것 같았다.

대학시절 야구응원을 자주 갔다. 대학야구대회 4강에 올라가면 모든 수업을 휴강하고 학교 전체가 야구장으로 옮겨가던 시절 얘기다. 야구장 갈 때면 여학생들은 "내가 가면 진다"는 말을 곧잘 했다. 그럴 때면 나는 "내가 가면 이긴다니까!"라고 외치곤 했다. 허풍이 아니고 실제 그랬다. 나는 예선 1차전부터 우리 학교의 마지막 게임 때까지 줄곧 야구장에서 응원한 열혈 팬이었다. 예선 리그를 거쳐 토너먼트로 16강에서 4강까지 올라가려면 얼마나 많은 승수를 쌓았겠는가. 나는 승리의 목격자였다. 여학생들이야 준결승 또는 결승전이 되어야 야구장에 갔지만 수업을 전폐하고 '달린' 나는 이미 5~6번의 승리를 지켜보았다. 당시 우리 학교의 실력은 잘해야 준우승 또는 4강 정도였으니 그녀들이 야구장에 올 때면 지는 게 오히려 정상(?)이었다.

상황은 하나이지만 그 상황에 대한 평가는 이처럼 전혀 다르다. 아니 다를 수밖에 없다는 것이 옳다. 대학시절 야구장 가던 기억과 배드민턴 클럽 이전 찬반투표의 경우처럼 사람의 판단이란 자신의 경험과 생각에서 벗어나기 힘들다는 생각이 든다. 그나저나 요즈음 여러 가지로 불편한 것은 내 탓이 아니고 하 수상한 시절 때문이라 우기고 싶다. 나만 그런가?

[한국일보, 2014. 10. 31.]

두 번째 기회

미드(미국 드라마)를 보다 보면 '세컨드 찬스'라는 말이 종종 나온다. 문자 그대로 두 번째 기회를 말하는데, 세컨드 찬스 운운할 적의 드라마 분위기는 자못 엄숙한 느낌마저 들곤 한다. "……에게 다시 한 번 기회를 주는 것이 ……" 운운하며 비장한 눈빛을 교환하는 장면은 미드 마니아라면 익숙한 장면이다.

두 번째 기회라니 얼마나 매혹적인 말인가! 한 번뿐인 인생에서 다시 기회를 얻을 수 있다면 얼마나 좋을까. 지나간 과거로 돌아갈 수 있다면 어느 시점을 선택할까 즐거운 고민에 빠지지 않을 수 없다. 고등학교 시절로 돌아가 입시에 재도전 해볼까 아니면 끙끙 앓기만 하다 고백조차 못해 본 짝사랑 시절로 다시 가볼까, 망설이다 실행 못한 배낭여행을 해볼까 등등 소소한 기억에서 딴에는 중대한 의미를 두었던 정치적 결정에 이르기까지 여러 에피소드가 주마등처럼 흘러간다. 아무리 그래도 대학 입시공부를 다시 한다는 것은 너무 끔찍해 다시 기회를 주어도 돌아가고 싶지 않고 고백 못한 짝사랑 상대에게 대시하는 것도 이젠 시큰둥하다. 여러 불편함을 감수해야 하는 배낭여행보다는 편하고 럭셔리한 여행을 하고 싶고, 정치의 모습도 예나 지금이나 달라진 것이 별로 없어 그때 다른 결정을 내렸어도 내 삶의 모습은 별로 달라지지 않았을 것 같다는 생각을 하게 되니 한편으론 맥이 빠지고 쓸쓸해진다. 이렇게 쉽게 닳아지고 맥없이 흘러가는 것이 인생이구나 하는 생각이 들지만 한편으로는 아직 할 일이 있고 젊음이 남아 있다는 생각에 조금은 덜 억울해지기도 한다.

연말에 대학시절 은사님을 뵈었더니 여전히 건강하시고 약주도 잘 하시는 데다 은근한 음담패설까지 서슴지 않으시는 모습이 기쁘고 고미 있다. 이런지런 대화를 나누딘 중 딩신의 학창시질을 밀씀하시다 고등학교 시절 얘기로 옮겨가게 되었다. 전국의 옛 명문 고등학교를 하나씩 열거하신 후 당신이 언급한 학교를 나오지 않은 사람들을 인정하기 힘들다는 것이 당신 세대의 이른바 주류의 생각이라는 것을 분명히 하셨다. 그 학교 가운데 하나를 졸업하지 않으면 좋은 대학에 갈 수 없고 좋은 대학을 나오지 않으면 좋은 직장에 갈 수 없음은 물론 사회의 리더가 될 수 없는 것이 당연하다는 솔직한(?) 발언을 이어가셨다. 이승만은 프린스턴대학, 박정희는 일본 육사라는 당대 최고의 교육을 받은 수재들이라 인정할 수 있다는 말씀까지 하셨다. 그래서 그 세대들이 상고 출신 대통령을 인정하기 힘드셨군요 라고 했더니 단호히 그렇다고 하시며 독학하거나 제도교육을 제대로 받지 않은 이들의 한계와 문제점을 힘주어 말씀하셨다.

나이 먹은 후에도 사람이 바뀔 수 있다는 사실, 청소년기 이후의 성취에 대하여 긍정하지 않는 말씀에 이의를 제기하고도 싶었지만 취기 오르신 은사님의 흥겨운 말씀은 죽 이어졌고 결론은 언제나처럼 제자를 위하는 방향이시니 화기애애하게 웃을 수 있었다. 그 연배 분들의 의식구조는 그럴 수 있다는 사실을 인정하지만 이제는 그 시절과 다르다는 확신을 갖고 있기에 은사님의 장황한 회고를 기꺼이 들을 수 있었는지도 모르겠다.

"마흔 넘어 변하는 사람은 위인"이라는 말을 기억한다. 이 말은 나이 먹으면 변하기 힘들고 특히 긍정적으로 변하는 사람은 극히 적다는 말의 다른 표현이리라. 그러나 두 번째 기회는 나이를 떠나 언제든 올 수 있다고 믿고 싶다. 우리가 잘 모르는 사이에 내 생을 바꿀 만한 기회가 왔다 갔는지도 모르고 지금이 변화를 위해 노력해야 할 순간일지도 모른다. 나만 그런 것이 아니라 내 주위가 그럴 수 있고 주위사람들이 이미 변하고 있는지도 모를 일이다. 나는 물론 주변의 변화와 변화의 가능성에 좀 더 주의를 기울여야 하지 않을까. 나이 먹어도 얼마든지 변할 수 있고 좋은 방향으로 교정할 수 있다는 생각을 갖고 고정관념과 편견을 벗어날 준비를 해야겠다. 그나저나 우리는 매년 구정이라는 두 번째 기회를 갖고 있지 않은가 말이다. 이중과세 운운하며 번거롭고 스트레스만 쌓인다고 하지 말고 새해를 맞이하여 결심한 여러 가지를 다시 한 번 점검하고 새 출발할 수 있는 기회라 여기고 기뻐해야 하지 않을까 하는 것이다.

[한국일보, 2014. 1. 24.]

한 동짜리 설움

'한 동'만 있는 아파트에 살 때였다. 어쩌다 짜장면 한 그릇을 주문해도 "한 동만 있는 아파트 말이지요? 몇 호라구요?" 이렇게 되묻는 말 속의 '한 동'이라는 말이 무척 거슬리고 듣기 싫었다. 그 동네는 여러 해에 걸쳐 조금씩 재개발된 오래된 곳이라 큰 단지가 있는 것도 아니었다. 한 건설회사가 지은 고만고만한 단지가 6개였고 다른 건설회사가 지은 단지가 2개 있었는데 8개 아파트 단지를 모두 돌아다녀도 30분이 채 걸리지 않을 정도로 아기자기한 동네였다. 6개의 동이 있는 단지가 제일 컸고 2개의 동이 있거나 3~4개 동이 있는 단지가 대부분이었으니 다른 곳의 큰 아파트 단지 1개 정도였다고 보면 될 듯하다. 그래도 어린이 놀이터, 경로당 등은 단지마다 갖추어져 있었다. 특히 우리 아파트는 조용하고 햇볕이 잘 드는 데다 주차장은 널찍했고 지하철역과도 가까워 불만 없이 살았는데 그놈의(?) '한 동'이라는 말만 들으면 부아가 치밀었다. 한 번은 주문한 음식점에서 예의 "한 동짜리 맞죠?" 하는 말에 화가

치밀어 주문 취소하겠다고 큰소리로 외친 후 끊어 버린 적도 있다. 그땐 그 말이 왜 그렇게 듣기 싫었는지 모르겠다. 이사 가기 위해 부동산 사무소에 집을 내놓을 때도 그랬고 집 보러 오는 사람도 어쩌면 그렇게 똑같은 말을 하는지 신기할 정도였다.

'한 동'짜리 아파트에서 편안하게 살았지만 직장을 옮기게 되어 본의 아니게 이사를 하게 되었다. 어쩌다 교육열이 높고 전문직 종사자들이 많이 산다는 대단지 아파트 단지로 이사를 한 것인데, 그랬더니 사방에서 학원과 주식 투자, 해외여행 얘기가 들려왔다. 그렇잖아도 예전 동네보다 훨씬 비싼 물가와 비교조차 어려운 학원비 등에 신경이 곤두서던 차였다. 생활비야 절약하면 되겠지만 이런 상황에 아이가 적응하기 힘들어 하거나 기라도 죽으면 어떡하나 하는 걱정이 들어 도무지 마음이 편치 않았다. 엘리베이터에서도 그렇고 벤치에서 얘기하는 아주머니들의 대화에 이르기까지 어떻게 이 동네는 학원과 주식투자, 해외여행 등 돈 들어가는 얘기로만 시종하는지 궁금할 지경이었다. 게다가 다들 왜 그리 도도해 뵈는지 영 정나미가 없었다. 이웃은커녕 방향감각도 생기지 않아 동서남북조차 모르니 이래저래 주눅이 들었나 보다.

참 신기한 일이다. 얼마간 시간이 흐르자 그런저런 말들이 들리지 않았다. 사람의 긴장이란 오래가지 않는 것이라서 그랬는지 아니면 계속 듣다 보니 익숙해서였는지 어쨌든 학원, 주식, 해외여행 등의 단어가 점차 들리지 않게 되었다. 아마도 결정적 계기는 쓰레기 분리수거일의 경험 때문이 아닐까 싶다. 매주 화요일 저녁이면 경비실 옆 자전거 두는 곳에서 재활용 쓰레기를 분리수거하곤 했는데, 경비원 아저씨가 휴가여서인지 그 날은 관리할 사람이 없었다. 그랬더니 주민들의 얍삽한 행태가 적나라하게 드러났다. 감시하는 눈이 없자 분리수거는커녕 온갖 쓰레기를 되는대로 던져 놓아 난장판을 만들어 놓았다. 밤늦게 재활용 쓰레기를 버리러 가니 이건 문자 그대로 쓰레기장이지 분리수거 장소가 아니었다. 이 '사건'은 내가 사는 아파트 사람들의 내밀한 뒷모습을 들여다 본 느낌이었다. 아무리 겉이 멀쩡하고 돈이 많아 보여도 인간이란 본래 너절하고 비열한 구석을 온갖 위장으로 가리고 있을 뿐이라는 것을 새삼 느끼게 해주었다고나 할까.

이 일과 예전 동네의 기억이 겹쳐진다. 돌이켜 생각해보면 다들 한동만 있는 아파트라고 하지 않았고 그 말이 결코 비꼬려는 말이 아니었음은 물론 틀린 말도 아니었다. 괜한 자격지심에 거슬리게만 들린 것이 아닌가 하는 생각이 들곤 한다. 대개의 사람은 자존감이 낮을 때면 끊임없이 주변과 비교하고 현실을 직시하기보다 회피하려고 드는데 그때 내 경우도 그랬나 보다. 그 시절이나 지금이나 꾀죄죄한 현실은 여전하고 생각도 달라진 게 없으니 부끄러울 따름이다.

[한국일보, 2015. 8. 27.]

대우 받지 못해 본 자의 넋두리

미술거리로 유명한 인사동에 새로운 대규모 전시장이 생겼다는 반가운 소식에 길을 나섰다. 둘러보니 오랜 공사 기간을 거쳐 막 개관한 전시장이라 아직 정돈되지 않은 구석이 있었지만 현대적 감각의 전시 공간과 기둥 없는 높은 천정이 인상적이었다. 반투명 유리를 통해 은은히 들어오는 햇살과 고급스런 마감재는 잘 조화되었고 동선은 무리가 없었다. 인사동의 요지 가운데 하나라 할 수 있는 서인사 마당 주차장 옆이라는 위치 역시 미술애호가의 접근을 용이하게 해주는 요인이었다. 쾌적한 전시장, 편안한 동선, 우수한 접근성 등 여러 가지 장점이 있는 전시장이라 기분이 좋았고 조악한 싸구려 중국 물건이 넘쳐 나는 인사동에 새로운 명소가 들어섰다는 생각이 들어 이 방면 종사자의 한 사람으로서 반가웠다.

그러나 좋은 인상이 불쾌감으로 변하는 데에는 오랜 시간이 걸리지 않았다. 여러 층의 다양한 전시를 차례로 본 후 엘리베이터를 타고 5층으로 올라가니 현대 중국 목판화가 여러 점 걸려 있었다. 한참 감상을 하고 있는데 덩치 큰 한 남자가 나타나 "내려가시죠. 여기는 전시장이 아닙니다."라고 하였다. 그의 위압적인 말투와 권위적인 태도에 잠시 멍해졌지만 건물 입구는 물론 복도, 엘리베이터 등 곳곳에 붙어있는 포스터에 '중국현대목판화전'이 4~5층에서 개최되고 있다는 알림을 기억해냈다. 마침 근처에도 포스터가 붙어 있기에 그 내용을 가리키며 "5층에도 전시가 있다고 되어 있지 않습니까? 5층에 올라가지 말라는 안내는 본 적 없습니다." 하니 "그런 안내를 하지 않은 것은 인정합니다만 어쨌든 5층은 전시가 없으니 내려가시기 바랍니다."라고 하였다. 이 정도면 참을 만한데 '그 자'는 몇 걸음 더 나갔다. "이런 일에 따지는 걸 보니 평소에 대우받지 못하셨나 봐요." 무례하고 황당한 말을 아무렇지도 않게 계속해대는 그 인간에게 폭발하고 말았다. 1층으로 내려 와 안내데스크 앞에서 옥신각신 하다 보니 어떤 경우에도 잘못을 시인하지 않는 사람 유형이 있다던데 대략 이런 사람을 두고 말하는구나 하는 생각이 들었다. 더 얘기했다가는 혈압만 올라갈 것 같아 "잘 해보시라"는 한마디를 남기고 돌아서는 데 부아가 치밀어서 다신 그곳에 가고 싶지 않았다.

살다보면 길거리에서건 식당에서건 무례한 행동을 언제고 당할 수 있기에 그때마다 따지거나 시정을 요구한다면 얼마나 많은 승강이를 해야 할지 모르겠다. 따지지 않고 대강 넘어가 주는 게 '인간성 좋은 사람' 또는 '무던한 사람'으로 보이는 지름길이라는 생각이 들곤 한다. 하지만 이런 일은 단순한 친절의 문제가 아니고 시스템과 구조 등 근본적인 문제에서 비롯되었다는 생각이다. 문화 사업은 문화와 사람에 대한 사랑이 우선되어야 하기 때문에 친절과 배려는 기본이다. "고객은 왕이다" 식의 무지막지한 이용자 중심의 사고방식을 주장하는 것이 아니다. 바쁜 시간을 쪼개 전시장을 찾아 준 관람객, 곧 문화를 사랑하는 이에 대한 친절과 배려는 문화 사업 하는 이라면 갖추어야 할 필수적인 내용이자 최소한의 전제 가운데 하나라는 의미이다.

우리는 건물을 번듯하게 새로 지으면 이른바 '개발'도 잘되고 환경도 일신했으니 사무처리 등 운영도 잘될 것이라는 환상을 갖곤 한다. 정작 중요한 것은 하드웨어가 아니라 소프트웨어라는 점을 쉽게 잊어버리곤 하는 것이다. 멋진 외양과 호화스러운 대리석 마감재도 중요하지만 이를 운영하는 시스템과 사람을 대하는 방식에 따라 가고 싶은 공간이 될 수도 흉물이 될 수도 있다. 결국 문화는 문화를 이해하고 사랑하는 이의 것이 되어야 한다는 당연한 진리를 말하고 싶을 뿐이다.

[경기일보, 2012. 11. 1.]

새의 선물

청계천변 뚝방 우리 집엔 매년 제비가 날아와 집을 지었다. 환경오염이 심하지 않아서였는지 날아다니건 전기줄에 앉아 있건 제비를 흔하게 볼 수 있던 시절의 이야기이다. 봄이면 부엌 들어가는 문지방 위쪽의 연두색 채양 아래에 집을 짓기 위해 부산하게 나뭇가지, 진흙 등을 물고 다니는 제비의 모습이 신기했다. 제비가 알을 낳을 무렵이면 둥지 쪽을 쳐다보지도 말라는 어머니의 엄명이 있었지만 호기심을 멈추기는 쉽지 않았다. 다락에 몰래 올라가 좁은 창문 틈 사이로 알에서 갓 나온 빨간 새끼들이 어미가 물고 온 먹이를 받아먹으려고 서로 입을 쩍쩍 벌리는 모습을 훔쳐보곤 했다. 어느 날 어미 제비가 창문 쪽을 자꾸 바라보더니 새끼들을 모두 둥지 밖으로 밀쳐내 죽여 버리는 참사가 일어났다. 조심하라는 어머니의 말씀을 어긴 탓이다. 어쨌든 매년 제비가 둥지를 짓는 우리 집은 동네에 '제비가 알아보는 좋은 집'으로 소문이 났고, 또래 친구들에게 자랑할 거리였음은 물론이다.

재키라는 애칭으로 불렸던 존 F. 케네디 대통령의 부인 재클린 케네디가 1963년 존 F. 케네디 암살 이후 그리스의 거부 오나시스와 결혼한 것은 잘 알려진 사실이다. 재혼한 지 10년이 못 되어 오나시스가 죽자 다시 미망인이 된 재키는 뉴욕에서 출판 관계 일을 하며 지냈는데 새벽이면 홀로 주변 공원과 거리를 산책했다. 일생동안 재키의 사진을 줄곧 찍어 온 사진작가는 재키의 동선에 미리 새 먹이를 뿌려 놓아 재키가 산책을 할 때면 어김없이 새가 날아오르는 모습을 연출했다고 한다. 어스름한 새벽에 홀로 산책하는 재키 주변에서 날아오르는 새의 모습은 적절한 '그림'이 되었고 재키에의 연민을 높여 주었다. 20세기에도 신화는 이렇게 창조되나 보다.

우리 아파트 창가로 새들이 종종 날아오기에 베란다의 돌출된 작은 턱 위에 새 먹이를 놓았다. 작년 봄부터 저번 주까지 쌀, 보리 등을 매일 몇 줌씩 주었으니 벌써 1년이 되었다. 집에 있는 날이면 아침, 점심, 저녁 골고루 주기도 했다. 어쩌다 모이를 미리 두지 않을 때면 새벽부터 먹을 것 달라는 참새들의 성화에 깬 적도 여러 번이었다. 주로 참새들 천지였지만 비둘기, 까치, 직박구리 또 이름 모를 새들도 날아왔다. 베란다에 모여드는 새들을 보며 어릴 적 뚝방 집 제비와의 추억을 다시 떠올리며 흐뭇해했다. 조금 과장하면 나는 새들에게 자비를 베풀고 적선을 행하는 것 같았고, 새들은 내게 평화와 안정감을 선물한 기분이었다.

전 주의 일이다. 경비실을 지나치는데, 경비아저씨가 정색하며 부르시더니 "혹시 새 모이를 주느냐?"고 물으셨다. 갑작스런 물음에 말문이 막혔는데 몇 말씀 더하셨다. "○○○호에서 새똥 때문에 난리가 났고, 조금 있다가 동대표께서 올라가실 것"이라는 말씀에 잠시 넋이 나갔다. 바늘로 찔러도 피 한 방울 나올 것 같지 않은 동대표 아줌마가 우리 집에 온다는 것만으로도 이미 공포는 극에 달했다. 다시는 새 모이를 주지 않을 것이니 제발 그 일만은 막아달라고 사정했다. 휘청거리는 걸음으로 집에 올라온 후 짧은 시간이지만 여러 상상을 했다. 동대표 아줌마의 살기어린 표정과 쏘아붙이는 말 앞에 쩔쩔매는 나의 모습을 생각만 해도 머리에 쥐가 날 것만 같았다. 어떤 표정으로 무슨 말을 해야 할지 등등 골치가 지끈거렸는데 경비 아저씨의 중재로 동대표는 오지 않았다. 절체절명(?)의 위기를 벗어나니 전후를 살필 수 있게 되었다. 새들이 우리 집에 찾아오게 된 것은 나의 박애주의 탓이 아니라 어릴 적에 새가 오는 집은 좋은 집이라는 주변의 칭찬이 뇌리에 박힌 때문이다. 아마도 우리 집을 남 보기에 좋은 집으로 연출하려 한 것 같은데 그것이 다른 사람에게 줄 피해에 대해서는 조금도 생각하지 못했다. 자비, 적선, 평화, 마음의 안정 등등 제 눈에 안경 식의 싸구려 감상은 집어치우고 주변이나 잘 돌보라는 교훈을 얻었다. 진정한 새의 선물은 이것인가 보다.

[한국일보, 2015. 5. 15.]

기억에 대하여

파리 특파원으로 활동하던 우리나라 기자는 어느 날 파티에서 만난 기품 있는 중년 프랑스 여인의 정중한 초청을 받았다. 그날 처음 만난 프랑스 여인의 점심 식사 초대에 기자가 적잖게 당황하자 프랑스 여인은 찬찬히 말을 이어갔다. "제 딸아이는 한국에서 입양된 아이인데 어릴 적에 입양되어 고국에 대한 기억이 거의 없는 것 같아 그러니 부디 오셔서 한국 이야기를 해주시면 고맙겠다."는 말을 들은 기자는 밝은 표정으로 꼭 가겠다는 약속을 하였다.

며칠 후 약간의 설렘 속에 초대받은 파리의 전형적인 중산층 저택에 도착한 기자는 입양아의 양어머니인 프랑스 중년 여인의 안내를 받으며 응접실에 들어섰다. 여인은 딸아이가 방과활동이 있어서 예정보다 조금 늦어진다는 사과의 말을 한 후 차와 함께 그동안 살펴보라는 의미에서 딸아이의 사진, 스케치북 등을 꺼내 왔다. 입양 전 한국에서 찍은 어린 아이 적의 사진, 프랑스로 막 입양되었을 때의 사진, 학교 다니며 밝게 웃는 사진 등등 사진 속의 소녀는 어릴 적이나 서양 옷을 입고 있을 때나 전형적인 한국인의 얼굴이었다. 얼마나 고생이 많았을까 하며 복잡한 상념 속에 조금씩 마음이 가라앉은 기자는 스케치북에 그려진 소녀의 그림을 본 순간 눈시울이 뜨끈해지고 말았다.

파리는 대평원에 자리 잡은 도시이기에 산이 보이지 않아 파리의 어린이들이 풍경화를 그릴 때면 으레 도화지의 중앙에 수평선을 죽 그은 후 위는 하늘색을 칠하고 아래는 건물과 사람 등을 그리곤 하는데, 이 소녀의 그림에는 구불구불한 우리나라 산의 윤곽선이 그려져 있었다. 초등학교 입학하기도 전인 5살 전후하여 프랑스로 입양 온 소녀의 눈에 우리 산하의 실루엣이 똑똑히 남아 있었던 것이다. 얼마 보지도 못했지만 우리 산의 모습은 소녀의 뇌리에 깊이 담겨져 무의식중에도 구불구불한 모양의 선이 그려졌다는 거짓말 같은 사실이다. 이 내용은 나의 고등학교 시절 집에서 구독하던 시사주간지에서 읽은 것이니 꽤 오랜 시간이 지났다.

기억이란 우리의 뇌리 속에 이토록 강하고 깊게 아로새겨지는 것인가 보다. 별것 아닌 듯 무심하게 주변을 스쳐가는 이미지들이 자신도 모르게 머리 속 깊이 또렷하게 자리하고 있다는 사실은 놀랍고 한편으로는 섬뜩한 느낌마저 든다. 특히 어린 시절의 기억이란 백지에 물감 붓을 대는 것 같이 그대로 그려지나 보다. 어린 시절의 기억뿐이랴. 중고등학교 다닐 적에 읽은 시, 소설의 구절은 머리 한구석에 남아 있다가 센티멘털해질 때면 어디선가 불쑥불쑥 튀어나오는 걸 보면 기억이라는 것에 대해 여러 생각이 들곤 한다. 그런가 하면 성인이 된 이후에는 도

무지 기억나지 않는 경우도 많고 메모를 하지 않으면 책 제목마저 가물가물하다. 이런 경우를 쉽게 나이 탓이라고 치부할 수 있으나 그보다는 기억이라는 바탕에 너무 많은 덧칠이 가해져서 원형의 잔상이 잘 남지 않기 때문이 아닐까 싶다.

뜬금없이 기억의 문제를 들고 나온 것은 다름이 아니다. 우리 사회가 안고 있는 문제는 기억만 유념하면 많은 부분이 해결되지 않을까 하는 생각이 들기 때문이다. 식언을 밥 먹듯이 하는 정치인들, 지역감정을 넘어 지역차별을 조장하는 자들, 역사를 오도하고 왜곡하는 일베충들, 말도 안 되는 논리로 진실을 호도하는 학자의 탈을 쓴 사기꾼들, 진실을 알리기는커녕 오보의 책임조차 지지 않는 사이비 언론인들, 탈세에 불법을 밥 먹듯이 하는 기업들 등등에 대한 기억만 똑바로 해도 이런 자들이 설 자리는 없어지고 세상은 조금이라도 나아질 것이다. 그러나 너무나 비정상적이고 황당한 사건들이 줄지어 발생하는 우리 같은 사회에서 모두 기억했다간 단박에 정서불안이나 조울증에 걸릴지 모르겠다는 생각이 드는 것은 나만일까.

[경기일보, 2013. 7. 4.]

다산과 강진댁, 청마의 부인

시인이자 추사연구가, 가장 정확한 『삼국지』 번역자로도 유명한 김구용 선생과 그 일행이 다산 정약용의 유배지인 강진에서 강진의 향토사학자 등을 만날 때의 이야기이다. 김구용 선생께서 돌아가신 지 벌써 20년이 훌쩍 지났으니 꽤 오래되었다. 김구용 선생은 그때 강진 분들에게 '다산의 작은 부인'에 대하여 물어 주위를 경악시켰다고 한다. 평소 D. H. 로렌스의 『채털리 부인의 사랑』이야말로 '인류 최고의 문학서'라고 말씀하시던 분이니 이런 물음이 자연스럽다. 도덕이라는 이름의 거추장스런 겉치레, 위선 등을 혐오한 당신이기에 이런 거침없는 질문이 가능했나 보다.

다산이 강진에 유배될 때의 나이가 마흔이니 아무리 조선시대라고 해도 중년이다. 중년 남성이 홀로 외딴 곳에서 살아간다는 것이 어려웠음은 충분히 짐작할 수 있기는 하다. 그렇더라도 이 물음이 강진의 관계자들과 향토사학자들에게 큰 충격을 주었을지는 짐작하기가 그리 어렵지 않다. 강진에서의 다산이야말로 거의 신적인 존재라고 해도 과언이 아니니 그의 위상에 작은 흠결이라도 생길 것 같은 이런 불경스런(?) 물음은 생각할 수도 없었을 것이다. 지금은 기억이 희미하지만 한참 후에 강진의 한 분께서 다산의 작은 부인 — 그러니까 강진댁이라고 해야 할지 모르겠다 — 에 대한 기록을 찾아내어 김구용 선생께 전하였고 이 내용을 김구용 선생 또는 그 후학들이 세상에 알렸다고 기억한다. 결론적으로 이 일을 통해 다산의 인간적인 모습이 부각되지 않았을까 싶다.

다산의 작은 부인을 떠올리면 청마 유치환 시인이 연상되곤 한다. "사랑하는 것은 사랑받는 것보다 행복하나니라"라는 잠언과도 같은 가르침, 이 구절 때문에 문학소년 문학소녀들은 얼마나 고마워하고 또 얼마나 위안을 받았는가. 그런가 하면 "파도야 어쩌란 말이냐 님은 뭍같이 까딱 않는데"라는 절창은 폭풍처럼 가슴을 후빈다. 실로 깊은 사색과 사유를 거치지 않고서는 나올 수 없는 격조 높은 어휘요 경지이다. 감성적이되 결코 가볍지 않은 그러면서도 남성적 풍모를 잃지 않는 역동적 느낌이야말로 청마의 시가 주는 감동이 아닐까. 청마의 시를 탄생하게 한 정운 이영도 시인에의 지고지순한 사랑은 유명하다. 두 사람의 관계야말로 보통사람들은 생각하기조차 힘든 경우가 아닐 수 없다.

그런데 청마의 부인이 누구인지 어떤 분인지 모르겠다는 것이 함정이다. 청마와 정운의 플라토닉한 사랑을 폄하하려는 게 아니다. 시인으로서는 물론이요 교육자로서의 청마 역시 훌륭한 모습을 보였고 가장으로서 가정을 등한히 했다는 말을 들은 적도 없다. 다만 청마의 부인이 누구인지 그 분의 심정은 어땠는지에 대한 글은 한 번도 본 적 없고 들은 적도 없다는 원초적 의문을 말하고 싶을 따름이다. 부인에게도 정운에게처럼 충실했거나 실은 부인에게 더욱 살가웠지만 그 사실이 잘 안 알려졌을지도 모른다. 그렇다면 청마야말로 우리 같은 보통사람으로는 측량할 길이 없는 '능력자'가 아닐 수 없다. 이 경우라면 청마의 부인은 득의의 미소를 짓고 있지 않을까 하는 불량한 생각이 들기도 한다. 그렇지만 이런 경우는 인간의 한계를 넘어선 것이라는 생각이 더욱 크다. 남성의 장례식장 한구석에 소복 입은 이름 모를 여인이 아이의 손을 잡고 울고 있지 않으면 풍류를 모르는 사람이라고 했다는 우리 윗세대의 우스개도 있으니 그 시절 남자들의 객기란 그만큼 대단했기에 의심만 많아졌나 보다.

얼핏 작아 보여도 본질이 드러나는 경우가 있다. 중국 고대의 도가서『회남자』에서 "끓고 있는 가마솥의 간을 보기 위해서는 가마솥 전체를 마실 필요가 없다. 한 국자의 국물이면 충분하다."고 했다. 어떤 사건이건 본질을 파악하고 헤아리기 위해서는 많은 물음과 답변이 필요한 것이 아니다. 작은 한 가지 예가 내용을 꿰뚫을 경우도 있고 핵심이 드러나는 단면을 엿보게 할 수도 있다. 그렇게 드러난 내용을 자신의 옹졸한 해석으로 그릇된 오해를 초래하지 않길 바랄 따름이다.

[한국일보, 2015. 4. 3.]

한가위 단상

추석의 달을 읊은 동아시아의 문인은 여럿이지만 당나라 말기의 시인 두목杜牧과 북송의 소동파蘇東坡는 특히 유명하다. 시성詩聖 두보에 견주어 소이小李라 불리는 두목은 호방하고 낭만적인 시를 남겼는데 〈추석〉에서는 이렇게 읊었다.

쓸쓸한 가을 달 빛 그림병풍 비추는데　　銀燭秋光冷畫屏
철 지난 부채 들고 반딧불 좇고 있네　　輕羅小扇卜流螢

부채는 가을에는 쓰임을 잃어버리는 물건이니 철 지난 부채는 버림받은 여인을 상징한다. 쓸쓸한 가을 밤 그림병풍이 쳐진 화려한 방에서 홀로 외로움을 달래는 여인의 슬픔이 느껴지는 듯하다. 소동파는 북송의 시인이자 개혁적 정치가, 글씨와 그림에도 능했고 술도 잘했으며 유머 넘치는 낙천가로 유명하다. 중국요리집의 인기 메뉴 동파육을 만든 요리전문가이기도 한 소동파는 중국인들이 가장 좋아하는 위인을 꼽을 때면 몇 손가락 안에 드는 인물이기도 하다. 마흔 한 살의 나이로 밀주자사를 지내던 소동파는 추석날 즐겁게 술을 마시다가 새벽에 크게 취하여 7년이나 보지 못한 아우를 생각하며 〈수조가두水調歌頭〉를 지었다. 이 시는 대만 출신의 중국 국민가수 등려군鄧麗君이 부른 '단원인장구但願人長久'라는 노래로 더욱 유명해졌다. 소동파가 형제애를 읊었다면 등려군은 남녀의 사랑으로 바꾸었는데 주요 부분을 보면 다음과 같다.

밝은 달은 언제부터 있었을까,	明月幾時有
술잔을 들고 하늘에 물어본다.	把酒問靑天
사람에겐 기쁨과 슬픔이 있고	人有悲歡離合
달은 밝고 어둡고 둥글고 이지러짐 있으니	月有陰晴圓缺
이런 일은 자고로 완전하기 어려워라.	此事古難全
내 다만 바라는 건 오직 오래도록	但願人長久
천리 밖에서 저 아름다운 달빛을 함께	千里共嬋娟
보고픈 것이라네.	

중국을 대표하는 시인 가운데 한 사람인 두목과 대문호 소동파도 추석날 둥실 뜬 달을 보며 감상에 빠졌다. 시인 많기로 유명한 당나라를 대표하는 대시인에게도, 술꾼에다 주변에 사람이 많기로 유명한 팔방미인에게도 추석의 정취는 이렇게 애절하게 찾아왔나 보다.

가을의 대표적 절기인 추석의 사전적 해설을 보면 "우리나라의 대표적 명절의 하나. 음력 팔월 보름날이다. 신라의 가배嘉俳에서 유래하였다고 하며, 햅쌀로 송편을 빚고 햇과일 따위의 음식을 장만하여 차례를 지낸다. 중추절仲秋節·가위·한가위라고도 부른다. 중추절이라 하는 것도 가을을 초추·중추·종추 3달로 나누어 음력 8월이 중간에 들었으므로 붙은 이름이다."로 되어 있다. 서양의 추수감사절 역시 추석과 부르는 이름만 다를 뿐 비슷한 성격의 명절인 것을 보면 농업이 가장 중요한 산업이었던 전통시대에는 동서양을 막론하고 수확의 계절을 맞이하여 대자연에 감사를 드리는 행위가 있었음을 알 수 있게 해준다. 산업화된 근현대 이전의 시대인 전통시대 곧 전근대시대에는 비가 오지 않아 농사가 제대로 되지 않으면 왕이 하늘에 기우제를 올렸다. 농업은 국가의 가장 중요한 산업으로서 농업의 성패는 국민의 생존은 물론 왕권의 유지와도 직결되는 중요한 과제였기 때문이다. 뿐인가! 비가 많이 와도 왕은 "과인의 부덕의 소치 ……" 운운하며 반성하는 모습을 보였다. 여러 난제를 뚫고 풍성한 수확을 이루었으니 얼마나 행복한가. 추석은 그래서 넉넉하고 기쁜 절기이다.

멀리 생각할 것도 없다. 우리 사회의 중추를 이루는 40~50대, 흔히 386 또는 486이라 불리는 이들이 성장하던 1960년대만 해도 우리나라 전체 인구 가운데 80%가 농촌에 살았다. 이들의 뇌리에는 농촌에 대한 기억이 뇌리에 깊이 간직되어 있다. 유년기를 농촌에서 보내지 않았더라도 방학이 되면 시골에 내려가 방학 내내 머물며 시골 친구들과 교류하고 자연과 접했다. 추석이면 가족들과 함께 콩나물시루 같은 기차, 버스를 몇 번이고 갈아타면서도 선물을 바리바리 싸들고 시골로 내려간 기억도 있다. 그래서 중장년층에게 추석이라는 단어는 큰집 또는 외갓집, 외할머니 등의 단어와 함께 흙냄새, 풀냄새, 거름냄새가 옅게 풍겨오는 듯한 아련한 그리움이 떠오르는 낱말이다. GDP 가운데 농업이 차지하는 비중은 고작 3%에도 못 미치고 외가나 큰집에서 방학 내내는 생각도 못하고 며칠 머무는 것도 부자연스러워진 요즈음에는 신기한 일로 여겨질지 모르겠다.

추석 귀성열차 예매기간이 되면 전쟁을 방불케 하는 엄청난 경쟁을 거쳐야 하는 걸 보면 전통이 주는 의미와 무게를 다시 생각하곤 한다. 추석 연휴에 여행을 가서 여행지 마트의 물건으로 차례상을 차리고 택배로 선물을 보내고 조상님 묘의 벌초는 대행서비스에 맡기는 요즈음에 격식과 의미 등을 따지는 일이야말로 젊은이들 쓰는 말이자 가장 큰 의미를 두는 '간지'나기는커녕 부자연스럽고 촌스러운 일일지도 모르겠다. 게다가 친척들이 모이면 배려는 온데간데없고 간섭과 독설, 비교가 작렬하는 명절스트레스가 기다리고 있으니 그들에게 추석은 어떻게든 피하고 싶은 연례행사가 된 지 오래다. 이제 추석과 귀성이라는 풍속이야말로 얼마 못 가 사라질 전통이 아닐까 싶다. 고향과 시골에 대한 추억을 갖고 있는 기성세대가 가고 나면 추석, 귀성 운운하는 말과 그 소중함도 없어지거나 잊혀질 것이니 말이다. 귀성이라는 단어야말로 오랜 전통이라기보다 근대화의 산물이자 도시화의 결과물로서 고작 몇 십 년밖에 되지 않는 풍습에 지나지 않음을 생각하면 그 의미는 우리 머리 속에 차지하고 있는 추석의 분량에 비교하기 어렵다.

미당 서정주 시인은 〈추석 전날 달밤에 송편 빚을 때〉에서 자신의 어린 시절 옛 추억을 이렇게 회상했다. 가족들이 모여 송편 빚는 기쁨에 뒷산 노루마저 좋아 운다니 더 이상 무슨 수식이 필요하겠는가.

추석 전날 달밤에 마루에 앉아
온 식구가 모여서 송편 빚을 때
그 속 푸른 풋콩 말아 넣으면
휘영청 달빛은 더 밝아 오고
뒷산에서 노루들이 좋아 울었네.

외동이가 대세를 이루고 하늘을 쳐다보는 일 자체가 드물어진 요즈음에는 이처럼 가족과 형제를 논하고 자신의 심정을 달빛과 노루에 비유하는 등 에둘러가는 표현 방식 자체가 생경할지도 모른다. 트위터, 페이스북 등 자신의 모든 것을 드러내고 그때그때의 느낌과 생각을 표현하는 도구는 넘쳐난다. 필름으로 찍은 사진이 잘 나왔을까 조마조마하며 사진현상소 카운터 앞에 쪼그려 앉아 조바심 내며 기다리던 기억이 엊그제 같은데 찍힘과 동시에 사진의 상태를 한눈에 보여주는 디지털 카메라에 익숙해졌다. 너무나 빠르고 선명하다. 기다림은 물론 설렘도 없다.

현대라는 시대는 바쁜 일도 없고 쫓아 오는 차도 없는데 잘 뚫린 고속도로를 전속력으로 달리는 것 같은 기분이 들 때가 있는 것은 나만의 생각은 아닐 듯하다. 그나저나 이번 추석에는 달을 보며 소원을 빌어야겠다. 시절이 뒤숭숭하니 드는 생각이다.

[동부그룹 웹진, 2014. 9.]

90년대의 요정 -최진실 론

— 여성의 사회진출에 위축된 부성애적 감성표출 —

Ⅰ. 왜 최진실인가

호세 오르테가 이 가세트의 말을 빌리지 않아도 대중의 관심은 현대에 와서 더욱 감각적이고 말초적인 방향으로 쏠리고 있음은 분명하다.* 대중의 관심이 생산적인 쪽으로 흐르지 못한다고 해서 대중문화가 낮게만 취급될 수는 없다. 대중의 기호야말로 그 사회 및 시대를 극명하게 반영할 수 있다는 점에서 더욱 그렇다고 본다. 여기에서는 현재 최고의 인기를 모으고 있는 최진실의 인기 원인을 다소나마 살펴봄으로써 지금의 문화의 일단을 살펴보고자 한다.

---

*호세 오르테가 이 가세트(Jóse Ortega y Gasset: 1883~1955): 스페인의 20세기의 대표적 철학자이다. 생을 근저로 하는 입장에서 문화철학, 문화평론의 분야에서 활약하였다. 1930년에 출간된『대중의 반역』(1929)은 대중사회론의 출발이 되었으나, 그의 입장은 대중의 대두에 의해서 전통적 문화가 변질 · 타락한다고 보는 '문화적 비판주의'였다. (사회학사전, 2000. 10. 30, 사회문화연구소)

Ⅱ. 문화와 용모(얼굴)의 상관성

독립운동가 도산 안창호 선생을 우리는 민족주의자의 한 전형으로 보고 또 그 분의 용모를 근대 우리 민족을 대표하는 미남 중의 하나로 꼽는 데에 그리 인색하지 않을 것이다. 그렇지만 그 분의 아들 필립 안(10여 년 전 방영된 TV미니시리즈 〈쿵후〉에 중년의 중국인으로 출연하는 등 할리우드의 여러 영화에서 동양인 역으로 자주 등장한 영화배우)을 우리 겨레의 한 얼굴로 꼽기는 다소 주저될 것으로 생각한다. 즉 도산 안창호 선생의 민족의식을 의심할 수는 없지만 그의 아들 필립 안이 성장하고 시민으로서의 인격을 형성한 곳이 미국이었기 때문에 그의 얼굴은 분명 황인종의 얼굴이되 결코 동양적인 느낌을 주지 못하는 일종의 혼합형(?)으로 보이고 있는 것이다. 마찬가지로 구한말·일제강점기의 사진첩을 뒤적이다 보면 분명 우리의 선조이기는 하지만 다소 거리감을 느끼게 하는 얼굴과 마주하게 된다.

이와 같은 차이를 단지 영양섭취의 차이 등으로 돌리기에는 매우 미진함이 남는다. 같은 민족이라도 문화적 차이에 따라 구분이 있게 되는 '문화적 인종'의 개념을 생각하게 한다.

Ⅲ. 미인관의 시대적·문화적 차이

한나라 시대의 미인은 서시처럼 말랐고 당나라 시대의 미인은 양귀비처럼 풍만했다는 미술사적 지식을 동원하지 않아도 미인관의 변천은 우리네 대중문화의 스타들을 살펴보아도 느낄 수 있다.

50~60년대 은막을 주름잡았던 엄앵란, 윤정희, 남정임 등과 70년대의 안인숙, 홍세미, 김자옥, 이영옥 등과 80년대의 정윤희, 유지인, 장미희 등의 용모는 차이가 있음을 느낄 수 있으며 이들과 90년대의 새로운 스타인 최진실, 황신혜 등을 비교할 경우 보다 뚜렷한 변화를 느낄 수 있을 것으로 생각된다. 약간의 개인차가 있지만 대체로 점차 마른 미인을 선호하고 있는 점이 눈에 띄고 있으며, 점차 개성을 미인의 중요한 요소로 여기고 있음을 볼 수 있다. 현재의 날씬한 미인의 성호와 개성의 존중은 경제적 풍요·건강의 중시 등과 여성의 사회진출의 활발 등에 기인한 것인데 미래의 미인 역시 같은 유형일 것으로만 볼 수는 없다. 미인 역시 한 시대의 산물이기에 문화적 인종처럼 가변성이 있기 때문이다.

Ⅳ. 최진실 — 90년대 미인의 한 전형

남성들의 마음 한 귀퉁이에 자리잡고 있는 일종의 부성애적 감성에 호소하는 약간 토라진 듯한 새침함, 세련된 도시적 분위기, 긴장감보다는 약간의 빈틈을 느끼게 해서 편안한 느낌(앞서 90년대의 스타로 꼽은 다른 미인에게서는 느끼기 힘든 ……) 등등. 최진실의 매력은 그녀가 출연한 영화, 드라마, CF 등에서 한껏 빛을 발한다. 이른바 '최진실 신드롬'을 낳게 할 정도로.

최진실의 인기는 80년대 이후의 시대상황과 맞물려 남성들 사이에

홍대신문 1991년 6월 3일 (월)

◇90년대의 요정(?)—최진실론

여성의 사회진출에 위축된 부성애적 감성표출

1. 도언—왜 하필 최진실인가?

호세 오르테가 이 가세트의 말을 빌리지 않아도 대중의 관심은 현대에 와서 더욱 감각적이고 말초적인 방향으로 쏠리고 있음은 분명하다. 대중의 관심이 생산적인 쪽으로 흐르지 못한다고 해서 대중문화가 낮게만 취급될 수는 없다. 대중의 기호야말로 그 사회 및 시대를 극명하게 반영할 수 있다는 점에서 더욱 그렇다고 본다.

여기에서는 현재 최고의 인기를 모으고 있는 최진실의 인기 원인을 다소나마 살펴봄으로써 지금의

이다. 그렇지만 그 분의 아들 필립 안(10여년전 방영된 TV미니시리즈 「풍후」에 중년의 중국인으로 출현하는 등 여러 영화에서도 가끔 볼 수 있는 영화배우)을 우리 겨레의 한 얼굴로 꼽기는 다소 주저될 것으로 생각된다. 즉, 도산 안창호선생의 민족의식을 의심할 수는 없겠지만 그의 아들 필립 안이 성장하고 시민으로서의 인격을 형성하게 된 곳은 미국이었기 때문에 그의 얼굴은 분명 황인종의 얼굴이되 결코 동양적인 느낌을 주지는 못하는, 일종의 혼합형(?)으로 보이고 있는 것이다. 마찬가지

는 "문화적 인종"의 개념을 생각게 한다.

3. 미인관의 시대적·문화적 변천.

한대의 미인은 서이처럼 말랐고 당대의 미인은 양귀비처럼 풍만했다는 미술사적 지식을 동원하지 않고도, 미인관의 변천은 우리네 대중문화의 스타들을 살펴보아도 대강 느낄 수 있다.

60년대 은막을 주름잡았던 엄앵란, 윤정희, 남정임 등과 70년대의 안인숙, 홍세미, 김자옥, 이영옥 등과 80년대의 정윤희, 유지인, 장

미, 점차 개성을 미인의 중요한 요소로 여기고 있음을 볼 수 있다. 현재의 날씬한 미인의 선호와 개성의 존중은 경제적 풍요·건강의 중시 등과 여성의 사회진출의 활발에 기인한 것인데 미래의 미인 역시 같은 유형일 것으로만 볼 수는 없다. 미인 역시 시대의 한 산물이기에 문화적 인종의 존재처럼 가변성이 있기 때문이다.

4. 최진실—90년대형 미인의 한 전형

남성들의 마음 한 귀퉁이에 자리잡고 있는 일종의 부성애적 감성에 호소하는 듯한 약간 토라진 듯한 새침함, 세련된 도시적 분위기, 긴장감 보다는 약간의 빈틈을 느끼게 해서 편안한 느낌 (앞서 90년대의 스타로 꼽는 다른 미인에게서는 느끼기 힘든)등등… 최진실의 매력은 그녀가 출연한 영화, 드라마, CF등에서 한껏 빛을 발한다. 이른바 "최진실 신드롬"을 낳게 할 정도로.

최진실의 인기는 80년대 이후의 시대상황과 맞물려 남성들에게 더욱 증폭된 것이 아닌가 한다. 80년대는 어쨌거나 70년대와는 다른 개방화, 다양화의 기초가 마련된 시대로서 특히 여성들의 사회진출과 자아발견은 이전과는 비교가 어려울 정도로 이루어졌다. 여성들의 성취욕과 급속한 자기개발은 그간 여성을 평하시키던 사회분위기 속에서 기득권에 안주(?)하던 남성들에게 다소간의 경각심과 두려움을 야기시켰고 따라서 부성애적 감성을 표출할 통로를 찾기가 어려워 졌다고 하겠다.

이같은 상황에서 귀여운 여동생 같은 발랄함과 남성존재의 필요성을 확인시켜주는 듯한 최진실의 분위기는 90년대적 상황에서 자연스럽게 인기를 얻게 된 것이 아닌가 한다. 즉, 심하게 말하면 거세되어가는 남성들의 당연한 자기확인 또는 자기보호의식에서 비롯되었다고나 할까.

5. 결—진정한 미인을 희구하며.

최진실의 인기를 살펴본다면서 괜한 남성거세론까지 들먹거리게 된 무리를 용서할 남성들이 얼마나 될지 모르겠다. 하지만 분명한 것은 현대라는 시대는 이같은 환상을 강요하는 시대라는 점이다.

김 상 엽 〈미술사학과〉

90년대의 요정: 최진실론
《홍대신문》, 1991. 6. 3.

더욱 증폭된 것이 아닌가 한다. 80년대는 어쨌거나 70년대와는 다른 개방화, 다양화의 기초가 마련되는 시기로서 특히 여성들의 사회진출과 자아발견은 이전과는 비교가 어려울 정도로 이루어졌다. 여성들의 성취욕과 급격한 자기개발은 그간 여성을 폄하하던 사회분위기 속에서 기득권에 안주(?)하던 남성들에게 경각심과 두려움을 야기시켜 부성애적 감성을 표출할 통로를 찾기 어려워졌다.

이러한 상황에서 귀여운 여동생과 같은 발랄함과 남성 존재의 필요성을 확인시켜 주는 듯한 초진실의 분위기는 90년대적 상황에서 자연스럽게 인기를 얻게 된 것이 아닌가 한다. 즉 심하게 말하면 거세되어가는 남성들의 당연한 자기 확인 또는 자기 보호의식에서 비롯되었다고나 할까.

V. 결 — 진정한 미인을 희구하며

최진실의 인기를 살펴본다면서 괜한 남성거세론까지 들먹거리게 된 무리를 용서할 남성들이 얼마나 될지 모르겠다. 하지만 분명한 것은 현대라는 시대는 이러한 환상을 강요하는 시대라는 점이다.

[홍대신문, 1991. 6. 3.]

---

*최진실의 인기를 문화적 현상으로 분석하고 싶은 마음에 석사 학위논문 준비 중 썼다가 엄청난 비난(?)을 받았다. 일종의 초보적인 문화론인데, 이 글이 나올 때만 해도 '문화평론', '문화평론가'라는 단어가 쉽게 사용되지 않던 사용되지 않던 시절이었다. 글의 완성도를 떠나 대중문화에 대한 나의 최초의 언급이었다는 점에 의미를 두고 싶다.

PART 3 엄마의 바다

오윤(1946~1986), 〈어머니〉

권투의 추억

"어, 한국 놈이 이기네!" '일본 고모할머니'의 말씀이다. 일본 고모할머니는 나의 유일한 고모할머니셨는데 어린 나이에 단신으로 일본에 건너가 자수성가하셨다. 오랫동안 일본에서 생활하신 탓에 우리말 발음이 유창하지는 않으셨던 것으로 기억한다. 나의 국민학교 3학년 무렵에 우리 집에 다녀가셨는데, 오랜 만의 귀국이었고 그 이후로 다시 오시지 못하셨으니 아마도 그때의 일은 고모할머니께 소중한 기억이 되었을 것이다. 고모할머니와 함께 외출한 적은 없었고, 저녁이면 TV를 함께 보곤 했던 기억만이 있을 따름이다.

그때는 권투가 국민적 스포츠여서 TV 앞에 앉아 있으면 언제나처럼 권투중계를 하였기에 코피 터지고 다운되는 장면을 실컷 볼 수 있었다. 일요일엔 '챔피언스카웃', 토요일엔 '토요권투', 수요일엔 '수요권투'가 황금시간대에 방영되었고 매년 개최되는 신인왕전의 매표소에는 장사진이 늘어섰으며 아침이면 요란한 색깔의 운동복을 입고 분주히 주

먹을 날리며 달리는 권투 지망생과 곧잘 마주치곤 했다. 유제두, 홍수환, 김태식은 우리들의 영웅이었고 세계챔피언전은 물론 동양챔피언전이라도 열리면 다방은 초만원을 이루었으며 심지어 학교 수업도 제대로 되지 않았다. 세계 헤비급 챔피언을 지낸 무하마드 알리가 은퇴 후에 방한하자 김포공항에서 서울 시청 앞 광장까지 오픈카타고 '카퍼레이드' 하는 장면을 대낮부터 생중계하던 시절이었다.

당시 권투경기에서 우리 선수가 일본 선수에 지는 것은 상상할 수 없었다. 일본 선수들은 대개 1라운드부터 난타 당했고 라운드가 거듭될수록 위기에 몰리다 결국 우리 선수의 주먹에 나가떨어지는 모습에 우리는 환호성을 터뜨리곤 했다. 그러던 어느 날 저녁 고모할머니와 권투 중계를 보는데 "어, 한국 놈이 이기네" 하신 것이다. 기가 세신 데다 일본에서 고생을 많이 하셔서인지 말씀이 보통이 아니셨다. "우리나라 선수가 당연히 이기죠." 하니 "아니야, 일본에서는 일본 놈들이 다 이겨!"라고 단호하게 말씀하셨다. 그 말씀의 의미를 한참 뒤에야 알 수 있었다. 당시 우리나라에서는 삼류 일본 복서를 데려다 난타하여 KO 시키고 있었고 일본에서도 우리나라의 삼류 복서를 데려다 비슷한 '짓'을 했다. 두 나라는 서로 값싸고 만만한 자를 데려다 두들겨 패는 것으로 감정의 배설을 하고 있었다. 서로 간에 정보의 교류가 되지 않으니 '짜고 치는 고스톱'으로 여러 사람을 기만하였던 것인데 일본에서 오래 생활하신 고모할머니의 눈에는 정확히 보인 것이다.

나의 청소년기는 '우리가 최고' 또는 '우리 것은 좋은 것이여' 식의 국수주의적 민족주의의 최면에 빠지기 쉬운 토양이었다. 당시 우리는 행복이나 이상을 추구하는 개인이 아닌 "민족중흥의 역사적 사명을 띠고 이 땅에 태어"난 사람으로 교육되었다. 1960~70년대의 '국적 있는 교육', '한국적 민주주의'라는 구호 아래 이루어진 국사교육 강화는 민족적 성향을 심화시키는 데에는 기여했지만 세계사는 물론 동아시아 역사와 문화의 종합적 이해라는 측면에서도 미흡한 점이 많았다는 생각이다. 이러한 경향은 많이 시정되었지만 주변 국가를 새로운 세기를 함께 맞이한 역사의 동반자로 여기는 것 같지는 않다는 느낌이 종종 들곤 한다.

> 화살 만드는 사람이 갑옷을 만드는 사람보다 어질지 못하겠는가마는 화살 만드는 사람은 행여 사람을 상하지 못할까 두려워하고, 갑옷 만드는 사람은 행여 사람을 상할까 두려워하나니, 무당과 관 만드는 목수도 또한 그러하다. 그러므로 기술을 (선택함에) 삼가지 않으면 안 되는 것이다.

맹자가 '업業'의 선택이야말로 인간이 신중히 결정해야 할 일이라고 강조하고 있다고 흔히 풀이하는 내용이다. 이것을 교육으로 대체하여 보면 어떨까 싶다. 어떤 사람이 그렇게 생각하고 싶어 그렇게 생각하는 것이 아니라 그렇게 교육받았기에 그렇게 생각하는 것이라고 말이다.

[한국일보, 2013. 4. 2.]

사나이의 입

1932년 12월 중국 국민당의 총사령관 장제스張介石는 공산당과의 전투를 독려하기 위하여 서안에 왔다. 중국의 동북 군벌 장쭤린張作霖의 아들로 장제스 휘하에 있던 장쉐량張學良은 당시 서안에서 모택동군을 포위하고 있었다. 장쉐량의 아버지 장쭤린은 마적단 두목이었는데 청나라 군부에 투항하여 위안스카이袁世凱 휘하에서 실력을 인정받던 중, 원세개가 황제가 되려다 급서하자 만주 일대를 지배하는 군벌이 된 인물이다. 장제스가 북방의 군벌을 타도하기 위한 북벌을 단행하자 장쭤린은 만주로 철수하다 일본군에 의한 열차사고로 죽었다. 이후 장쉐량은 일본에 적개심을 갖게 되었고 장제스의 국민당을 지지하였다. 일본의 계교에 의해 촉발된 만주사변으로 인하여 일본이 만주를 빼앗자 고향과 근거지를 잃은 장쉐량은 장제스의 지시에 따라 일본보다 공산당을 공격하는 데 힘을 쏟고 있었다.

서안에서 장제스를 만난 장쉐량은 공산당과의 전쟁보다 일본과 먼저 싸워야 한다고 역설했지만 거절당했다. 이에 장쉐량은 당 현종과 양귀비의 로맨스로 유명한 화청지에 머물던 장제스를 습격하여 사로잡아 감금했다. 당시 장제스는 신발도 못 신고 달아나다 눈밭에서 쩔쩔매며 사로잡히는 일생일대의 굴욕을 겪었다. 이 사건이 세계를 경악시킨 서안사변이다. 장쉐량은 공산당의 쩌우언라이周恩來, 국민당의 숭쯔원宋子文 등과 협의하여 내전을 중단하고 일본과 전쟁을 약속받는 제2차 국공합작을 이루어냈다. 장쉐량은 중국이 일본과의 전쟁에서 일치단결하는 계기를 마련한 인물이지만 국민당의 입장에서는 거의 전멸되어가던 공산당의 목숨을 연장시켜 결국 본토를 내준 계기를 만들어준 역적이 된 셈이다. 서안사변 이후 장쉐량은 지휘권이 박탈되고 10년의 금고형에 처해졌다. 국민당과 공산당의 내전 와중에 계속 장제스 군대의 감시 아래 끌려다니던 장쉐량은 1949년 국민당 정부와 함께 대만으로 옮겨와 연금 상태에 들어갔다. 1990년 6월 1일 그의 생일을 기해 연금이 풀어졌는데 그가 1898년생이니 92세요, 서안사변 이후 58년 뒤의 일이다. 장쉐량은 무려 58년간 연금 상태에 있었던 것이다. 1993년 12월 15일 대만을 떠나 미국으로 가는 것이 허용되어 1995년부터 동생이 거주하는 하와이에서 살다 2001년에 노환으로 돌아갔으니 향년 103세였다.

1980년대 중반에 대만에 갈 일이 있었다. 젊은 혈기에 오토바이 타고 타이페이 시내를 신나게 달리는데 높은 담벼락으로 둘러싸인 어느 집을 지인이 가리키며 "저 집이 장쉐량의 집"이라고 했다. 그 말을 듣자 중국의 근현대사가 주마등처럼, 마구 꼬인 영화필름처럼 숱한 영상이 어지럽게 획획 돌아가는 듯했던 느낌을 아직도 기억한다. 중국사의 거대한 물줄기를 틀어버린 역사의 인물이 아직 살아 있다니 놀라지 않을 수 없었던 것이다. 그때 지인에게 장쉐량이 어떤 말을 했느냐고 물었더니, 아무 말도 하지 않았다고 했다. 국민당의 감시 때문이냐고 했더니 잘 모른다고 했다. 한참 뒤에 장쉐량이 미국으로 간다는 기사를 접했을 때는 아마도 미국에서는 무슨 말을 할 것이라고 생각했다. 그러나 장쉐량은 소인배의 예측을 뒤엎고 아무 말도 하지 않고 세상을 떴다.

장쉐량의 일생을 길게 언급한 것은 다름 아니다. 나는 장쉐량이 과묵한 사람인지 말이 많은 사람인지 모른다. 다만 장쉐량이야말로 얼마나 할 말이 많았을까를 생각하는 것이다. 서안사변은 그의 나이 34세 때이니 103세에 돌아가기까지 69년 동안 서안사변은 물론 장제스, 마오찌둥, 항일전쟁 등에 대해 아무 말도 하지 않았다. 대만에서야 감시 때문이었다고 말하면 설명이 되겠지만 미국에 가서 회고록을 출간할 수 있지 않았을까 하는 생각도 들었고 어떤 형태로든 자신을 변호하고 싶지 않았을까 하는 생각이 들기도 한다. 만주벌판을 좌지우지하던 마적 두목의 아들로 수십만 군사를 지휘하며 천하의 장제스를 습격하여 포로로 잡아 국공합작을 관철시킬 정도의 배포를 가진 인물의 격동의 현대사에 대한 깊은 침묵이야말로 진정한 사나이의 입이란 이런 것임을 보여준 것이 아닐까 싶다.

[한국일보, 2013. 5. 14.]

쏘세지와 정글과 나

19세기 말 북유럽 발트해 연안의 소국 리투아니아에서 '기회의 땅' 미국으로 이민 온 건장한 농부가 있었다. 농부는 어렵사리 이민국 심사를 받은 후 육지에 도착했지만 영어 한마디 못하기에 아무 것도 할 수 없었다. 두려움에 떨다 경찰에게 손짓발짓으로 의사표현을 하여 도움을 받았는데 알고 보니 그게 미국 땅에서 처음 당한 사기였다. 미국이 '기회의 땅', '약속의 땅'은커녕 약육강식의 '정글'임을 실감한 농부는 온갖 허드렛일을 전전하며 돈을 벌려 했지만 세상은 녹록치 않았다. 처음 도착한 뉴욕에서 공업도시로 급격히 팽창하고 있던 시카고로 간 농부의 상황은 점점 나빠진다. 온갖 공장을 전전하다 도살장, 비료공장 등을 거치게 된 것인데, 3D 업종에서 시작하여 더 열악한 3D 업종으로 옮기게 되었다는 것이 적절하다.

3D 업종에서도 가장 막장 급이라 누구나 기피하는 소시지 공장에 취업한 농부는 살인적 강도의 노동에 시달린다. 육체적 고통보다 그를

더욱 괴롭힌 것은 차마 눈뜨고 볼 수 없을 정도로 더러운 소시지 제조과정이었다. 다 썩어가는 저질 고기에 상상조차 하기 어려운 온갖 지저분한 첨가물이 들어가는 소시지 제조과정의 생생한 묘사는 구역질이 날 정도였다. 어느 날 소시지를 만드는 거대한 분쇄기에 작업하던 노동자가 빠졌지만 기계를 멈추면 손해가 컸기에 공장장은 그냥 기계를 돌린다. 얼마 뒤 노동자의 피와 살이 반죽된 소시지가 예쁜 포장에 담겨 나왔다. 여러 불합리한 관행과 제도에 의해 피해를 보다 절망에 빠졌던 리투아니아 출신 농부 아니 이제 노동자는 어느 날 거리에서 노동자의 권리를 위해 힘을 모으자는 구호를 들었다. 사회주의자들의 집회에 참석한 그는 노동자의 권리에 대하여 처음으로 알게 된다. 그는 자신을 인간으로 대우해 주는 사람들을 만나게 되고 노동자의 권리 나아가 인간의 권리에 눈을 뜬다.

미국의 소설가 업턴 싱클레어의 대표작 『정글』의 대체적 내용이다. 베스트셀러가 된 『정글』은 미국사회에 엄청난 파장을 끼쳤다. 당시 미국대통령 시어도어 루즈벨트가 싱클레어를 백악관에 초청하여 오찬을 같이 할 정도였다. 싱클레어는 『정글』에서 자본가만이 잘 살고 노동자는 핍박받는 사회구조의 개혁이 필요하다는 주장을 한 것인데, 결과는 그의 의도와 다르게 진행되었다. 사회개혁을 의도한 『정글』은 '식품위생법' 개정에 혁혁한 공을 세우게 된 것이다. 비위생적인 소시지 제작과정은 특히 학부모들에게 충격을 주어 위생적 제조과정을 거친 소시지가 미국 가정의 식탁과 학교 급식에 오르게 되었다. 싱클레어는 훗날 "나는 사람들의 심장을 겨눴는데, 결국 밥통을 때렸어……"라고 시니컬하게 회고했다.

"세계보건기구(WHO)로부터 '1군 발암물질'로 분류된 소시지가 위생 상태와 성분 표시도 엉망이라는 연구 결과가 나왔다. 채식제품에 버젓이 고기가 들어 있는가 하면 일부 소시지에선 사람 DNA까지 나왔다."는 오늘 아침(2015. 10. 27.) 신문기사를 보니 『정글』이 출간되었을 때와 그다지 달라지지는 않았구나 하는 생각이다. 여기에서 사람 DNA는 사람 몸뚱이가 소시지의 재료가 되었다는 것이 아니라 머리카락이나 비듬 같은 것이 들어간 것이리라. 그나저나 언제부터 소시지라 발음했는지 모르겠다. 문법상 아무리 자장면이 맞다 해도 짜장면이라 발음해야 하듯이 소시지는 소세지도 아닌 '쏘세지'라고 해야 느낌이 온다. 어릴 적 먹던 핫도그에는 손톱만한 크기의 쏘세지가 들어 있었다. 그 시절 핫도그는 정확히 말하면 막대에 둘둘 말린 밀가루 튀김이었다. 밀가루는 다 뜯어먹고 침에 쩔은 빨간 쏘세지가 꿰어져 있는 소독저를 들고 다니며 자랑스레 빨아대는 동네 꼬마들의 모습이 드물지 않았다. 도시락반찬으로 쏘세지를 싸오는 경우도 중학교에 가서야 볼 수 있었다. 우리 세대에게 쏘세지는 부의 상징이었던 것이다. 그런데 오늘은 자꾸 『정글』의 장면이 떠오른다.

[한국일보, 2015. 10. 29.]

새로 머리 감으면 관을 털어 쓴다

사대부들은 일상생활은 물론 야외 나들이 같은 것도 한가로운 일과성 행사가 아닌 옛 성현들의 행동을 모범으로 받들고 자신에게 투영시키는 일종의 의식으로까지 의미를 부여하였다. 양력 4월 5~6일 무렵인 청명절에 교외를 산책하며 자연을 즐기고 봄나물을 뜯는 일종의 나들이인 '답청踏靑'이 환란을 당하여 선비의 절개를 지키기 어려울 때면 산속에 들어가서 굶주림을 면할 최소한의 양식을 스스로 구하는 법을 배우기 위한 하나의 방법으로 중요시되었던 것이 그 예이다. 무더운 여름날 시원한 계곡물에 발을 담그는 '탁족' 역시 단지 더위를 쫓는 방편만이 아닌 도를 숭상하는 유자들 나름의 중요한 의식이었다.

'탁족濯足'의 고사는 전국시대의 정치가로서 중국 최초의 시인이자 최고의 시인이라 일컬어지는 굴원의 〈어부사〉와 『맹자』의 〈이루〉 장에도 나온다.

굴원이 초나라의 권세가들에 의해 죄 없이 쫓겨나 강과 연못 사이를 거닐며 슬픈 노래 읊조리니 얼굴은 시름에 겨워 초췌했고 몸은 비쩍 말라 야위었더라. 어부가 이를 보고 물어 말하길, "그대는 삼려대부三閭大父(춘추시대 초나라의 왕족인 소씨昭氏·굴씨屈氏·경씨景氏 등 세 가문을 단속하는 장관) 아니십니까? 어쩌다가 이 지경에 이르게 되었습니까?" 굴원이 대답하여 말을 하기를, "온 세상 모두가 혼탁한데 나 홀로 맑았고, 사람들 모두가 취해 있는데 나 혼자만이 맑은 정신 깨어 있어서 그만 이렇게 쫓겨난 것이오." 어부가 이 말 듣고 말을 하기를, "성인은 세상 사물에 얽매이지 않고 세상을 따라 변하는 것입니다. 세상 사람들이 모두 탁하면 왜 진흙탕을 휘저어 흙탕물을 일으키지 않습니까? 뭇사람들이 취해 있다면 그들과 함께 술지게미를 배불리 먹고 아무렇게나 빚어 변변치 못한 술이나마 마시면 될

굴원(屈原)
명대(1637)의 판화, 19×13cm.
불의한 세상과 타협하지 않는 굴원의 모습이 고독하다.

것을 어찌하여 그토록 깊이 생각하고 고결하게 처신하시어 스스로 쫓겨나시게 되었습니까? 굴원이 이 말 듣고 다시 말하기를, "내가 듣건대 새로 머리 감은 사람은 갓을 털어 쓰고 새로 몸을 씻은 사람은 반드시 옷을 털어 입는다고 했소. 차라리 상수 물가로 달려가 물고기 뱃속에 장사 지낼지언정 어찌 이 희고 깨끗한 내 몸으로 세속의 티끌을 뒤집어 쓸 수 있겠소?" 어부가 듣고서 빙그레 웃으며 뱃전을 두드리며 노래를 부르고 떠나갔다. "창랑의 물결이 맑으면 갓끈을 씻으면 되고, 창랑의 물결이 흐리면 발을 씻으면 되는 것을……" 그리고 떠나가서 마침내 더불어 말하지 않았다.

굴원은 세상이 더럽고 혼탁하면 그것을 개혁하여 깨끗이 만들어야 한다는 이상적 세계관의 소유자로서 급진적인 개혁정책을 실현하려다 그의 급진적 정책에 위기의식을 느낀 부패한 귀족들에 의해 쫓겨났다. 〈어부사〉는 개혁의 좌절에 실망한 굴원이 시름 속에서 발길 닿는 대로 걷다가 어부를 만나 대화한 것으로 되어 있다. 어부는 세상이 좋으면 벼슬을 하고 세상이 어지러우면 은거해서 살면 되지 않느냐는 타협적 말을 하였다. 여기에서 어부는 현실에 맞게 순응하며 살아가자는 순응적 또는 패배적 세계관을 가진 세속인의 총칭이다. 굴원과 어부의 절묘한 문답에 의해 굴원의 심정과 세계관이 잘 드러나는데, 매스컴이 발달하지 않은 당시에 어부가 굴원의 얼굴을 알아본다는 것은 있을 수 없는 일이다. 굴원과 어부의 대화는 굴원이 어부라는 정반대의 세계관을 가진 인물을 내세워 자신의 심정을 반영한 것이다.

근대까지도 중국에서는 굴원이 멱라수에 몸을 던져 자살한 날인 단오가 되면 "물속에 빠진 굴원을 찾는다"는 의미로 배를 타는 행사를 했고, 용주龍舟(화려하게 장식된 배)를 띄워 강물에 음식을 던졌다. 용주에서 음식을 던지며 "이 음식을 먹고 제발 우리 굴원님의 몸을 건드리지 말아달라"는 간절한 기원을 하였던 것이다. 그리고 단오절에 만드는 떡은 굴원의 영혼에 바치는 예물이었다. 중국의 문화혁명(1966~1976) 당시 공자를 위시한 중국의 역대 인물이 모조리 비판받고 비석과 사당이 훼손되는 등 수모를 당했지만 굴원만은 그 난리 통에도 조금의 상처를 입지 않았다. 굴원의 투철한 개혁정신과 인민을 사랑하는 마음이 마오쩌둥의 앞잡이로 극단적 행동을 한 학생 전위대인 홍위병들에게도 감명을 주었기 때문이다.

공자는 "꿈에 주공周公을 뵌 지 오래"라며 주공의 정치를 그리워했다. 주공은 인자한 할아버지의 느낌이지만 2천 년이 훌쩍 지나도 굴원은 신념으로 똘똘 뭉친 젊은 엘리트 관료의 이미지이다. 굴원처럼 백성을 진실로 위하는 이상적 정치가를 보고 싶다. 오랜 세월이 흘러도 서민들이 그의 죽음을 슬퍼하고 자발적으로 그의 업적을 기리는 그런 정치인을 보고 싶다.

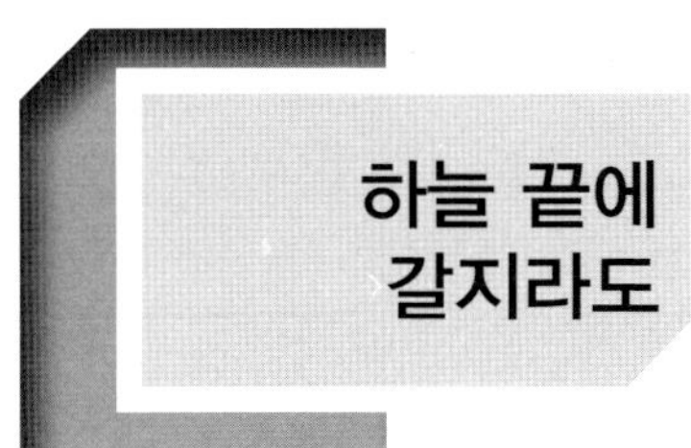

하늘 끝에 갈지라도

1984년 4월 북경 영빈관 조어대釣魚臺에서 열린 레이건 전 미국 대통령의 중국 방문 환영 연회에서 레이건 대통령이 미·중 관계의 우호 결속을 다짐하며 연설을 하자 중국인들은 깜짝 놀랐다. 레이건이 당나라의 시인 왕발王勃이 멀리 촉주蜀州(현 사천성)로 부임해 가는 친구를 배웅하며 쓴 시 가운데 "이 세상에 나를 알아주는 이 있다면, 하늘 저편 끝도 바로 곁인 듯하리니"를 인용하였기 때문이다.

장안성은 삼진에 둘러싸여 있고	城闕輔三秦
바람과 연기 사이로 저 멀리 나루터가 보이네.	風煙望五津
그대와 이별하는 이유는	與君離別意
그대나 나나 모두 벼슬길에 떠돌기 때문 아니겠나?	同是宦遊人
이 세상에 나를 알아주는 이 있다면	海內存知己
하늘 저편 끝도 바로 곁인 듯하리니	天涯若比隣
갈림길에서	無爲在岐路
아녀자처럼 수건을 적시지는 말자!	兒女共沾巾

이별시에서 흔히 보이곤 하는 감성적이고 슬픈 정서 대신 호방하고 진취적인 기상이 가득하며, 20대 초반 젊은 시인들의 패기와 뜨거운 우정이 느껴진다. 고대 중국인들은 중국이 바다로 둘러싸였다고 믿었고 중국 이외의 다른 지역을 무시하곤 했기 때문에 '해내존지기'에서 '해내海內'란 나라 안이자 온 세상을 의미한다. '천애약비린'의 '비比'와 '린隣'은 고대 중국에서 다섯 집을 지칭하는 행정 단위로 가까운 이웃이라는 뜻이다.

인천 차이나타운의 인천시 화교협회 건물 앞쪽에는 이 왕발의 시 구절이 새겨져 있다. 고국을 떠나 떠돌며 힘겨운 이국에서의 삶을 이어

인천 차이나타운의 인천시 화교협회 건물 입구에 새겨져 있는 왕발의 시
위쪽의 붉은 천은 2012년에 재선된 마잉주(馬英九) 중화민국 총통 재선 축하 현수막이다.

가야 하는 화교들의 생각을 엿보게 해준다. 근면·단결·협동 등 식상한 문구가 아닌 우아한 시적 표현으로 자신들의 입장과 심정을 승화시켰고, 신뢰와 의리만 있다면 어디든 갈 수 있고 또 살아갈 수 있다는 자신감과 결의를 느끼게 해준다. 생활은 비록 강퍅할지라도 마음 맞는 친구만 있다면 어떤 일이든 헤쳐 나아갈 수 있다는 신념이 엿보이는 다짐이기도 하다.

친구와의 이별을 읊은 시로 당나라의 시인 왕유王維의 〈안서 관리로 부임하는 원이를 떠나보내며〉(送元二使安西) 역시 유명하다. 넷째 시구의 뒤 구절이다. 양관陽關은 서역과 국경을 접한 국경검문소이고 고인故人은 친구라는 뜻이다.

그대에게 권하노니 한 잔 더 드시게나.	勸君更盡一杯酒
서쪽 양관 땅엔 아무 벗도 없을 테니.	西出陽關無故人

여백, 토르소 그리고 우리의 민낯

고사高士가 물가에 자라 난 나무 아래에서 상념에 빠져 유유히 먼 산을 바라보는데 화면 뒤쪽의 먼 산은 짙은 안개에 가려 잘 보이지 않는다. 저녁 무렵 산사에 밥 짓는 연기가 피어나고 멀리 제비가 날아다니는 사방에 희뿌연 구름과 안개가 자욱하다. 우리가 흔히 동양화라고 부르는 중국을 중심으로 한 동아시아 문화권의 옛 그림에서 종종 마주치는 장면이다. 동양화에서는 이처럼 구름이나 안개와 같이 아무런 붓질이나 색채도 없는 흔히 여백이라 불리는 빈 공간이 있다. 불투명한 유화물감으로 몇 번이고 덧칠을 하여 화면 가득 빈틈없이 채색을 하는 서양화와는 달리 동양화의 여백은 어떠한 형체나 색도 표현하지 않은 동양화 특유의 공간이다. 국어사전을 보면 여백은 "종이 따위에, 글씨를 쓰거나 그림을 그리고 남은 빈 자리"라 되어 있어 마치 텅 비어 있는 공간으로 인식하기 쉽다.

그러나 여백은 그냥 비어 있는 공간이 아니다. 여백은 그림을 보는 이가 자신의 선과 색으로 비어있는 부분을 채워보라는 의미를 가진 능동적 공간이다. 동양화는 완성된 작품을 제시하는 서양화와 달리 보는 이와 교감하고 대화한다는 점에서 이루어가는 그림이다. 완성된 그림이 아니라 완성을 지향하는 그림이라는 의미이고 교감을 통해 완성을 지향한다는 점에서 동양화는 현재진행형의 그림이기도 하다. 동양의 옛 그림에 찍힌 숱한 도장과 그림에 이어 쓴 글들은 그림과 작가에 공감하는 인물들의 느낌과 감상의 반영으로 작품의 의미와 격을 높이는 데에 기여한다. 동양의 그림은 그 시대는 물론 후대의 사람들에 의해 점차 그 의미가 더해지는 그림인 것이다. 동양화는 보는 이와 교감하는 그림이기 때문에 가득 채우면 보는 이가 끼어들 틈이 없게 된다. 그래서 줄이고 또 줄이게 된다. 덜어내고 덜어냈기에 오히려 더 큰 의미를 남기는 것이 동양의 방식이다. 목청껏 소리를 내기보단 절제를 하기에 더욱 호소력이 강한 명창의 소리와 비슷하다고나 할까.

완성을 지향하는 동양의 여백과 비슷한 개념의 조형예술로 서양의 토르소torso가 있다. 토르소는 "목·팔·다리 등이 없는 동체胴體만의 조각 작품"이다. 몸뚱이만 있는 토르소에 팔과 다리의 형상을 상상하여 붙이고 저 몸에 어떤 얼굴이 어울릴까를 상상하는 것이 토르소 감상의 요체이다. 이런 눈으로 바라보다 보면 기괴한 조각이 멋지고 완벽한 육체가 되어 움직이는 모습으로 변한다. 조각은 그 시작에서부터 움직임을 지향해 왔는데, 절제를 거듭한 토르소야말로 역설적으로 조각의 지향점을 가장 잘 반영해낸 것이라는 생각이 들곤 한다.

세월호 침몰로 온 국민이 애도하는 이 시국에 여백과 토르소라는 한가한 얘기를 장황하게 늘어놓는 이유는 이번 사건을 겪으며 동양 옛 그림의 여백이 한편으로는 초라하고 야비한 현실을 가려주는 역할을 하는 가리개 같은 것이 아닐까 싶다는 생각이 들었기 때문이다. 동양의 옛 화가들 역시 지금의 우리처럼 보고 싶지 않은 것이 많지 않았을까 하는 생각이 드는 것이다. 그 시절이라고 인간사가 평온하고 아름답지만은 않았으리라. 문명의 수준이란 결국 인간의 욕심과 치부를 얼마나 세련되게 가리는가에 따라 고하가 정해지는 것이 아닐까 싶다.

승객을 팽개치고 먼저 달아난 선장과 선원, 안전은 안중에 없는 탐욕스런 선주, 일주일이 지나도록 실종자 수조차 헤아리지 못하는 당국, 칸막이 하나 없이 일상이 공개된 유가족, 사망자들이 받을 보험료를 먼저 소개하는 뉴스, 희생자를 조롱하는 일베, 사망자 시신 명단 앞에서 기념사진 찍으려던 장관, 응급약품 밀쳐낸 귀빈석에서 컵라면 먹다 사진 찍힌 장관, 그 컵라면에 계란이라도 넣었냐고 반문하는 대변인, 오히려 좋은 공부의 기회라고 떠벌이는 정치 철새, 자기 책임은 하나도 없는 최고 결정권자 등등 우리는 직시하고 싶지 않은 군상을 똑똑히 보았다. 지금까지는 억지로 치부가 가려졌지만 이제 그 저열하고 추악한 민낯이 낱낱이 드러났다. 우리가 사는 이곳이 삼류도 못 되는 곳이었음을 확인하게 된 것이다. 여백과 같은 가림막이 사라져 버린 2014년 4월 이후는 결코 그 이전과 같아질 수 없을 것 같다.

[한국일보, 2014. 4. 25.]

엄마의 바다

엄마, 오래지 않아 이렇게 부를 수도 생각할 수도 없게 될 것입니다. 마지마 인사를 드립니다. 요즈음 이름 모를 물고기 떼가 자주 저를 건드리고 지나갑니다. 물고기들은 제가 누구인지 누구의 자식이었는지 모르고 관심도 없겠지요. 그들에겐 제가 사람의 형상을 한 물체일 뿐이겠지요. 그렇지만 저는 엄마의 자식입니다. 그동안 엄마의 자식으로 태어나 과분한 사랑을 받았습니다. 아침 등교 시간이면 와글거리며 학교로 들어가는 많은 학생들 중에 저는 조금도 잘나거나 눈에 띄는 존재가 아니었지만 엄마는 제가 세상에서 제일 귀하고 잘 생겼다고 하셨지요. 다 큰 아니 다 컸다고 생각하는 저를 안아주시고 뽀뽀하려 하실 적에는 민망하여 도망치기도 했지만 이젠 엄마의 따스한 손길과 넉넉한 품이 그립습니다. 엄마는 제가 더 보고프시겠지요. 엄마는 제게 여느 친구들처럼 노스페이스나 폴로 점퍼를 입히지 못하고 나이키나 뉴발란스 운동화를 신기지 못한다고 안쓰러워 하셨지만 저는 조금도 개의치 않았습니다. 저는 엄마의 자식이니까요.

저는 사랑도 못 하고 진학도 못 하고 취직도 못 하고 PC방에도 가지 못 하고 도서관에도 못 가고 책도 읽지 못 하고 음악도 듣지 못 하고 수영도 못 하고 야구도 못 하지요. 알고 싶고 하고 싶고 배우고 싶은 일이 그토록 많았는데. 제가 하고 싶은 일은 살아 있는 사람들이 해나가겠지요. 엄마의 기억 속에 저는 언제나 18살 고등학교 2학년에 머물러 있겠지요. 밝고 맑은 기운이 뿜어 나오는 철없는 10대 청소년으로만 남아 있겠지요. 그날 아침의 안개는 짙어서 제주에 못 갈까 걱정도 되었습니다. 수학여행 따위 제주 따위 안 가도 되었는데 억지로 출발한 것이 잘못이었지요. 시작부터 끝까지 제가 결정할 수 있는 일은 아무것도 없었지만 돌이켜 보면 안타까운 일이 한둘이 아닙니다. 바다 건너 큰 나라는 우주의 바다를 넘어 사람이 살 수 있는 곳을 찾아가기도 하고 우리는 IT산업대국이라고도 하고 선진국 대열에 들어갔다는 자축을 한 신문보도를 본 적이 있고 한류가 세계에 뻗어간다고도 한 것 같은데 왜 이런 희한한 일을 당하게 되었는지 정말 모르겠습니다. 쏟아진 물은 다시 담을 수 없고 깨진 거울은 다시 붙일 수 없다고 하지만 돌이킬 수 있다면 돌이키고 싶습니다. 물론 엄마야말로 더 그러시겠지요.

불교에서는 사람의 생명이 다하면 또 다른 세계에 다시 태어난다고 들었습니다. 꼭 불교의 윤회만이겠습니까. 저는 바닷물이 되고 물고기가 되고 미역이 되고 다시 햇빛이 되어 이 바다를 벗어날 것입니다. 빛이 된 저는 부메랑이 제자리로 돌아가듯 먼먼 시간과 공간의 저쪽 내가 모르는 내가 있던 자리로 돌아가겠지요. 저는 아직 사람의 죄란 것이 뭔지도 모릅니다. 그리고 죄를 지을 시간조차 없었기에 당연히 좋은 곳에 가 있을 것입니다. 따뜻하고 편안한 그곳에 먼저 가 있을 터이니 별다른 걱정은 하지 않으셔도 될 것입니다.

배가 기운 모습을 전화기로 촬영하여 보내고 카톡과 문자메시지를 보내던 친구들의 모습이 기억납니다. 너무 무서워 친구들과 손을 잡고 기도하기도 했고 덩치 큰 친구와 부둥켜안고 차가운 물을 견뎌보려고도 했지만 바다는 무심하더군요. 이제 조금씩 알 수 없는 기억들이 저의 의식 속 어느 곳에서 나와 섞이게 되겠지요. 지금이 제 기억과 의식이 가장 생생한 고비일 것입니다. 더 살아서 어머니를 기쁘게 해드리지 못한 저를 대신해서 사람들은 할 일을 해주겠지요. 제가 부를 수 있는 이름, '어머니' 아니 '엄마'를 불러봅니다. 엄마. 들리지 않으시지요. 그래서 마음 놓고 부를 수 있는 동안에 부릅니다. 바다 밑에서 중얼거리는 이 자식의 무거운 목소리를 엄마는 결코 듣지 못하겠기에 제가 부를 수 있는 이 시간에 불러봅니다. 부디 안녕히 계세요. 다시 만날 그 때까지.

[한국일보, 2014. 5. 16.]

*진도 팽목항에서 바닷속에 있는 자식에게 음식을 던지는 어머니의 사진을 결코 잊을 수 없을 것 같다. 이 글은 소설가 최인훈의 〈바다의 편지〉의 오마주이다. 세월호 유가족과 최인훈 선생에게 누가 되지 않길 바랄 따름이다.

386에 대한 단상

386세대에 대한 사전적 정의는 '1960년대에 태어나 1980년대 대학에 다니면서 학생운동과 민주화 투쟁에 앞장섰던 세대'이다. '3'은 1990년대 당시 30대를, '8'은 1980년대에 대학에 다닌 1980년대 학번을, '6'은 1960년대에 태어난 사람을 지칭한다. 즉, 1960년대에 태어나, 1980년대에 대학을 다니고, 1990년대에 30대였던 세대가 바로 386세대로서 90년대 초반에 유행하던 386컴퓨터에 빗댄 말이다. 당시 최신형 사양을 자랑하던 386컴퓨터와 386세대의 젊고 역동적 이미지는 잘 어울렸다. 386세대들이 나이가 드니 486세대라는 말로 바뀌었고 최근엔 586세대라는 말도 등장하고 있는 걸 보면 세월이 많이 흘렀음을 실감한다.

386세대의 특징을 사회와 역사에 대한 높은 관심과 책임감, 단결력 등으로 요약하는 데에 큰 무리는 없을 것으로 생각한다. 80년대를 뜨겁게 달구었던 학생운동에 적극적으로 참여한 이들은 물론 소극적 참

여자, 방관자들 역시 시대와 사회에 대한 관심에 소홀하지 않았다. 아니 소홀할 수 없었다고 보는 것이 옳다. 당시 대학가의 대화는 정치, 사회, 역사에 대한 토론으로 도배되다시피 하였다. 학생운동으로 인해 도피하다 만난 여인과의 사랑을 소재로 한 영화 〈오래된 정원〉의 대사처럼 "그때는 혼자만 행복하면 미안한 시대"였기에 386들은 개인의 행복을 추구한다는 것은 생각조차 할 수 없었다. 여학생들이 짙은 화장을 하거나 눈에 뜨이는 요란한 복장을 하는 것도 금기시되었고 심지어 연애를 하는 것도 주변의 질타를 받을 정도로 교조적이고 경직된 생활을 했다. 시대의 짐은 너무도 크고 무거웠기에 다들 짓눌리며 살았다는 것이 더욱 적절한 표현일지 모르겠다. 강의실보다 술집이 훨씬 익숙했던 386들은 "우리가 기성세대가 되면 세상은 변할 것"이라는 희망을 가졌다. 짧으면 10여 년 후, 길면 20여 년 후, 곧 우리가 30대 또는 40대의 나이가 되어 사회의 중추가 되면 세상의 흐름을 바꿀 수 있는 힘을 가질 수 있을 것이라 생각한 것이다. 386들은 민주, 자유 등의 단어에 익숙한데다 결속력도 강하니 말이다.

이런 생각이 근거 없는 낙관이었음을 확인하게 되기까지 오랜 시간이 걸리지 않았다. 실망은 386 출신 정치인들로 인해 시작되었다. 이른바 '젊은 피'라 불리며 정치개혁을 위해 수혈된 386 운동권 출신들은 기대와 달리 기성 정치인들과 차별화된 모습을 보여주지 못했다. 참신한 모습은커녕 계파정치에 함몰되거나 기득권에 안주하는 등 구태를 답습했던 것이다. 기대가 꺾이자 386에 대한 평가는 혐오로 변했고 386이란 단어 역시 극복 또는 배제되어야 할 케케묵은 구태와 같은 취급을 받게 되었다. 컴퓨터의 사양이 눈 깜짝할 사이에 486, 펜티엄을 훌쩍 넘게 되자 386 컴퓨터가 낡아빠진 고물로 취급되던 것과 유사한 경우라고나 할까.

국민에게 실망을 안겨 준 386정치인들과 달리 대다수 386들은 이들과 다르기 때문에 우리 사회는 조금씩 진보하고 좋아질 것이라는 희망을 가져 보기도 했다. 그러나 이런 기대 역시 무참히 깨지고 말았다. 정치가 아닌 일상생활 속에서도 많은 386은 민주화 운동 경력을 훈장처럼 과시하는 유치한 자들이었고 그들이 그토록 경멸했던 지역과 학연 등에 얽매이는 한심한 존재들이었다. 인간이란 그렇게 간단한 존재가 아니었는데 짧은 학습으로 얻은 지식과 옅은 감상으로 세상을 바꿀 수 있을 것이라는 기대를 한 것부터 잘못이었는지 모르겠다. 민주화 이후 삶의 질이 높아지기는커녕 하강한 데다 부하 직원과 알바생의 노동을 착취하면서도 입만 열면 민주와 정의로 점철된 회고담을 강요하는 386들의 행태야말로 '일베'같은 황당한 담론이 나오게 된 배경의 하나가 아닐까 싶다. 최루탄 가스에 범벅된 길바닥에 주저앉아 목 놓아 애국가를 부르던 그 시절 대학생들의 모습도 어쩌면 지나가는 하나의 유행과도 같은 것에 불과하였나 하는 씁쓸한 생각이 드는 요즈음이다.

[한국일보, 2013. 6. 4.]

코닥필름의 추억

필름카메라를 쓰던 시절의 이야기이다. 미술사학과에 다니던 나는 없는 살림에 필름 값을 대느라 죽을 맛이었다. 수업마다 몇 차례씩 환등기를 이용한 슬라이드 발표를 해야 했으니 말이다. 발표 주제를 정하는 것도 어려운데 주제에 따라 읽어야 할 책과 논문은 산더미 같았고 발표 시간에 맞추어 원고 분량을 적절하게 작성함은 물론 슬라이드 자료도 만들어야 했다. 며칠을 고심하여 발표에 이용할 사진을 선정하는 것도 여간 일이 아니었고 또 촬영했다고 해서 다 잘 나오는 것도 아니었다. 별별 변수가 있었다. 발표 전날 어렵게 촬영하여 현상소가 몰려 있는 충무로로 달려갔더니 마침 충무로 일대에 물이 나오지 않아 현상을 할 수 없을 때도 있었고, 필름을 제대로 감지 않은 채 사진을 찍었다가 낭패한 일도 여러 번이었다. 이런 경우는 특수하다 해도 필름 값이 부담되는 것은 언제나 마찬가지였다. 24장짜리가 일반적 필름이었고 36장짜리가 조금 더 대용량이었는데 필름을 감을 때 잘만 감으면 두서너

장 더 찍을 수 있었다. 24장짜리에서 27장, 36장짜리에서 38장까지 찍으며 느낀 희열은 아직도 생생하다. 한 장 한 장이 정확히 찍혀져야 발표를 할 수 있었기에 한 장 찍을 적에 들인 집중도와 공력은 요즈음과는 비교하기조차 힘들었다. 한 장을 버리면 '그놈의 한 장' 때문에 다시 필름 한 통을 사야 했는데 그 돈은 고스란히 본인 부담이었으니 셔터 누를 때는 긴장의 극을 달리곤 했다.

그 당시 가장 인기 좋은 필름은 미국 코닥사의 코닥필름이었다. 어디서나 눈에 확 띄는 노란 통에 담긴 코닥필름은 가격이 제일 비쌌지만 가장 많이 이용되었다. 수동카메라는 디지털 카메라와는 달리 찍혀진 상태를 확인할 수 없기에 현상소 대기실에 초조하게 쪼그려 앉아 있다가 비닐 필름 주머니에 든 필름을 형광등이 켜진 라이트박스에 비추어 보기까지의 기대감과 초조함은 쉽게 표현하기 어렵다. 그런데 코닥필름이면 조금은 느긋해진 마음으로 대기할 수 있었다. 왜냐구? 코닥이니까! 그렇다. 코닥필름은 신뢰의 상징이었다. 후지필름, 현대필름, 코니카필름 등은 코닥필름에 비해 저렴했지만 잘 이용하지 않았다. 돈은 더 들어도 좋은 사진을 찍어 발표를 잘하고 싶었기 때문에 가격이 싸다 해도 다른 필름에 눈이 가지 않았던 것이다.

그러던 어느 날 학교 사진관을 뻰질나게 드나들다 보니 저절로 안면을 익히게 된 사진관 아저씨가 "학생, 이 필름을 써보게." 하시며 코닥 아닌 다른 필름을 권하셨다. "코닥이 좋지 않습니까?" 하니 "코닥이 좋은 것은 다 알지만 자네 정도의 실력이면 차이가 없으니 공연히 비싼 돈 들이지 말게." 하셨다. 어리둥절한 내게 "코닥 팔면 내가 더 이익이야, 하지만 안타까워 그러는 거야." 하고 일갈하시니 어쩔 수 없이 그 필름을 살 수밖에 없었다.

그런데 신기한 건 그 이후 필름타령을 하지 않게 되었다는 사실이다. 사진은 필름이 문제가 아니고 찍는 이의 실력이 중요하다는 것을 깨달았기 때문이다. 이런 깨달음 이전에는 코닥필름을 써서 사진이 잘 나오면 코닥이니까 당연히 잘 나온 것이고, 사진의 질이 떨어지면 코닥인데도 잘 나오지 않았으니 내 잘못이었다. 그런데 다른 필름을 사용해서 잘 나오면 내 덕이었고 잘 안 나오면 무조건 필름 탓이었다. 그럴 때면 "싼 게 싼 값해!" 또는 "코닥으로 찍을 걸!" 하는 말이 절로 나오곤 했던 것이다. 당시 코닥필름은 코닥사에서 나온 필름이기 이전에 오차 없는 사진을 나오게 하는 보증수표와 같은 이름이었다는 사실을 말하고 싶다. 그 시절 코닥필름과 같은 신뢰성을 담보하는 정치인이 있으면 좋겠다는 말을 이렇게 길게 써본다. 미국 코닥 본사의 부도, 회생 노력 소식 등을 들으니 드는 생각이다.

[경기일보, 2013. 3. 14.]

프론티어와 만주벌판

미국의 역사학자 프레데릭 잭슨 터너는 1893년 시카고에서 개최된 전미 역사학회에서 역사적 논문을 발표했다. 훗날 '프론티어 사관의 선언'이라 불리게 된 터너의 발표는 미국사를 바라보는 관점에 일대 전환을 가져왔다. 프론티어와 서부의 중요성을 강조한 이 논문은 애팔래치아 산맥 동쪽의 뉴잉글랜드지방, 곧 영국의 식민지에서 독립한 미국 동부의 뉴욕, 매사추세츠, 뉴햄프셔, 펜실베니아, 버지니아, 조지아 등 이른바 독립 13개 주를 미국의 주류로 간주하던 미국의 역사관에 일대 혁신을 일으켰다. 터너는 미국의 정신은 동부가 아닌 서부에 있다는 혁명적 이론을 전개한 것이다. 서부는 정체된 동부지역 사회에서 벗어나려는 창조적 개척민들의 출구이자 신천지였고 그들의 진출에 따라 형성된 개척지와 미개척지의 경계를 의미하는 프론티어야말로 자유, 자치의 상징이었다고 역설하였다. 프론티어에 의해 생성된 독립정신, 자유에의 의지는 미국의 정신이 되었고 서부는 불만세력에 의한 사회의 폭발을 방지하는 안전판으로 기능했다는 결론으로 이어졌다.

프론티어 사관은 이후 미국을 넘어 유럽으로까지 확장되어, 구대륙 유럽의 사회적 불만에 의한 폭발을 예방하게 된 안전판이 신대륙 아메리카였다는 거대이론까지 등장하기도 했다. 한편 이에 대한 반론도 만만치 않다. 애팔래치아 산맥을 넘어 서부로 간 사람들의 대다수가 범죄자, 알콜 중독자, 사회부적응자 들이었고 개척자적 사명을 가진 독립적이고 진취적인 자영농은 극소수였다는 통계가 나오기도 했다. 이에 따라 서부와 프론티어 신화는 다소 퇴색하기도 했지만 미국인들이 서부에 갖는 애착과 환상은 흔들리지 않았다. 자유를 갈구한 창조적 개척자에게나 부랑아들에게나 서부는 사회적 불만과 욕망의 출구 또는 도피치가 되었다는 점은 변함이 없기 때문이다. 케네디 대통령이 추진한 아폴로계획은 서부와 프론티어에 대한 미국인들의 향수와 지지를 대변했다. 케네디는 미국 내에 국한되었던 프론티어를 우주로까지 확장시키는 아폴로계획을 뉴프론티어라는 슬로건 아래 진행시켜 미국인들의 자부심을 한껏 높였다. 한편 미국 최고의 인기스포츠인 미식축구는 서부개척사의 스포츠적 변형이고, 총기사고가 속출해도 총기소지를 금하지 못하는 것은 총기 회사의 막강한 로비 때문도 있지만 가족의 안전은 자신이 지킨다는 개척민 정신 곧 서부 정신의 잔영이라는 분석이 더욱 설득력이 있다.

터너의 프론티어 사관을 장황하게 나열한 것은 다름이 아니다. 중국 상하이를 무대로 한·중·일 주먹들이 펼쳐내는 이야기를 그린 드라마가 인기라고 하니 예전 김두한을 주인공으로 한 자칭 협객들의 세계를 다룬 연속극의 한 장면이 떠올랐기 때문이다. 1 대 1 주먹대결에서 패한 건달이 다음날 새벽 서울역에서 출발하는 만주행 열차를 타는 장면이 그것이다. 우리의 현실적 공간과 심리적 공간이 만주와 상하이 등으로 어렵지 않게 펼쳐지던 시절이 있었다. 비록 식민지 치하였지만 이 땅에서 뜻을 펴기 힘들면 기차를 잡아타고서 만주로, 배를 타면 상하이로 떠날 수 있었다. 특히 1930~40년대 만주야말로 미국의 서부 개척시대를 연상시킬 만큼 일종의 '골드러시'가 일어서 많은 일본인과 조선인들이 만주로 이주하여 새로운 삶을 시작했다.

안도현 시인은 〈섬〉에서 "섬, 하면 가고 싶지만 섬에 가면 섬을 볼 수가 없다 …… 삶이란 게 뭔가 너는 밤새도록 뜬 눈 밝혀야 하리"라고 섬의 외로움과 이겨내야 할 현실을 서정적이지만 섬뜩하게 표현하였다. 우리가 살고 있는 터전은 3면이 바다로 둘려 싸여 있고 나머지 한 면은 대포와 총으로 막혀 있는 섬 같은 곳인데, 주변과 가까워지기보다 더욱 멀어져 섬처럼 고립되어 가는 것이 아닌가 하는 생각이 들 때가 있다. 우리가 게임 등 사이버 세계에 그렇게 열광하고 빠져드는 것은 아마도 우리의 꽉꽉 막힌 지정학적 위치 때문인지도 모르겠다. 엄혹한 식민지 시절에도 기차시간만 맞추면 훌쩍 떠날 수 있던 광활한 미개척지 만주 벌판이 있었는데, 지금은 꾸부정하게 모니터 앞에 앉아 퀭한 눈으로 가상세계에나 들락거리고 있다고 생각하니 아쉬움을 넘어 울화가 치밀기도 한다.

[한국일보, 2014. 3. 14.]

당나라 발음

오래 전에 우리나라의 권위 있는 학술단체인 진단학회에서 중국의 학자들과 화가들을 서울에 초청한 적이 있었다. 그때 중국의 화가 부유溥儒(1896~1963)는 "서울 부인들의 한복 차림을 보니 언뜻 천 년 전 태평성대의 당나라 서울에 온 것만 같은 신기한 느낌을 갖게 된다."는 말을 하였다. 이 말은 물론 한복이 우아하면서도 태평스러운 고전적인 아름다움을 가졌다는 것도 되지만 당나라 여인들의 의상과 한복의 유사성을 지적한 말이기도 하다. 청나라 황족출신인 부유는 높은 지식과 교양을 가진 화가이기에 우리의 한복과 당나라 의상의 유사성을 찾아낼 수 있었다. 한편 우리의 발음이 당나라 식이라 중국 고대의 발음과 성조聲調(단어를 이루고 있는 각 음절 위에 배치된 의미 있는 일정한 높이) . 성운聲韻(말의 뜻을 구별하여 주는 소리의 가장 작은 단위)을 연구하는 중국학자들이 우리나라에 와서 연구한다는 말을 중국에서 유학한 이들에게서 들은 적이 있다. 이들의 전언이 확실한 것인지는 아직 잘 모르겠다. 그러나 문화는 변방으로 갈

수록 원형이 잘 보존되기 마련이기 때문에 타당성이 전혀 없지는 않을 것이라는 생각이 들곤 한다.

고서가古書街에서 중국책은 대개 한적漢籍이라 하지만 당본唐本이라 부르는 경우도 많다. 중본中本이라 하지 않고 당본 곧 당나라 책이라 하며, 중국의 물감 역시 중채中彩가 아닌 당채唐彩 곧 당나라 물감이라 한다. 서울 마포의 당인리 발전소는 당나라 사람이 와서 당인리가 아니고 임진왜란 때에 명나라 군사가 주둔했던 곳인데도 당인리이다. 명나라 사람이 왔는데 당인리가 된 것인데, 이러한 현상은 당이 중국의 대명사이기 때문이다. 당의 수도 '장안'은 수도의 대명사가 되어 "…… 이 장안의 화제다" 식의 어법 역시 요즘도 자주 사용된다. 동아시아 문화권의 중심문화인 중국문화가 가장 개방적이고 찬란하게 뻗어나갔던 시대가 당나라였기 때문에 주변부에서는 왕조가 바뀐 지 오래되었어도 중국책은 당본, 중국 사람은 당인, 중국물감은 당채, 당나라 수도 장안은 수도의 대명사가 된 것이다.

어떤 지역이나 국가가 문화의 중심이 된 것은 그 지역이나 국가가 지리적·문화적 측면에서 문화 활동의 적격지인 데다 주변의 다양한 문화를 잘 받아들여 새로운 창조를 성공적으로 이룩한 덕분이다. 문화의 중심지역은 여러 문화의 융합이 가속화되어 더욱 종합적이고 보편적인 문화가 이루어지게 된다. 요즘 식으로 표현하자면 시너지 효과가 될 듯하다. 제국의 융성에 따라 주변의 문화는 더욱 중심부로 집중되고 문화의 수준은 한층 높아지게 된다. 문화 창조의 열기는 고조되고 농도는 점차 짙어져 이제 '난숙爛熟'의 단계에 이른다. "어떤 사물이나 현상

공자(孔子)를 비롯한 4성(四聖) 10철(十哲) 72현(七十二賢)을 제사지내는 의식인 석전(釋奠)을 준비하는 성균관 임원들과 석전에서 팔일무(八佾舞: 천자와 공자의 제향에만 추는 춤)를 추는 모습

이 더할 수 없이 충분히 발달하거나 성숙함"을 의미하는 난숙의 단계에 이른 문화는 마침내 주변에 한껏 퍼진다. 뜨겁게 달아오른 가마솥이 한계에 이르면 크게 끓어 넘치듯, 문화도 난숙의 단계를 지나면 폭발하듯 분출하며 주변에 파급된다. 마치 거대한 용이 몸을 뒤척이면 주변에 커다란 파도가 일렁이는 것과도 같다고나 할지 모르겠다. 이렇게 끓어 넘친 문화의 파편들은 주변의 문화에 깊이 아로새겨진다. 문화의 중심지 역할을 하던 제국은 이제 수명을 다하여 다른 왕조가 들어서게 되고 문화의 중심지로서의 역할은 당분간 유보되었지만, 변방에는 끓어 넘친 그전 문화의 잔영이 오래 남아있게 된다. 우리가 자랑스럽게 여기는 석전釋奠(공자를 모시는 사당인 文廟에서 음력 2월과 8월에 공자에게 지내는 제사) 때에 추는 팔일무*八佾舞의 원형이 우리에게 남아있는 것도 비슷한 경우가 아닐까 싶다. 석전과 팔일무는 문화혁명으로 인하여 전통이 단절된 중국에서 행사를 실시할 수 없게 되자 우리나라에 와서 그 순서와 방식을 배워갔다고 한다. 우리는 이를 자랑스러워하지만 결국 문화의 속성이란 중심지보다는 변방에 원형이 잘 보존되는 현상 때문이 아닐까 싶다.

동양이건 서양이건 전근대 농업사회는 생활에 변화가 거의 없었다. 러시아의 대문호 톨스토이Lev N. Tolstoi의 소설 가운데에 일행이 마차 타고 어느 마을을 지나가는데, 누군가 그곳을 "신부님이 알젓을 맛있게 드시던 곳"이라 부른다고 설명하는 대목을 기억한다. 신부님이 알젓을

* 팔일무(八佾舞): '일(佾)'은 '춤의 벌여진 줄'이라는 의미이고 춤추는 사람의 줄의 수는 종횡이 같다. 팔일무는 한 줄에 8명씩 여덟 줄로 늘어서니 8 곱하기 8 곧 64명이 추며 오직 천자만이 거행할 수 있다. 그 지위에 따라 팔일무, 육일무, 사일무, 이일무 등으로 인원과 규모가 축소된다.

맛있게 드신 것 이외에 특별히 기록하거나 기억할 만한 내용이 전혀 없는 평범한 곳이라는 의미로서, 당시 러시아 농민의 생활이 얼마나 변화 없이 '장기지속'되고 있었는지를 알 수 있게 해주는 절묘한 표현이었다. 생활의 변화가 너무나 적어 그 변화상이 현미경으로나 들여다보일 것 같은 시절에 밀려들어 온 외지의 '신문물'은 경이로움 자체였고 당시 사람들에게 하나의 종교나 신앙처럼 소중히 여겨졌다. 고대로 올라갈수록 문화의 변방지역의 문화내용은 상대적으로 더욱 빈약하였기 때문에 지금의 눈으로 보면 소박한 문자·시문·법률·제도·공예품 등으로 이루어진 중심지의 선진문물이 주변부에 도달했을 때의 반응은 문자 그대로 '충격'이었다.

화려한 당나라 문화는 낮은 수준에 머물러 있던 주변부 문화에 엄청난 자극과 영향을 주어, 이후 당나라와 당나라 문화는 중국과 중국 문화의 대명사가 되었다. 그러나 중심지 밖에 있는 지역이라 해서 문화의 수준이 낮다는 의미가 아니다. 르네상스는 이탈리아에서 시작되었지만 이후 알프스 산맥 너머로 전파되어 북방 르네상스라는 훌륭한 성취를 이룬 것은 유명한 사실이다. 문화의 중심은 이동하기도 하고 문화는 지역에 맞추어 발전을 이루며 지역에 따른 독특한 아름다움이 있음을 유념해야 한다.

유제두의 눈물

나의 어린 시절 최고의 인기를 구가하던 권투는 숱한 영웅을 탄생시켰다. 게으른 천재 허버트 강과 그의 라이벌 김현, 4전5기의 신화 홍수환, 필살의 롱 훅 염동균, 면도날 고생근, 최고의 테크니션 박찬희, 독일병정 김태식, 중량급의 지존 박종팔, 장난꾸러기 장정구, 모범생 류명우, 작은 타잔 김환진, 불멸의 파이터 김득구에 이르는 여러 선수들은 우리들의 우상이었다. 모두 일세를 풍미한 스타들이었지만 나의 영웅은 유제두였다.

유제두는 권투가 아름다운 스포츠일 수 있다는 것을 보여준 선수였다. 훤칠한 키에 흰 피부, 균형 잡힌 체격은 이른바 헝그리 복서들의 거친 인상과는 달랐다. 유제두는 막무가내식의 인파이터나 상대를 현혹하며 기회를 노리는 아웃복서가 아니었다. 인파이터와 아웃복서의 중간 정도라고나 할까. 링의 가운데에서 부드럽게 움직이며 원투 펀치를 작열시켜 조금씩 상대를 무너뜨리다가 기회를 포착하면 소나기 펀치로 승부를 내는 스타일이었다. 짧은 스포츠머리에 흰 팬츠를 입은 유제두가 고개를 숙인 채 상대를 노려볼 때면 산사자 퓨마가 연상되곤 했다. 깡촌에서 태어나 오직 주먹하나 믿고 상경한 유제두는 갖은 고생을 하다 일본의 변칙복서 와지마 고이치를 KO로 눕히고 세계 챔피언이 되자 청와대에서 박정희 대통령과 점심을 함께 하고 영화 〈눈물 젖은 샌드백〉을 찍을 정도로 절정의 인기를 누렸다.

와지마 고이치와의 재경기에서 세계타이틀을 뺏겼지만 아직 중량급의 전설이었던 '늙은 사자' 유제두가 무명선수에게 충격의 KO패를 당했다. 그 경기는 타이틀이 걸리지 않았지만 승자가 세계 챔피언에 도전할 기회를 갖게 되는 경기였는데 전혀 예상치 못한 결과가 나와 권투팬들을 깜짝 놀라게 했던 것이다. 유제두에게 KO패, 정확히는 TKO패를 안긴 그 선수의 이름은 굳이 거론하지 않겠다. 경기 초반부터 고전을 거듭하다 10회에 들어 코너에 몰린 유제두는 한 손으로 로프를 잡고 고개를 떨군 채 무방비 상태로 펀치를 받아냈다. 경기를 포기한 그의 모습을 본 주심이 경기를 중단시키자 유제두는 눈물을 하염없이 흘렸다. 그의 패배에 여러 추측이 있었지만 상대방을 너무 얕잡아 본 것이 가장 큰 원인으로 꼽혔다. 그가 흘린 눈물은 방심으로 대사를 그르친 자신에 대한 후회와 자책 때문이리라.

그 뒤 유제두는 하락세를 면치 못하다가 은퇴했다고 하지만 나의 기억은 그렇지 않다. 몇 달 뒤의 재기전에서 유제두는 전성기 때의 모습을 다시 보여 주었다. 전성기 시절 유제두는 웅크린 자세로 상대를 노려보며 다리를 뒤쪽으로 살짝 살짝 드는 특이한 동작을 하곤 했다. 그

동작은 몸 상태가 최상일 경우에나 하던 특유의 버릇이었는데 그 동작을 재기전에서 다시 보게 되니 반가웠다. 고양이가 생쥐를 앞에 두고 놀리는 것과 비슷한 움직임이라고나 할까. 두려워하는 상대를 농락하며 승리를 자축하는 대선수의 모습에 관중들은 환호했다. 건재를 당당히 과시한 유제두는 예전의 영광을 온전히 되찾지는 못했지만 동양 챔피언 타이틀을 몇 차례 더 방어한 후 팬들의 환호 속에 은퇴하였다. 유제두를 이긴 무명선수는 세계 타이틀 도전 기회를 얻었지만 "권투가 이렇게 재미없을 수도 있다."는 악평을 듣는 등 졸전을 거듭하다 사라지고 말았다.

유제두의 눈물과 재기에 대하여 길게 쓴 것은 다름이 아니다. 모든 진정한 스포츠는 인생을 닮는다고 하였다. 방심은 천하의 유제두를 나락으로 떨어뜨려 다시는 정상에의 도전기회를 갖지 못하였다. 상대의 방심 탓에 승리를 줍고 벼락출세한 무명선수는 실력 부족으로 천재일우의 기회를 놓치고 말았다. 유제두는 절치부심하여 재기에 성공한 후 명예로운 은퇴를 맞이하였다. 방심은 가장 큰 적이고 실력으로 얻지 않은 행운은 독이라는 사실, 그리고 최선을 다하면 재기의 기회는 언제고 다시 올 수 있다는 진리를 말하고 싶다. 세월호 참사에 슬퍼하다 선거를 치르고 월드컵 중계를 보다보니 어느덧 올해의 절반이 지났다. 재기라는 거대한 목표가 아니라 이 모진 세상에서의 자존감 확인을 위해서라도 이런 저런 슬픔과 아쉬움을 뼛속 깊이 기억하되 다시금 노력을 시도해야 하지 않을까 싶다.

[한국일보, 2014. 7. 18.]

돼지 밥 줄 무렵

"돼지 밥 줄 무렵"은 내가 태어난 시간이다. 정확히 말하면 "돼지 아침밥 줄 무렵"이 맞다. 내가 태어날 때만 해도 집에 시계가 없어 정확한 시간을 가늠하기 어려웠다. 그래서 나는 태어난 시를 제대로 알지 못한다. 좀 더 정확히 말하자면 내가 태어나자 누나와 둘째 형이 동네 하나뿐인 시계가 있는 이장님 댁으로 뛰어갔다 왔는데 그 시간이 7시 조금 넘었다고 하니 국민학교에도 못 간 어린이들의 가는 시간 오는 시간을 감안하면 대략 6시 30분쯤이 조금 못 되지 않았을까 정도로 짐작할 따름이다. 어쨌든 우리 시골에서는 아침 일찍 돼지 밥 주고 일을 나가곤 했는데 그 무렵 내가 태어났다는 사실은 분명하다.

언젠가 술자리에서 이 얘기를 했더니 웃음이 터졌는데, 구석에 앉으신 한 분이 나직한 목소리로 "나는 기차소리 날 때야."라고 하시자 다들 어리둥절했다. 당신이 태어날 무렵 기차 기적소리가 났단다. 한밤중에 태어났는데 시계는 당연히 없었고 마침 기차 기적소리가 났다는 말씀이다. 그곳은 충청북도 충주 근방 두메산골로 중앙선의 지선이 다니다가 지금은 없어졌다고 하셨다. 그러자 주위 사람들이 왁자지껄 도움을 자청하고 나섰다. 당시 철도 운행기록이 남아있을 것이니 운행기록만 확인하면 태어난 시를 정확히 알 수 있을 것이라는 결론에 도달했다. 이 나이에 정확한 시를 알아 봐야 뭐하겠느냐는 당사자의 시큰둥한 반응에 재미는 반감되었지만 그날의 안주거리는 '돼지 밥 줄 무렵'과 '기차소리'였다.

국민학교 시절 학년마다 꼬박꼬박 낸 '가정환경조사서'에 언제나 집의 시계 개수 기록란이 있었다. 우리 집도 그랬지만 친구 집에도 시계는 1개밖에 없었고 집에 시계가 1개 이상 더 필요할 거라고는 생각도 못했다. 과외나 학원이 무엇인지도 모르고 몰려다니던 뚝방 판자촌 어린이들에게 시계나 시간은 중요한 것이 아니었다. 좁은 골목이지만 놀거리는 많았고 시간은 넘쳐났기 때문이다. 빡빡머리에 까만 교복을 입어야 하는 중학생이 되었다. 한 반에 80명이 넘는 아이들로 북적거렸는데 표독한 수학 선생 덕에 수학시간은 악마의 시간이었다. 어느 날 일본 카시오사에서 나온 동그란 전자시계를 차고 온 부잣집 친구 녀석의 시계를 구경하는 수학 선생의 얼굴에는 미소가 돌았고 '그자'가 시계를 만지작거리며 이쪽저쪽으로 바꿔 차보느라 흐르는 시간이 얼마나 달콤했는지 모른다. "그래, 1년에 몇 초 틀린다고?" 부러움에 가득한 눈으로 간지럽게 말하는 '그자'의 얼굴이 아직도 또렷하다. 도대체 1년에 몇 초를 왜 따지느냐고, 당신이 그렇게 철저한 사람이냐고, 몇 초가 아니라 몇 분이 틀려도 어떠냐고 외치고 싶었지만 꾹 참았다. 고등학교는 교조적인 미션스쿨이라 보충수업이 아예 없었다. 고3이 되어도 중학생들보다 일찍 귀가하니 시간은 풍족했다. 대학에서는 긴긴 시간을 보내는 방법을 스스로 터득해야 했다. 시대의 아픔마저 없었다면 무척 지루한 시절이었으리라. 군대에 가니 국방부 시계는 거꾸로 매달아 놓아도 돌아간다고 주변에서 그렇게 떠들어댔건만 그 놈의 시간은 잘 가지 않았다. 그 이유를 최근에야 알게 되었다. 영화 〈인터스텔라〉를 보니 민간의 시간과 군대의 시간이 달랐던 이유를 조금은 알 것 같았다.

세월이 좋아졌다는 얘기를 하려는 것이 아니다. 주변의 누군가가 말했다. 이제 돈 없어 대학 못 가는 경우는 없지 않느냐고. 그의 안색을 찬찬히 살피는 나의 눈이 예사롭지 않았나 보다. 대화를 돌리는 그의 표정이 좋지 않았지만 그때 말하고 싶었다. 숲을 함께 가도 벌목업자에겐 목재가, 시인에겐 아름다운 자연이, 곤충학자에겐 곤충이, 심마니에겐 약초가 보일 따름이라고 말이다. 이젠 유복해져서 지난날의 괴로움을 웃으며 회상하게 된 사람들에게 무엇을 강요할 수 있겠는가. 영화 〈인터스텔라〉에서처럼 어떤 이에게는 긴 시간이 어떤 이에게는 순간이 되는 것처럼 기준이 달라지면 느껴지는 것도 완전히 달라질 수밖에 없다는 것을 말하고 싶을 뿐이다.

[한국일보, 2015. 4. 24.]

상갓집 개

상갓집은 슬픈 나머지 개에게 먹이를 줄 경황이 없기 때문에, 상갓집 개는 여기 가서도 천대를 받고 저기 가서도 천대를 받으면서도 비굴하게 얻어먹으려 꼬리를 살랑이며 기어드는 가련한 모양새다. 그런데 이 말은 공자를 비꼬아 부르는 말이기도 하다.

흔히 4대 성인 가운데 한 분으로 꼽히는 공자는 언제나 현실과 정치에 참여하기를 갈망했던 실천적 지식인이기도 했다. 인과 예를 바탕으로 하는 이상정치의 구현을 위해 자신의 정치 이념을 이해해 줄 군주를 찾아 14년간이나 천하를 돌아다녔다. 그러나 도도히 흘러가는 거대한 물결과도 같은 난세 속에서 원칙과 정도를 주장한 공자의 이상주의에 귀를 기울여줄 제후는 없었다. '상갓집 개喪家之拘'라는 혹평을 들으면서도 공자는 자신의 이상을 실현시키고자 천하 주유를 멈추지 않았다.

공자의 일생을 그린 〈공자성적도孔子聖蹟圖〉에는 공자가 노자에게 예를 묻는 장면이 있다. 노자는 인위적인 것을 배격한 '무위無爲'의 사상을 강조한 노장사상의 창시자와도 같은 전설적 인물인데, 노자에게 예를 물었다는 것은 후대의 유학자들에게 어떤 의미에서는 굴욕적일 수도 있는 모양새이다. 그러나 이 일화는 공자가 노자에게 예를 물을 정도이니 누구에게나 그리고 어디에서건 진리를 구했다는 의미도 된다. 어떤 경우든 인간적 삶과 바른 정치를 위하여 천하를 주유한 공자의 면모를 엿볼 수 있다.

우리는 현실에 맞지 않는 이상적인 또는 원칙적인 말을 할 경우 "공자님 같은 소리를 한다."고 비꼬고 호주제 폐지 반대 등 현대 생활에 맞

노자에게 예를 묻다
김진여(金振汝), 〈공자성적도(孔子聖蹟圖)〉 제2면, 조선(1700), 비단에 채색, 32×57㎝, 국립전주박물관.
'공자가 노자에게 예를 묻는' 장면으로 조선 후기의 화원 김진여가 공자의 일생을 그린 〈공자성적도〉에 들어 있다. 언제나 누구에게나 인간적 삶과 바른 정치를 위한 물음을 시도한 공자의 면모를 엿볼 수 있게 해준다.

지 않는 시대착오적 일면을 보인다는 점에서 유학이 매도되기도 하지만 초기 유가는 지극히 현실적인 사상이었다. 공자는 "징험할 수 없다면(실증할 수 있는 근거가 없으면) 믿지 않는다(無徵不信)"고 하여 실증의 정신을 강조하였고, "괴이함과 힘으로 하는 일, 어지러운 일, 귀신에 관한 것을 말씀하지 않았다(子不語怪力亂神)"고 하여 초자연적인 것에 관심을 두지 말고 건전한 합리주의적 입장을 견지하라고 하였다. 아울러 "아직 삶을 모르는데 어찌 죽음을 알겠는가(未知生 焉知死)"라는 간결한 말로 현실에 입각할 것을 준엄하게 깨우쳤다. "뒤에 난 사람이 두려워할 만하다(後生可畏)"는 공자의 말은 미래에 대한 긍정과 믿음을 보여주고 있으며, "아침에 도를 들으면 저녁에 죽어도 좋다(朝聞道 夕死可矣)"에서는 인간의 현실적 삶을 초월한 정신적 깨달음의 중요성을 강조하였다.

인간사의 본질을 꿰뚫은 공자의 가르침은 어두운 세상을 밝히는 등불과도 같이 소중히 전해내려 왔고 현실 생활과 정치 등에도 큰 영향을 미쳤다. 현대의 일본 학자 가운데 한 사람은 『논어』에 대하여 '우주 최고의 책'이라는 기상천외의 찬사를 하기도 하였다. 공자께서는 만년에 "꿈에 주공周公을 뵌 지 오래다."라며 이상적 정치가를 간절히 희구하였다. 그 시절 공자 같은 분도 제대로 된 정치를 만나지 못했는데 우리 같은 사람들에게 그런 행운이 올까 하는 생각을 하기도 한다. 하지만 그냥 바라만 보며 손 놓고 있자니 세상이 너무 아쉽고 답답하다. 아직 젊은 것인가? 철이 없는 것인가?

우리를 슬프게 하는 것들

'헬조선'이라는 단어는 우리를 슬프게 한다.

대체로 가을은 우리를 슬프게 한다. 방송에서는 여행가기 좋은 곳을 그렇게 떠들어대건만 며칠의 일정은커녕 짧은 마음의 여유조차 내지 못할 때. 몇 해고 지난 후에 문득 돌아가신 아버지의 편지가 발견될 때, 그곳에 쓰였으되, "이놈아 너의 소행이 내게 얼마나 많은 불면의 밤을 가져 오게 했는가 ……" 대체 나의 소행이란 무엇이던가? 내 뜻대로 전공을 정한 일, 아버지의 시국관을 따지고 몰아세운 일, 이제는 벌써 그 많은 죄상을 기억 속에 찾을 바 없되, 그러나 아버지는 그 때문에 애를 태우신 것이다.

백석의 시, 그 너무나 곱고 명징한 우리말의 품격. 표절 안 했다고 우기는 소설가와 출판사. 훈장처럼 달고 있으나 이제는 아무도 거들 떠보지 않게 된 운동권 경력. 성공한 아니 성공한 것으로 착각하는 옛 친구를 만날 때. 그리하여 그가 이제는 잘 나가는 투자가요, 혹은 임대업자로서 우리가 몽롱하고 우울한 언어나 주물럭대는 초라한 인문학 전공자밖에 못 되었다는 이유에서, 우리에게 손을 주기는 하나 벌써 우리를 알아보려 하지 않는 듯한 태도를 취하는 것같이 보일 때. 피트니스 클럽에서 내려다보는 건강한 다리들.

삼포세대, 비정규직, 사오정, 오륙도, 일베와 좌빨 그리고 금수저, 흙수저라는 낱말. 임산부 보호석에 당당히 앉아 있는 건강한 중년들. 연말의 향우회와 동창회. 나이 먹은 게 자랑인 노인들. 수능시험 다음날. 꺾일 줄 모르는 집값. 4살 어린이가 주택 수십 채, 16살이 수백 채 집을 갖고 있다는 기사. 줄지 않는 마이너스 통장. 유쾌하고 사랑으로 가득 찬 가족드라마. 밝고 명랑한 대부업 광고. 장기매매를 알선하는 역전 화장실의 스티커. 길바닥에 널린 출장안마 전단지. 첫길인 어느 소도시 허름한 곳에서의 하룻밤. 창가에 불빛이 번쩍이다, 옆방 문이 열리고, 수상쩍은 대화가 오가더니, 여인의 교성과 삐걱이는 침대소리가 들릴 때 당신은 난데없는 애수를 느끼게 될 것이다.

아직도 젊음과 전성기의 매력을 가진 양 착각하고 교태어린 웃음을 짓는 한물간 여배우의 성형에 찌든 얼굴. 엘리베이터 앞을 막아 선 사람들, 내리기도 전에 밀치고 들어오는 지하철 승객들. 옆 좌석 승객의 길고 긴 핸드폰 통화, 그래서 조금도 알고 싶지 않은 그자의 시시콜콜한 잡사를 끝없이 들어야 할 때. 마카다미아. 갑질 하는 고객 앞에 무릎 꿇은 백화점 직원들. 불친절한 식당. 밤거리 하늘에 점점이 떠 있는 네온 십자가. 대형차에서 내리는 출세한 사람들의 부녀자의 넓은 어깨. 동남아 갔다 와서 우리 국력의 신장이 자랑스럽다고 희번덕거리며 얘기하는 동료. 복권가게에 붙어 있는 당첨자 플래카드. 그러나 우리를 슬프게 하는 것이 어찌 이뿐이랴! 터키 해변에서 시신으로 발견된 세 살배기 시리아 아이. 차별과 분노, IS와 테러. 사자와 코끼리를 사냥하고 찍은 사냥꾼의 자랑스러운 포즈. 가습기 살균제 피해소송. 4대강과 세월호. 쌍용차 복직투쟁위원회. 1억 원 배상판결을 받은 전 KTX 여승무원들의 심란한 얼굴. 정신대 할머니의 주름진 손. 북에서 돌아온 남편이 행여 찾지 못할까 봐 이사도 안 갔다는 팔순 넘은 새색시의 고운 한복. 라이따이한, 코피노라 불리는 사람들. 애국가와 국정교과서. 초겨울 시위대와 물대포. 노는 아이들이 없어 텅 빈 놀이터. 힘들 때면 꾸는 입대하는 꿈. 입대한 지 1년이 못 되어 떠나간 여인의 소식. 오래전 헤어진 여인이 아직도 혼자 살고 있다는 누군가의 전언. 계통 없이 처먹고 난 다음 날, 널브러진 잔해 속에서 오늘 할 일이 많음을 기억에서 끄집어 올렸으나 손가락하나 까딱할 수 없을 때.

순수의 밀실에서 고운 이의 머리카락을 언제까지나 희롱하고픈 나이에 현실의 광장이 너무도 어지러운 것이 그리하여 부드러운 어깨를 밀어내고 달려가야만 하는 시대가 우리를 슬프게 한다.

[한국일보, 2015. 11. 19.]

그 녀석의 기억

최전방 강원도 산골에서 처음 맞은 겨울이었다. 6주간의 사단 신병교육대 훈련을 마치고 하루 외박을 한 다음 날 저녁 우리 124기는 다시 신병교육대로 돌아왔다. 신병교육대로 돌아오기 무섭게 자대로 떠난 병력도 있었지만 대개 하루 이상은 머물며 부대 배치를 기다렸다. 가고 싶지 않지만 가야할 수밖에 없는 두려운 그곳으로 떠나며 우리는 서로 쓸쓸히 손을 낮게 흔들며 작별인사를 나눴다.

자대에 배치된 지 겨우 2주일 남짓 되었을 무렵 토요일 저녁이었다. 우리 집에서나 겨우 내가 어느 부대에 배치되었는지를 알 게 되었을 텐데 녀석이 불쑥 나타났다. 180cm 가까운 장신에 파란 파커, 청바지, 배낭 등 대학시절 모습 그대로였는데 제대한 지 일주일밖에 되지 않아 아직 머리는 짧았다. 대학을 졸업하고 대학원 다니다 입대했으니 동기들보다 몇 해 늦게 입대한 나를 염려해서였을 게다. 녀석으로서는 최고의 배려를 한 것인데 나는 고마운 마음보다 놀라움과 두려움이 앞섰다. 이

번 일로 무슨 사달이나 나지 않을까 하는 걱정이 들었다는 것이 사실에 가깝다.

마침 비상이라 외박은 할 수 없어서 영내 PX에서 만나고 있었는데, 누군가 면회 왔다는 소식이 부대에 퍼졌나 보다. 슬리퍼에 깔깔이라 불리는 누런 야전잠바 내피만 입은 고참들이 어슬렁거리며 PX로 들어왔다. 우리 탁자에 놓여 있는 단팥빵과 주스를 힐끗힐끗 보며 말을 섞으려는 그자들을 보자 녀석이 먼저 말했다. "최 하사! 엄 병장! 이리 앉읍시다. 내 제대한 지 일주일밖에 되지 않아 당신들 보고 '님' 자는 못 붙이겠소!" 목소리는 예전처럼 높고 컸다. 하사와 병장은 녀석에게 군번을 묻더니 "우리보다 5개월 이상 앞서니 그럽시다." 하며 못 이기는 척하며 옆자리에 앉았다. 이 자들은 닭발에 쥐포, 황도, 과자 등 녀석이 시원시원하게 주문한 음식을 게걸스럽게 먹어댔다. 바짝 얼어있는 내 모습을 힐끗 본 녀석이 가방 속의 소주병을 슬쩍 보이자 두 고참의 눈이 빛났다. 망설임이나 주저함 없는 평소 모습 그대로의 녀석이 고마웠지만 내색조차 할 수 없었음은 물론이다. 우유로 위장하느라 소주에 우유를 타서 죽죽 들이키는 녀석과 두 고참 앞에 부동자세로 앉아 있던 내 모습은 마치 정지화면처럼 지금도 또렷하다. 소주 됫병 2개를 변변치 못한 안주로 1시간 안에 마셨으니 참으로 급하게도 마셨다. 친구 걱정에 제대한 지 1주일 만에 혼자 낯선 곳에 찾아와 고참이라는 자들을 상대하던 녀석을 생각하면 지금도 눈시울이 뜨끈하다. 어떻게 비상 걸린 전방 부대 PX에서 술을 먹을 수 있었느냐고 묻는다면 이렇게 답하겠다. 그 시절 군대는 되는 일도 안 되는 일도 없었다고 말이다.

근 1년 만에 첫 휴가를 나와 녀석을 만났다. 그날 어떻게 갔느냐고 했더니 부대 위병소를 지나 모퉁이로 꺾어지자마자 모조리 토하고 구르다시피 여관에 들어가서 다음날 오후까지 뻗어있었다며 씩 웃었다. 국방부시계는 거꾸로 매달아 놓아도 돌아간다는 말은 틀리지 않았다. 나도 마침내 제대하고 복학하니 세상은 달라져 있었다. 아니 내가 조화를 이루기 힘들었다는 것이 옳다. 어쨌든 위태롭게나마 세상에 적응해 가며 살다보니 녀석과의 만남은 손에 꼽을 만했다. 그러다 지천명을 넘은 지금, 녀석이 일자리를 찾아 베트남으로 떠난다는 말을 들었다. 돌이켜 생각해 본다. 나는 한 번이라도 누군가에게 도움이 된 적이 있었던가. 어스름한 새벽 짙은 안개 속에 시야가 막혀 홀로 방황할 때 손을 건네준 그 누군가에게 고맙다는 말조차 제대로 하지 못한 경험을 한 번 쯤은 갖고 있지 않을까. 당나라의 시인 왕발이 당시의 관념으로는 세상 끝과도 같은 먼 곳인 사천으로 부임해 가는 친구를 배웅하며 쓴 시 가운데 "이 세상에 나를 알아주는 이 있다면, 하늘 저편 끝도 바로 곁인 듯하리니(海內存知己 天涯若比隣)"가 떠오른다. 친구여 몸조심 하게나.

[한국일보, 2015. 7. 16.]

인간의 등급

동네마다 기원이 있던 시절이 있었다. 동네 어귀 건물에는 으레 이발소와 복덕방, 당구장 등과 함께 바둑 두는 기원이 있어 중년 남자들의 아지트 역할을 하곤 했었다. 유리창을 통해 때론 무심하게 때론 심각한 표정으로 반상에 집중한 어른들의 모습이 보였는데, 대개 바둑알 달그락거리는 소리만 날 때가 대부분이었지만 어떤 날에는 여러 어른들이 한구석에 모여 웅성거리기도 했다. 그럴 때면 '큰 판이 열렸다'는 느낌이 왔다. 바둑돌 하나가 바둑판 위에 놓일 때마다 반사적으로 터져 나오는 어른들의 한숨과 잔뜩 힘이 들어간 손동작은 그 대국의 중요성을 알 수 있게 해주었다. 그런데 판이 커지면 거의 우리 동네 사람이 아닌 다른 곳에서 온 아저씨가 항상 이긴 것으로 기억한다. 서부영화에 비유하자면 우리 동네 실력자들이 떠돌이 총잡이에게 줄곧 물먹은 격인데, 그 승부는 언제나 간발의 차였던 것으로 전해 들었다.

나중에야 떠돌이 총잡이의 정체를 알게 되었다. 그들은 내기바둑의 고수들 쉽게 말해 '꾼'들이었다. 그들은 기원을 떠돌며 내기바둑을 두어 생계를 유지하던 재야의 고수들이었다. 실력 차이가 뚜렷하면 내기바둑을 두지 않았기에 이들은 철저히 자신을 위장하며 상대를 물색했다. 그러다 먹잇감을 포착하면 갖은 방법을 써서 상대방을 내기바둑으로 유인했다. 상대를 게임의 장으로 끌어오기 위하여 자신의 실력을 감추고 현혹시켰던 것인데, 이들은 결코 크게 이기지 않았다. 아슬아슬하게 승부를 내어 상대방이 '한 번 더'를 외치게 하고 결국 판돈이 크게 걸린 막판에 고도의 집중력으로 승부를 내곤 했던 것이다. 이들 내기바둑의 강자인 재야의 고수들이 상대방의 실력을 알아내는 비결이 궁금했다. 그런데 이들 떠돌이 총잡이들이 상대방의 실력을 알아보는 방법은 의외로 간단했다. 바둑의 고수들은 상대방이 바둑알 집에서 바둑돌을 꺼내 바둑판 위에 놓는 손놀림만으로도 실력을 읽을 수 있음을 몰랐던 것이다. 그래서 내기바둑의 꾼들은 상대방이 3급 정도면 3급에 맞춘 손놀림을 하였고 1급 정도면 1급에 맞춘 손놀림을 하여 상대방을 현혹시켰다. 바둑에 조예가 없는 나로서는 급에 맞는 손놀림이 있고 또 짧은 시간 안에 이루어지는 단순한 동작에 자신의 실력이 적나라하게 드러날 수 있다니 놀라지 않을 수 없었다.

세월이 지나보니 내기바둑의 고수들만이 병아리감별사와 같은 능력을 가진 것은 아니라는 것을 알게 되었다. 뮤지컬 등의 오디션 경쟁률이 수십 대 일을 넘은 지 오래인데 아무리 오디션 지원자가 많아도 실력 있는 이를 선정하는 데에 오랜 시간이 걸리지는 않는다는 음악감독을 하던 지인의 말을 들었다. 지원자가 부르는 노래를 다 들을 필요가 없고 앞부분의 짧은 소절만 들어도 오디션 참가자의 실력은 금방 알 수 있다는 말을 듣고선 전문가는 다르구나 하는 감탄을 했던 것이다. 그러고 보니 나 역시 비슷한 경험을 종종 했었음을 떠올릴 수 있었다. 결석한 학생들의 눈빛과 동작, 변명의 목소리를 찬찬히 들으면 그 진실성을 정확히 맞출 수 있었다. 그뿐 아니다. 명색이 전공자인 내 앞에서 나의 전공분야에 대하여 장광설을 늘어놓으며 가르치려 드는 이들의 정제되지 않은 말들 속에 드러나는 허점은 목소리가 아무리 크고 분명해도 쉽게 들렸다. 한두 마디 말 속에 드러나는 용어사용법만 보아도 그 사람의 지식의 깊이와 이해의 폭은 충분히 짐작하고도 남았던 것이다. 사람의 바닥은 이렇게 쉽게 드러나는 것이라 아무리 노력해도 감출 수 없나보다.

그러나 한편으론 두렵다. 잠시 접한 사람의 인상이나 행동을 보고 내린 그 사람에 대한 평가가 척척 맞을 때면 "내 짐작이 옳았어!" 라며 기뻐해야 할지 아니면 이런 것이야말로 그릇된 선입견 또는 극복해야 할 편견이 아닌지 등등의 생각이 들기 때문이다. 다른 한편으로는 나라는 자는 남에게 어떤 모습 또는 어느 등급 정도로 보일까 두려워질 때가 있다. 이런 것을 인지상정이라 하는 것일까.

[한국일보, 2013. 4. 23.]

딴따라에서 공자까지

얼마 전 패셔니스타로 유명한 어느 젊은 여자 연예인이 우리네 보통 사람들을 '평민들' 운운하다가 여론의 집중 포화를 맞은 적이 있다. 이 일에 대하여 한편에서는 어려서부터 또는 인격형성기에 방송국만을 출입하다보니 '정상적인' 학창생활을 하기 힘든 연예인들의 고단한 삶 때문이라고 이해해 주자는 쪽도 있었지만 한편에서는 언제부터 연예인이 특권을 가진 존재가 되었는가를 지적하는 소리도 컸다. 자신들이 얼마나 대단한 존재이기에 시민들을 '일반인'이라 부르냐는 의미에서다.

나의 어릴 적만 해도 연예인들 특히 가수들을 딴따라라 불렀다. 가족 전체가 구성원을 이룬 모 가족그룹을 딴따라 가족이라 비하했고 부자 또는 모자 탤런트 등 연예인 가족이 나오면 '대를 이어' 딴따라가 되었다고 비아냥댔다. 패티 김인지 조용필인지 가물가물한데 어쨌든 그 당시 우리 대중가요를 대표하는 가수가 세종문화회관에서 공연하려 했지만 클래식 음악계의 서슬 퍼런 반대로 마침내 무산되었다. 그룹사

운드 등 대학가요제 입상자들이 평생 음악의 길을 가겠다고 나름 비장한 기자회견을 할 때도 "너희들이 하는 건 음악이 아니고 그냥 노래야!"라는 비아냥이 TV를 보는 사람들에게서 터져 나왔음을 기억한다. 우리에게 즐거움과 대리만족을 주는 연예인들을 대놓고 비하하는 현상이 옳지 않았음은 물론이다. 그런데 어느 순간 전세가 역전되었다. 예비 신랑 또는 예비 신부가 일반인이라서 사진 공개는 하지 않는다는 기사를 자주 보게 되었으니 말이다. 이제 연예인은 특수인이 되고 보통 사람은 문자 그대로 일반인이 되었다. 일반인이라는 단어를 대체할 적당한 단어가 아직 나오지 않았기 때문인데 어쨌거나 일반인이라는 단

인천 차이나타운에 서 있는 공자 석상의 뒷모습
2002년 5월 중국에서 기증했으며 자유공원 아랫자락에서 인천항을 내려다보는 모습이다.

어는 아직도 친근한 어감은 아니다. 연예인이라는 직업이 아무리 청소년들이 선호하는 직업 가운데 수위를 다툰다 해도 보통사람이 일반인이라 불리는 현실을 인정하기가 쉽지만은 않다는 뜻이다. 내가 까탈스러운 건지 아니면 케케묵은 관념에 사로잡혀서 인지는 잘 모르겠다.

고급문화와 대중문화 또는 일반문화가 존재함은 물론이다. 전근대 시대에도 있었고 우리가 살아가는 현대에도 고급문화와 대중문화 또는 일반문화는 엄연히 구분된다. 대중문화의 총아인 영화도 예술영화와 상업영화 등의 분류가 있지 않는가 말이다. 분명한 것은 점차 이른바 고급예술과 대중예술의 간격이 점차 사라지고 그 형식과 내용에 있어서도 자연스럽게 섞이는 현상을 자주 볼 수 있다는 사실이다. 대중가수가 오케스트라와 협연을 하고 오페라에 아이돌 스타가 출연하는 것이 이제는 신기하지 않다. 이러한 현상은 여러 학문 간의 협업과 함께 종합적인 시야를 촉구하는 '통섭'의 공연 예술적 반영이 아닐까 하는 생각이 들기도 한다. 고급문화와 대중문화의 교류나 협업은 문화의 다양성과 문화 향유 계층의 증가라는 측면에서 반가운 일임에 틀림없다.

최근 인문학 서적은 질적 수준보다 그저 누구나 읽을 수 있게 쉬운 문투로 서술할 것을 강요받고 있고, 박물관의 전시는 초등학생 눈높이가 기준이 되었다고 해도 과언이 아니다. 이러한 흐름은 문화에 대한 일반의 이해의 폭을 넓히고 문화 수용층의 폭을 확대에도 의미가 크다. 그러나 문화는 결국 양이 아니고 질이 문제가 아닐까 싶다. 굳이 고급문화를 낮추고 품격을 스스로 저버릴 필요가 있는지는 의문이다. 공자도 "자기보다 못한 자를 사귀지 말라"고 했다. 이 말의 의미를 여러 방향으로 해석할 수 있지만 여기에서는 자기보다 못한 자가 자기에게 다가 오는 것을 막지 말되 굳이 사귀려고 하지는 말라는 의미 정도로 이해하고자 한다. 고급문화와 대중문화의 교류를 통한 대중문화의 질적 상승에는 찬성하지만 고급문화의 수준을 낮추려는 시도에는 동의하기 힘들다는 뜻이다. 철저한 방향성이 정립되지 않은 고급문화의 대중화 전략은 문화의 하향평준화에 본의 아니게 기여하게 되지 않을까라는 '공연한 걱정'이 드는 요즈음이다.

[한국일보, 2015. 6. 25.]

재능기부라는 이름의 앵벌이

핸드폰이 울려 화면을 보니 작년에 책을 낸 출판사의 전화다. 전화를 받기까지 몇 초에 불과한 순간이지만 여러 생각이 교차했다. 잘 팔릴 거라고 우겨서 책을 내긴 했는데 도무지 팔리지 않아 미안했는데 웬일이지 하는 생각이 먼저 들었다. 그러면서도 혹 재판 찍으려는 게 아닐까 하는 일말의 기대도 없지 않았다. "10년 가뭄에도 비는 온다"고 했고 "죽으라는 법은 없다" 등등 내 유리한 쪽으로 상상했지만 품위(?)를 유지하기 위해 최대한 평온을 유지한 목소리로 무심한 듯 전화를 받았다.

내 책을 담당했던 편집자가 날씨 등 의례적 인사말을 몇 마디 묻더니 본론을 말했다. 강의요청이 왔는데 해주실 수 있느냐는 말을 어렵게 꺼낸다. 다소 실망했지만 '월척은 아니라도 준척은 되는군' 하는 생각에 흔쾌히 동의한 후 "날짜가 언제인가요" 하니 미안하지만 몇 가지 더 말씀드릴 게 있단다. '이런 제의에 미안할 것까지는 없는데'라는 생각에 불안감이 잠시 스쳤다. 아니나 다를까 이번 강의는 서울의 어느 구립도서관에서 제의가 들어온 것인데, '재능기부' 형태라고 하며 말을 이어갔다. 요약하면 책의 필자인 내가 구립도서관에 가서 강의를 하는데 재능기부이니 당연히 무료이고 대신 구립도서관에서 30만 원에 상당하는 책을 구입해준다는 말이었다. 다 듣고 나니 어안이 벙벙하고 말문이 막혔다. 재능기부란 기업이나 단체가 가지고 있는 재능을 사회에 기여하는 새로운 형태의 기부로서 요즘에는 개인도 동참하고 있고 이 사회를 긍정적인 방향으로 진전시키는 데에 의미가 있는 고귀한 행위임을 잘 알고 있다. 개인이 재능을 기부할 경우 가장 먼저 필요한 전제조건은 본인의 자발적인 의사결정과 의지라고 생각했는데 이렇게 당당하게 재능기부를 먼저 '요구'할 수 있다는 사실이 놀라웠다. 사회적 약자를 위한 기구나 단체도 아닌 공공기관에서 재능기부를 먼저 요구하는 것도 황당했지만 그 대가로 30만 원 어치 책을 사준다고 했는데 그것도 나의 책이 아니고 나의 책을 내준 출판사의 여러 책 가운데 30만 원 어치를 구입한단다. 하긴 내 책값이 15,000원 남짓이니 공립도서관에서 나의 책 20권을 한꺼번에 구입해 비치해 놓는 것은 모양새가 우습다는 생각이 들기는 했다. 그리고 이번 일의 진행은 구립도서관이 아니고 중간에 대행업체가 맡는다고 덧붙였다.

구립도서관의 입장에서 보면 참으로 편하고 경제적이면서도 사회공헌까지 할 수 있는 대단히 '창조적' 발상이다. 구민들을 위한 강좌를 개설해 구민들의 문화 향상에 일조하고 강사료를 절약함은 물론 30만 원에 상당하는 책까지 골라 구입할 수 있으니 말이다. 게다가 강사 섭외와 진행 등 귀찮은 잡무는 대행업체가 전담하고 자신들은 장소만 제공하니 얼마나 편한가. 손 안 대고 코 풀고 생색은 내고 그야말로 꿩 먹고 알 먹는 일이자 창조경제 운운하는 정부시책에도 어울리는 혁신적 발상이다. 저자의 입장에서는 강의를 거부하면 재능기부라는 공익적 행위를 거부하는 인간이 되기에 거절하기 쉽지 않다. 뿐인가. 요즘 같은 불경기에 허덕이는 출판사를 돕지도 않는 이기적인 저자가 되고 말 것이다. 출판사에 일종의 부채의식이 있을 수밖에 없는 인문학 관계 저자의 약점을 정확히 비집고 들어오는 이런 참신한 시도에 얕은 탄식이 저절로 나왔다.

원로 시인 한 분이 어떤 공립도서관에서 특강을 부탁해서 어렵게 시간을 내 갔더니 강의 후 책을 기증해 달라는 말에 당황해 우물쭈물 대답을 미뤘는데, 저녁에 고급음식점에서 여러 직원들과 식사를 하고 단란주점에 가서 밤늦게까지 질펀하게 논 다음 비용을 모두 공금으로 결제하는 모습을 본 이후로 도서관에 절대 책을 기증하지 않겠다는 결심을 했다는 회고를 읽은 적 있다. 원로 시인의 글을 읽은 것이 벌써 10여 년 전의 일인데 이제 그런 무지한 관행이 재능기부라는 세련된 외피로 바뀌었나 보다. 이런 말도 안 되는 일과 불쑥불쑥 마주치다 보면 도대체 어디서부터 잘못된 것인지 궁금해진다. 좋게 말해 역동적이고 변화무쌍한 그리고 저열한 관행으로 가득한 우리 사회에서 꿋꿋이 버티고 살려면 더 뻔뻔해져야 하나 보다.

[한국일보, 2014. 6. 27.]

외제차를 타야 하는 이유

"김 형! 여기가 선글라스 놓는 곳이야. 여길 누르면 열리잖아. 이쪽에는 USB를 꽂게 되어 있지, 녹음테이프 따윈 필요 없어. 300곡이 넘는 노래가 들어있는데 무작위로 나오게 할 수도 있다니까." 흥미 있게 듣는 척했더니 신이 났다. "운전하는 동안 전화기를 들지 않고도 전화를 할 수 있고, 노래방 기능도 있어." 이젠 아예 길모퉁이에 차를 세워 놓고 이것저것 작동해 보인다. 지겨운 내색은 못하겠고 약간의 반응을 보이며 듣는 시늉을 하자니 짜증이 치밀어 오른다.

일의 자초지종은 이렇다. 사무실에서 조금 먼 곳에 가서 처리할 일이 생겼는데 차를 가져오지 않아 '그자'의 차를 얻어 타게 되었다. 마침 그자는 새 차를 뽑은 지 얼마 되지 않았다. 그자는 평소에도 입만 열면 자기 자랑을 한도 끝도 없이 해대는 인물임을 잘 알기에 동행을 어떻게든 피하고 싶었지만 외통수로 걸렸다. 새 차를 자랑하고 싶은 그자의 먹이가 되고 만 것이다. 차에는 관심이 없고 특히 다른 사람의 차에 대해서는 더더욱 관심이 없는데 그자의 차를 탄 직후부터 새 차의 가격, 모델 종류, 다른 차와의 차이점, 중고차로 내놓았을 때의 시세 등을 들었다. 실제로는 10여 분 남짓인데 마치 수십 분 지난 듯하다. 그 후로 차의 내부 인테리어, 음향기기 등에 대한 설명을 갓길에 세워 둔 차 안에서 진지한 아니 진지한 것 같은 자세로 열심히 듣는 척하고 있었다. 약속시간은 다가오는데 이 버튼, 저 손잡이 등을 움직여 보이며 흐뭇한 미소를 감추지 못하는 그자에게 약속시간을 상기시켰더니 "이 차는 밟으면 160㎞는 금방 나와! 몰랐지?" 하는 거였다.

내가 아무리 차에 관심이 없어도 그자가 열거한 내용쯤이야 진작 알고 있다. 그러나 차마 그자의 면전에서 카운터펀치를 날릴 수는 없었다. 첫째는 그자가 나보다 몇 살이라도 위이기 때문이다. 이럴 때면 그놈의 나이가 뭔지 모르겠다. 두 번째는 자신의 주장이 아무리 허점이 많다고 해도 그자는 절대 자신의 실수나 잘못을 인정하지 않을 것이기 때문이다. 우리 같으면 잘못을 시인해도 몇 번 했을 사안인데도 눈 하나 깜짝 않고 장광설을 늘어놓는 그자의 당당한(?) 모습에 감탄인지 비난인지 모를 시선으로 한참 쳐다본 적도 있었다. 창피한 줄을 모르면 세상 살기 편하다는 사실을 온몸으로 보여주는 자이기에 괜한 한마디 했다가 감당 못할 상황을 만들기 싫었다고나 할까.

제대로 아는 것은 하나도 없지만 자신이 대단히 유식한 것으로 착각하여 주변의 일에 닥치는 대로 참견하는 그자에게 복수를 준비 중이다. 나는 "복수는 유치할수록 통쾌하다"는 말이 진리에 가깝다고 믿는다. 그자에게 내가 할 수 있는 최고의 복수 가운데 하나는 고급 외제

차를 타는 것이다. 마이바흐나 페라리 정도는 아니라도 벤츠나 BMW 정도면 된다. 나의 차를 그자의 차 옆에 세우는 상상을 한다. 무심히 차에서 내린 후 우연히, 이게 중요하다. 우연히 눈이 마주치자 그자의 눈에서 존경의 빛이 보인다. 이런 자일수록 자기보다 낫다고 생각하면 납작 엎드리기 마련이다. 그자가 부러워하는 고급 외제차가 그간 만만히 여겨 오던 나의 차라는 사실을 알게 되면 차에 대하여 그리고 차와 관련된 얘기는 다시는 내 앞에서 입 밖에 나오지 않으리라. 아니 내 차의 성능과 관리 방법 등에 대하여 이것저것 물을지 모르겠다. 그럴 때면 무표정한 얼굴에 초점 없는 눈으로 살짝 허공을 바라보며 느린 발음으로 이렇게 말하리라. "성능이야 아시겠고 ……, 관리 방법? 이 차는 관리를 따로 해줘서 구체적인 건 잘 모르겠는데요."라고 한 후 유유히 돌아서서 썩소를 날리는 장면이 끝이다.

돌이켜 보면 이런 종류의 인간은 내가 철들 무렵부터 지금까지 시간을 달리하여 주변에 줄곧 한두 명은 꼭 있었다. 그러고 보니 신기하다. 나의 주위에 이런 인간들이 서식하는 것이 운이 나빠서인지 아니면 이런 부류가 원래 많은데 너그러이 웃어넘기지 못하는 나의 조잔함 때문인지는 잘 모르겠다. 한편으로는 나 역시 남들에게 진저리나는 재수 없는 인간으로 비치는 것이 아닐까 생각하면 뒤통수가 서늘해진다.

[한국일보, 2014. 6. 6.]

응답하라 IMF

"그래도 우리가 사대부 집안인데! 감히 그런 집안하고 어떻게!" 저녁 먹은 후엔 온 가족이 TV 앞에 둘러 앉아 뉴스와 연속극을 보던 게 일과였던 때의 이야기이니 꽤 되었다. 그때도 중년 여자탤런트들은 자식의 연애를 못마땅해 하고 결혼을 극렬히 반대하는 어머니 또는 예비 시어머니 역으로 출연하여 만인의 지탄을 받았다. 표독하기 이를 데 없는 표정으로 밉살맞은 대사를 천연덕스럽게 내뱉는 그들의 모습이 지금도 또렷하다. 그들의 얄미운 모습이 아직도 생생한 것은 어린 마음에도 뭔가 논리에 맞지 않은 무언가가 있었기 때문으로 여겨진다. '사대부 집안'에서 사대부가 뭔지 잘은 모르겠지만 흔히 말하는 뼈대 있는 또는 좋은 집안 정도로 이해하였고 '그런 집안'은 대개 그저 돈만 많은 집안 또는 별 볼 일 없는 집안을 지칭할 경우로 들렸다. 나의 어린 시절은 겉으로만 그랬는지는 모르겠으나 경제적 능력보다는 체면과 집안 등이 나름 존중되었던 시절로 기억되곤 한다.

"그때는 잘 사는 게 자랑이 아니었어. 그 친구가 약사하고 결혼했는데 우린 한참 뒤에 알았다니까……" 미식가 선생님을 모시고 잘 알려지지 않은 맛 집을 찾아다닐 때가 있었다. '비싼 맛집은 맛집이 아니다'라는 확고한 미식 철학을 가진 선생님을 모시고 시내 곳곳에 숨어 있는 허름한 음식점을 찾아다닐 적에 그 분께서 하신 말씀이다. 이 말씀은 낭만적 글쓰기와 멋스런 생활로 잘 알려진 국학자 분이 자신과 국민학교 동창인데, 그 분의 여유로운 삶은 약사라는 직업을 가진 부인의 헌신 덕에 가능한 것이라 설명할 적에 나왔다. 의약분업이란 말조차 없던 시절이니 약국을 경영했다 하면 동네 손꼽히는 유지 소리 듣던 때였다. 당신 세대에서는 조상대대로 내려왔건 처가의 덕이건 자신의 노력으로 이루었건 남들보다 부유하게 사는 것이 자랑의 대상이 아니었다고 하셨다. 돌이켜 보니 미식가 선생님의 젊은 시절만이 아니고 80년대에 대학을 다닌 우리 세대 역시 그랬다. 그때만 해도 가난은 부끄러운 것이 아니었다. 다들 어렵고 힘들었던 시절이었으니 가난은 일상적인 것이었고 심지어 누가 더 가난한가를 늘어놓으며 낄낄대는 유치한 궁상을 떨기도 했다. 80년대는 변혁을 위한 사회운동으로 점철된 격동의 시기였기에 '계급적 순수성'(?)을 드러내기 위한 치기어린 행동이었다. 인기 절정의 드라마 〈응답하라 1988〉에서처럼 어머니들이 이웃의 어려운 형편을 미주알고주알 묻고 확인하며 함께 정을 나누던 기억이 새록새록 떠오른다.

그러다가 IMF 사태를 맞아 나라가 망할지도 모른다는 엄청난 충격과 불안이 사회 전체를 강타한 이후 세상은 달라졌다. IMF 사태를 겪은 사람들에게 세상은 그 이전과 이후로 나뉘게 되었고 믿을 건 오직 돈이라는 생각이 뇌리에 박히게 되었다. 당시 최고의 인기를 구가하던 미녀 탤런트가 해맑게 웃으며 “여러분 부자 되세요!”라고 외치며 팔을 활짝 벌리는 광고를 볼 때의 충격은 지금은 상상하기조차 어렵다. 그 이전에는 머리에 떠올릴 수도, 입 밖으로 나올 수도 없는 말이었기 때문이다. 한편 어느 순간부터인가 마담뚜들도 자수성가하여 고시에 합격한 사람들을 최고의 신랑감에서 배제했다고 전한다. 대를 이어 잘 살아야 무난하지 자수성가한 인간은 어딘가 모질고 독할지도 모르겠다는 생각이 드나보다. 개천에서 나온 용을 선호하지 않게 된 현실의 적나라한 반영이다.

‘개인의 자각과 발견’이야말로 근대의 시작이라고 배웠다. 근대에 들어 인류는 신분이나 혈연이라는 거추장스런 굴레에서 벗어난 것이 아니었던가. 그런데 이제는 부와 혈연에 의한 기묘한 결합에 의해 근대의 성과가 물거품이 되고 말았다. 의식은 첨단을 달리지만 현실은 구태의연한 옛 시절로 돌아가고 있는 이 괴상한 동거의 미래가 두렵다. 쓸데없는 근심을 기우라고 하던데 문자 그대로 기우에 그쳤으면 하는 것은 나만의 바람일까.

[한국일보, 2015. 12. 10.]

재야사학의 이해를 위하여

– 조선일보에 연재된 "해양강국 비류백제"를 계기로 –

I. 서 론

8·15 광복 이래 한국의 사학계는 식민사관의 청산이라는 대명제에 직면하게 되었으며 현재까지도 식민사관의 완전한 극복을 위하여 많은 노력을 하고 있다. 그간의 연구 성과를 보면 많은 부분에서 식민사관의 극복이 이루어졌다고 볼 수 있으나 그 영향이 잔존하여 단순히 역사학의 측면만이 아니라 국민정신, 사회, 문화의 전반에도 많은 영향을 주고 있는 것이 사실이다. 그렇지만 최근의 역사에 대한 관심고조와 역사서의 출간이 활발해진 현상을 보면 우리 국민들의 국사에 대한 관심과 기대가 높아졌음을 보여준다.

이와 같은 상황에서 최근 《조선일보》에 연재되었던 소위 재야사학자 김성호 씨의 "해양강국海洋强國 비류백제沸流百濟"가 얻은 큰 반응은 우리 국민들과 사회가 우리 역사에 얼마나 무지할 뿐만 아니라 인식의 시각에도 문제가 있음을 단적으로 증명해 준다고 하겠다. "해양강국 비류백제" 같은 이른바 재야사학자들의 글이 일반 대중들에게 호응을 얻을 수 있는 요인은 이들의 글이 딱딱한 교과서적인 서술과 달리 일반 사학계에서 외면하고 있는 신선한 소재를 새로운 관점에서 접근, 해석했다는 것으로 볼 수 있다.

이 글에서는 많은 문제점을 내포하고 있으면서도 아직 일반 대중들에게 확연한 실체로 파악되지 못하고 있는 재야사학在野史學의 이해를 조금이나마 돕기 위하여 대략 개괄적인 내용을 서술, 평가하고자 한다.

Ⅱ. 재야사학의 정의와 주장내용

앞에서부터 사용해온 '재야사학'이라는 용어는 이른바 '정통사학' 혹은 '강단사학講壇史學'의 상대적인 개념이다. 여기에서 상대라는 말은 결코 반대적·적대적 관계라는 의미가 아니다. 오히려 양자는 상호보완적이 될 수 있는데 이러한 연결은 학문의 발전상 긍정적인 것이 될 것이다.

재야사가를 대체적으로 표현한다면 일반 사학자들과는 달리 역사를 전공하지 않고 역사를 직업으로 하지 않는 이를테면 비전문적 역사가로 표현할 수 있다. 여기에서는 향토사가를 제외한 이른바 '국사찾기 협의회'와 그들과 같은 맥락에서 연구, 발표를 하고 있는 제 학자들을 대상으로 그들의 주장을 개관, 분석해보고자 한다.

서울시 종로구에 위치한 천도교 수운회관 담장에 붙어있던 현수막
재야사학자들의 주장을 담고 있다.

재야사가들의 모임으로는 한국정사학회韓國正史學會(회장: 임승국), 환단역사학회桓檀歷史學會, 단단학회檀檀學會 등을 들 수 있다. 이들은 그들의 학적·인적 계보를 민족사학자인 신채호申采浩, 정인보鄭寅普 선생 등에 두고 대체로 우리 역사 가운데 고대사에 주로 집중하여 연구를 하고 있는데 이들 재야사가들의 주장을 1981년 국회에 제출한 '국사교과서 내용시정에 관한 청원'과 그들의 기관지 격인 월간 《자유》에 게재된 주장 중에서 고대사에 관계된 부분을 대략 요약하면 다음과 같다.

1. 일제 식민사가들은 한국사의 왜소성을 강조하기 위하여 한국사의 강역을 한반도로 축소시켰으므로 한국사 연구는 반도사관을

극복하는 관점에서 시작되어야 한다. 따라서 우리 역사 중 고대사의 범위는 한반도, 만주는 물론이고 시베리아, 중국의 북부, 산동반도, 양자강 중·하류를 포함하는 광대한 지역이 되어야 한다.

2. 단군신화는 신화가 아닌 실화로서 단군은 서기전 2333년에 고조선을 건국했고, 그 영토는 요서의 감숙성에 이르렀다.
3. 한사군은 한국사의 타율성을 부각시키기 위하여 조작된 것으로 한반도 내에 존재하지 않았으며, 실재 위치는 중국의 산해관山海關에서 천진天津 사이였다.
4. 백제는 우리 고대사 가운데 가장 오류가 많은 부분의 하나로서 백제는 대해양제국으로서 3~7세기 동안 북경에서 상해까지의 중국 동해안을 지배했었다.
5. 신라의 처음 영토는 동부 만주이며 통일신라의 국경은 한때 북경이었다.
6. 말갈, 발해, 여진은 우리와 같은 겨레이며 만주는 고구려, 발해, 금, 청으로 이어진 우리 겨레의 영토이다.

이외에도 연도의 오차, 일본 사서의 교재 이용 등 여러 가지 문제점을 제기하고 있으나 여기에서는 대체로 고대사에 대한 것을 중심으로 대표적인 것들만 나열해 보았다. 이들의 주장을 살펴보면 대체로 일제 식민사관의 극복을 목표로 하고 있으며 특히, 한국사의 특수성과 강역 문제에 집착하고 있는 것을 볼 수 있다.

Ⅲ. 재야사학의 한계와 평가

재야사가들의 주장은 월간《자유》와 여러 신문, 잡지에 기고의 형태로 발표되어 왔는데 한국사연구에 대한 자신들의 뚜렷한 입장을 밝히고, 대중들에게 널리 홍보함과 동시에 자신들의 주장을 관철시키기 위하여 '국사찾기 소송'을 법원에 제소한 적도 있으며 '국사교과서 내용시정을 위한 청원'을 국회에 제출하여 공청회를 연 적도 있다.

그렇다면 앞에서 서술한 것과 같은 내용을 가지고 이같은 여러 시도, 활동을 벌이고 있는 재야사학의 한계에 대하여 대략 살펴보면 다음과 같다.

1. 사료 취급 태도의 문제로서 재야사학계의 주장과 일반사학계의 주장이 다른 것은 같은 사료를 취급할 경우에도 그 관점이 다를 뿐 아니라 여러 사료를 취급할 경우에도 상당한 차이가 있기 때문이다. 예를 들면 재야사학계에서는 사료로 인정되고 있는 『산해경山海經』, 『만주원류고滿洲源流考』 등은 이들 사서의 많은 오류로 인하여 일반 사학계에서는 사료로서 인정되지 않고 있는 형편이다.
2. 고증의 문제로서 역사를 연구함에 있어서는 여러 가지 증거와 사실에 입각하여 정확히 서술하는 것이 기본인데 재야사가들은 소수의 증거, 사실로 역사를 비약, 추측하여 파악하는 경우가 나타나고 있다.

3. 반도사관을 극복하는 의미에서 우리의 강역의 연구에 많은 노력과 시도를 하고 있으나 강역에 대한 지나친 집착은 결국 지리적 결정론에 매몰된다는 것을 명심해야 할 것이다.
4. 재야사가들은 우리 역사에서 영광된 면을 발굴하여 애국심을 갖게 하려는 전제 아래에서 역사를 서술하고 있는데 이제는 보다 성숙한 역사의식으로 발전시킬 필요가 있다.
5. 논문서술에 나타난 문제로서 이것은 매우 작은 문제일수도 있겠으나 올바르지 못한 논문 서술방법에 의한 논문은 결코 정당한 평가를 받을 수 없다는 것을 명심해야 할 것이다. 재야사가들의 논문에는 대체로 감정적인 표현이 많이 나타나고 있는데 이러한 경향은 지양되어야 한다. 즉, 역사의 연구, 서술은 개인적 감정이나 기호에 좌우되어서는 결코 안 될 것이다.

Ⅳ. 결 론

재야사가들의 주장을 살펴보면 많은 문제점이 눈에 띄고 있는 것도 있으며 수렴하여 재고할 필요가 있는 것도 사실이다. 이들의 주장이 전술한 것과 같은 많은 문제점이 있다 하더라도 진정한 역사상의 실현은 다른 학문과 마찬가지로 비판과 토론으로만 가능한 것이기 때문에 일반사학계에서는 이들의 주장을 가능한한 재검토할 필요가 있다.

그러므로 일반사학계는 앞으로 보다 융통성 있는 태도를 취하고,

재야사학계에서는 과거와 같은 감정적 공격을 지양하고 진정한 역사상 구현이라는 대목표 앞에 함께 매진할 때에 우리의 역사 연구는 보다 발전적인 양상을 띠게 될 것이다. 그리고 언론기관도 단순한 보도, 홍보에 그칠 것이 아니라 진정한 학문의 발전을 위한 비판·토론의 장을 함께 조성하여 올바른 역사상의 실현에 이바지해야 할 것이다. 끝으로 역사는 언제나 사실 자체로서 말하게 해야 할 것이지 결코 어떠한 전제나 이념에 의하여 지배되거나 이용되어서는 진정한 역사서술이 될 수 없다는 것을 명심해야 할 것이다.

[건대신문, 1984. 12. 3, 〈우공정론牛公正論〉]

※ 예전에 쓴 글을 읽다보면 손발이 오그라들어 다리미로 죽죽 펴고 싶을 때가 있다. 이 글도 마찬가지이지만 이른바 '재야사학'에 대해서는 아직 이 글의 생각에서 크게 변하지 않았다. 생각이 정체된 때문인지 견문이 늘어나지 않아서인지는 잘 모르겠다.

紙窓土壁終身
布衣嘯詠其中
檀園

PART 4 행복화라 부릅시다

김홍도(1745~?), 〈포의풍류도〉

국가의 불행은 시인의 행복

금나라의 시인 원호문元好問은 망국의 비참함을 선명하고 강렬하게 읊은 시를 많이 남겼는데, 청나라의 학자 조익은 원호문의 작품과 생애를 이렇게 표현했다.

> 국가의 불행은 시인의 행복이니 國家不幸詩家幸
> 세상 격변 읊조릴 때면 시구 더욱 절묘했네 賦到滄桑句便工

"국가의 불행은 시인의 행복"이라는 구절은 시인의 얄궂은 운명을 적절히 표현한 관용구로서 이후에도 자주 인용되고 있다. 이렇게 보면 나라가 위태롭거나 고난을 겪어야 예술이 훌륭해지는가 하는 생각이 들기도 한다. 정치와 예술이 무관한가 또는 미술은 정치와 어떠한 연관을 갖고 있는가 등의 거대한 물음에 답하기는 어렵다. 다만 정치가 문란해지고 사회가 혼란하면 정제된 미술 작품이 나오기 힘듦을 도자기는 증명한다.

도자는 예술의 한 분야이자 하나의 산업이기도 하다. 수백 수천 개의 도자기를 흙으로 빚어낸다는 것부터 그렇고 빚어낸 그릇을 1000℃가 넘는 가마에서 구워내고 또 이를 운송하는 과정은 막대한 자본과 인력이 필요하다. 특히 왕실에서 사용되는 도자기는 왕가의 위엄과 격식을 갖추어야 하기 때문에 규제가 엄격했다. 중국의 대표적 도자기 생산지인 경덕진景德鎭에서는 매년 가을 황실에 도자기를 올려 보냈는데, 그때마다 상부에서는 엄격한 심사를 하여 낮은 등급을 받게 되면 경덕진 담당 관리는 도자기 제작비 일체를 환수당하고 형벌을 받는 엄격한 관리시스템이 있었다. 요즈음 식으로 말하면 철저한 품질관리 하에 도자기가 생산된 것인데, 국가 기강이 흔들리면 이러한 시스템이 무너지게 된다. 정치가 문란해지면 질 낮은 도자기가 양산되어도 이를 확인하거나 감독하는 시스템이 없기에 도자기의 수준과 완성도는 떨어지게 마련이다.

도자기는 많은 사람의 손을 거쳐 대량생산되는 제품이지만 글씨와 그림은 다르다. 글씨와 그림은 개인의 예술이기 때문이다. 중국 최고의 서성書聖이라 추앙되는 왕희지王羲之가 살았던 시기는 흔히 육조시대 또는 남북조시대라 일컬어지는 혼란기였고, 중국 문인화에서 가장 높은 성취를 이루었다고 평가되는 원사대가는 오랑캐라 업신여기던 몽고족에 의해 울분에 찬 세월을 보낸 화가들이다. 원나라 말기는 몽고족의 탄압이 더욱 심해졌는데 이 시기야말로 문인화의 가장 이상적 형태를 보인 황공망·예찬·오진·왕몽 등 이른바 원사대가元四大家의 활동시기이다. 정치적으로 또 사회적으로는 혼란기였지만 그림은 가장 높은 경지에 올랐던 것이다. 청나라 초기의 팔대산인八大山人과 석도石濤는 명나라 황실의 후예로서 생명을 위협받자 출가하여 자신을 숨기고 목숨을 연명하였지만 그 깊고 넓은 예술세계는 몇 개의 단어나 문장으로 쉽게 언급할 수 없다.

이렇게 보면 나라가 위태롭거나 고난을 겪어야 글씨와 그림이 훌륭해진다는 생각이 들기도 하지만, 꼭 그렇지도 않다. 조선 초기의 세종 연간과 후기의 문예부흥기라 일컬어지는 18세기 영조와 정조시기에는 훌륭한 임금에 의한 정치적 안정과 경제적 번영에 의해 안견, 정선, 김홍도, 신윤복 등이 재능을 활짝 피워 활동할 수 있었다. 추사 김정희는 당쟁에 휘말려 제주와 북청 등으로 유배당하며 고난과 울분에 찬 인생을 보냈지만 '추사체'라는 독보적 서체를 창안하여 서예의 혁명적 변화를 이루었고 우리나라 문인화의 최고봉이라 일컬어지는 〈세한도〉를 그리는 등 최고의 예술의 경지에 올랐다. 그러나 정치의 난맥과 사회혼란으로 말미암아 민생은 파탄에 이르렀던 우리의 19세기 말 20세기 초 근대의 서화가들의 예술적 성취와 수준은 아무리 높게 보려 해도 빈약한 평가를 내릴 수밖에 없다.

그런가 하면 명나라 말기의 화가이자 회화이론가로 유명한 동기창은 서화에 있어 최고의 스승이라는 칭호를 들었고 높은 자리에 올랐지만 부패한 관리로도 유명하다. 개인으로서는 최고의 출세와 높은 예술적 경지에 올랐지만 인간은 바닥일 수 있음을 동기창이 보여준다. 최근 세계 유수의 경매장에서 피카소만큼의 최고가를 올리는 치바이쓰齊白

石(1863~1957)는 젊은 시절 가난하여 제대로 교육을 못 받고 목수로 일하며 고생을 많이 했지만, 노년에는 중국 정부로부터 인민예술가의 칭호를 받는 등 예술가로서 최고의 지위에 올랐다. 만년에 부와 명성을 모두 가졌지만 그는 수전노守錢奴로 유명하고 돈을 벌기 위해 똑같은 그림을 양산하는 등 대가답지 못한 처신을 하여 손가락질을 당하였다. 동기창과 제백석은 예술의 풍격은 높지만 정치적으로는 매도의 대상이자 금전에 얽매여 살아 사회적 비난을 받은 공통점이 있다. 동기창과 제백석은 학식이나 개인적 고난이 예술의 성취와는 무관함을 보여주는 단적인 예라 하겠다.

이렇듯 미술과 정치 또는 미술과 사회의 연관 관계를 쉽게 말하기는 어렵다. 도자기는 국가의 중요한 산업 가운데 하나이기 때문에 철저한 관리와 감독이 있었다. 나라가 혼란해지면 감독이 소홀해져 도자기의 질이 현저히 떨어짐을 쉽게 찾아볼 수 있다. 정치와 산업은 긴밀히 연관되었던 것이다. 그러나 글씨와 그림의 예술적 성취나 완성도는 개인의 기질과 인격 및 수양, 인문적 소양 등에 좌우되는 경우가 많다는 정도로 그칠까 한다.

예술은 발전하는가

중학교 때쯤으로 기억한다. 서양미술사 책을 보며 의문이 들었다. 레오나르도 다빈치·미켈란젤로·라파엘로와 같은 대가들이 르네상스의 꽃을 활짝 피웠는데, 그 후대의 작가들은 왜 그들보다 더 훌륭한 작품을 그리지 못했는가 궁금했던 것이다. 르네상스 대가들의 선명하고 짝짜인 화면에 어지간히 매혹되었나 보다. 앞서 훌륭한 화가가 있다면 후대의 화가는 그리는 방법을 더욱 연구할 수 있었을 텐데 왜 이전의 작가보다 더 훌륭한 작품을 만들어내지 못하는가 하는 소박한 또는 원초적인 궁금증이 들었다. 역사는 발전한다고 하지 않았던가, 인류의 삶은 조금씩 발전하고 있다고 하는데 왜 그림은 그렇지 않은가에 대한 의문이 들었지만 어디에도 물을 수 없었다. '나만 모르는 것이 아닐까? 당연한 것을 왜 묻느냐고 하면 뭐라고 하지?' 등등 혼자 끙끙 앓다가 그저 마음 속 한구석에 미루어놓고 있었다.

이제야 알게 되었다. 그때는 대중가요가 언제나 사랑타령만 하는지 그 이유를 몰랐지만 세월이 지나 나이를 먹으니 알게 되었다는 말이다. 삼십 년 전이나 이십 년 전이나 십 년 전이나 지금이나 대중가요는 언제나 사랑타령이라는 것을. 남녀 간의 사랑이야말로 가장 인간적인 것이고 가장 원초적인 것인데 그때는 오직 '지금', '나만의', '특수한' 것으로 여겼던 것이다.

내 마음은 돌이 아닌지라	我心匪石
구르게 할 수 없고	不可轉也
내 마음은 자리가 아닌지라	我心匪席
둘둘 말 수도 없다네	不可卷也

중국 춘추시대의 민요를 모은 『시경』, 〈패풍邶風〉에 실려 있는 '백주柏舟'의 한 구절이다. 백주는 남편에게 버림받아 고통을 참을 수 없던 이 시의 주인공이 형제에게 하소연하러 갔지만 상대도 해주지 않자 이렇게 읊었다. 내 마음은 돌멩이가 아니기 때문에 데굴데굴 굴려 보일 수 없고, 내 마음은 돗자리가 아니기에 둘둘 말아 보일 수 없다고 했다. 내 마음을 내 맘대로 하지 못한다는 뜻이다. 내 마음도 내 맘대로 하지 못하는데 나를 버린 '그'의 마음을 내가 어쩌겠는가. 내 마음도 내 맘대로 하지 못하는데 그의 마음을 내가 어찌 내 맘대로 움직이겠는가. 그의 변심을 내가 어떻게 할 수가 없다고 했다. 내 곁을 떠나버린 사랑을 애절하게 그리는 마음과 체념의 감정이 그대로 실려 있다. 『시경』의 비유나 상징이 이처럼 소박하고 직설적인 것은 화북지방의 금욕적인 현실

인식에 때문이다. 화북 곧 중국의 북부지방은 거대한 황토지대로 산이 많고 추워 금욕과 질서가 강조되었다. 이에 비하여 전국시대 장강長江(양자강) 중류 유역의 초나라에 출현한 대시인 굴원의 작품을 모은 것으로 전해지는 『초사楚辭』는 향기로운 냄새와 화려한 색채, 환상으로 가득하다. 『시경』이 황하 유역을 중심으로 한 북방의 문학을 대표하는 시가라면, 『초사』는 남방의 문학을 대표하는 시가이다. 우아하고 세련된 쾌락성으로 요약되는 강남지방의 풍토는 중국 화북지방의 금욕주의와 현실을 직시하는 인식과는 이렇게 다르다.

남녀의 연애 감정이란 이렇듯 단순하고 소박한데 시대가 내려올수록 포장과 표현의 방식만 복잡해졌는지도 모르겠다. 사랑하고 미워하는 인간의 감정은 예나 지금이나 별다른 것이 없지만 자연과학은 발전과 퇴적이 이루어지는 학문이다. 천동설은 코페르니쿠스에 의한 지동설의 제기 이후 학문으로서의 영향력이 없어졌고 다만 과학사에서 언급될 따름이다. 일본의 철학자 킴바라 세이고는 발전과 퇴적이 가능한 자연과학과 언제나 처음부터 시작해야 하는 인문학과 예술의 세계를 이렇게 정리하였다.

> 자연과학은 선인들이 달성한 결과에 결과를 연결해서 퇴적을 할 수 있다. 그러나 예술에 있어서는 어느 한 선인이 달성한 결과는 그 한 사람의 결과로 남겨지며 거기에다 다른 사람의 것을 연결하지 못한다. 자연과학과 같이 그 연구자의 생활에서 결과만을 추상할 수가 없기 때문이다. 선인이 그 몸을 이끌어서 달성한 것이 예술이다. 그러므로 후인이 선

> 인에게 배우기 위해서는 선인이 도달한 점에서 출발하는 게 아니고 선인이 시작한 점에서 출발하지 않으면 안 된다. 예술에는 영구적인 해결이라는 것은 없다. 사람마다 직접 내 몸을 이끌어서 나아가야 하기 때문에 사람이 바뀌면 예술의 내용도 달라진다. 예찬倪瓚의 소나무와 왕몽王蒙의 소나무는 다르다. 예찬이나 왕몽이 아무리 소나무를 잘 그렸다 하더라도, 그것은 예찬의 소나무이고, 왕몽의 소나무이다. 그 해결은 각각 예찬의 해결이고 왕몽의 해결이다. 다른 사람의 해결을 아주 빼앗아 버리는 것은 아니다. 누구나 다, 독자적인 길에서 들어갈 수 있으며 길이 다르면 해결도 다른 해결이 나오기 때문이다. 그러므로 예술에는 완료된 문제라는 것은 없다. 항상 다시 시작할 문제가 있다. 예술에는 항상 창시만 있다.

자연과학에서는 10년 전 아니 2~3년 전에 나온 책은 이미 효용가치가 없다고 하지만 인문학은 그렇지 않다. 지금도 『노자』·『장자』·『논어』·『맹자』 등 이미 2천 년도 더 지난 옛날에 인간의 문제를 풀어낸 고전은 시대에 따라 달라진 번역으로 꾸준히 출간되고 있다. 톨스토이·프루스트·제임스 조이스·브레히트 등 서양의 문학가들은 물론 김소월·백석·박완서·최인훈 등의 작품은 세월이 가도 그 광채를 잃지 않을 것이라는 생각이다. 이분들은 누구나 공감할 수 있는 인간의 보편성에 대한 물음을 제기했기 때문이다. 인간이 진보하는가에 대하여 쉽게 답을 내릴 수는 없지만 인간의 문제는 계속 반복되고 있고 해결책이 분명히 있는 것처럼 보이는 것도 많다. 기후 온난화로 대표되는 환경문제·군비경쟁·인종차별 등 거창한 주제 말고도 군대의 구타사고·가정

폭력·시어머니와 며느리의 갈등·명절 스트레스 등 분명한 원인이 있고 또 해결책도 또렷이 보이는 것 같은데 해결은커녕 문제가 계속 반복되는 것은 인간의 문제는 언제나 처음부터 다시 시작된다는 것을 말해 주는 것이라 생각한다.

2012년 1월에 70회 생일을 맞은 세계적 물리학자 스티븐 호킹 박사는 과학 잡지 뉴사이언티스트와 가진 인터뷰에서 "요즘 무슨 생각을 하며 지내느냐?"는 질문에 "여자. 완벽한 미스터리(a complete mystery)"라고 대답했다. 수십 년을 함께 생활한 부인과 이혼한 후 다시 재혼한 호킹 박사의 자조自嘲인지 유머인지 모르겠지만 인간의 문제는 지식만으로는 해결할 수 없는 문제라는 것을 말해 주는 적절한 예가 아닐까 싶다.

그림 속으로 들어가라

동양의 옛 그림을 감상하려는 사람들에게 먼저 '그림 속으로 들어가라'는 충고를 하고 싶다. 동양의 옛 그림은 '들어가서 보는 그림'이기 때문이다.

조선후기의 화가로 김홍도와 쌍벽을 이뤘다고 평가되는 이인문의 〈단발령망금강斷髮嶺望金剛〉를 보자. 금강산의 아름다움은 중국에도 알려졌고 일종의 성지순례의 장소가 되어 장님들도 탐방을 할 정도였다. 단발령은 금강산 초입에 있는 고개이다. 단발령을 거쳐 내금강, 외금강, 해금강을 탐승하는 것이 금강산 탐승의 일반적 코스이다. 단발령이란 문자 그대로 머리 깎는 고개라는 뜻이니, 신라의 마지막 태자인 마의태자가 이곳에서 머리 깎은 후 출가하여 승려가 되었다는 전설이 있는가 하면 단발령에서 바라보는 금강산의 경치가 너무나 아름다워서 아예 여기서 머리 깎고 금강산의 절에 출가하고 싶은 마음이 들 정도라는 의미에서 그렇게 불린다는 설도 있다. 어쨌든 금강산을 조망하는 데에 적절한 대표적 장소임에는 틀림없다. 화면 오른쪽 아래 세 명의 여행객이 천천히 오르고 있는 고개가 단발령이다. 그들 앞에 안개에 휘감긴 금강산의 장엄하고도 수려한 자태가 펼쳐진다.

〈단발령망금강〉은 탐승객이 단발령에서 금강산을 바라보는 광경을 그린 그림이 아니다. 단발령 고개에서 금강산을 바라보는 탐승객의 눈으로 바라보라는 의미이다. 우리들의 눈앞에 금강산의 황홀한 모습이 안개 속에서 둥실 떠오르는 것 같지 않는가? 이처럼 동양화는 '들어가서 보는 그림'이다. 다시 말해 그림 속의 인물에 감정이입을 하고 그 인물의 동선과 시선을 따라 움직여 보기를 권해 본다. 동양화에서 등장

단발령망금강(斷髮嶺望金剛)
이인문(李寅文), 조선(18세기 후반), 종이에 담채, 23.0×45.0㎝, 개인 소장
안개 속에 금강산의 절경이 둥실 떠오른다. 이 그림의 시점(視點, view point)은 화면의 오른쪽 아래 단발령 위의 탐승객의 시점, 곧 '그림 속으로 들어가서' 보는 시점이다.

하는 유유히 산길을 걸어가는 인물, 정자에 앉아 담소하는 사람들, 나귀 타고 가는 사람들은 화가가 빈 곳을 채우기 위해 그린 것이 아니고, 그림 속의 그 사람이 되어 그 정취를 느껴보라는 의미인 것이다. 보는 이의 시점이 그림 밖에 있는 것이 아니라 그림 안에 있다는 의미이다. 이에 반하여 서양화의 시점은 '액자식 화면'이라 표현한다. 벽에 걸려 있는 액자를 보듯, 보는 이와 그려진 그림 곧 관찰자와 관찰의 대상이 정확히 나누어져 있다는 의미이다.

동양의 산수화 속에 외롭게 거닐고 있는 한 사람의 나그네 또는 농사꾼, 어부는 바로 그것을 그린 화가 자신일 경우가 많다. 서양의 풍경화가 자연을 대상화하여 바라보듯 그림도 바라보는 대상으로 만족했던 것과는 달리 동양에서는 자연을 바라보는 것으로 만족할 수 없었고 자연 곧 거룩하고 아름다운 산수의 구석구석을 돌아보고 그 속에서 소요하는 자기자신을 그려 넣었다.

양반과 쟁이

2008년은 '남도화단의 실질적 종조宗祖'로 일컬어지는 소치小癡 허련許鍊(1808~1893)의 탄생 200주년이었다. 추사 김정희의 제자 가운데 하나로 조선 말기 화단을 빛낸 화가 허련의 예술세계를 기리기 위하여 국립광주박물관·서울 예술의 전당·진도 운림산방 등은 연이어 전시회와 학술강연을 개최하여 기념하였다. 허련은 문인 지향의 삶을 살았고 일생동안 문인화풍의 그림을 그렸지만 신분은 양반이라기보다는 직업적 화가로서 생계를 꾸려간 인물이다. 따라서 그는 문인이나 학자가 아닌 문인적 삶을 지향한 직업화가라고 보는 것이 적절하다.

그해 가을 진도에서의 일이다. 진도군청과 진도문화원 주최로 열린 학술심포지움에서 허련의 생애와 예술세계에 대한 발표를 마친 필자에게 매서운 질타가 쏟아졌다. 그 주요 내용은 "진도 출신의 대학자인 허련을 화가로 격하시켰다", "임금의 총애를 얻고 『소치실록』 등 숱한 기록을 남겼으며 그렇게 유명했으니 당연히 학자가 아닌가"라는 것이었

소치묵묘(小癡墨妙)
허련(許鍊), 조선 19세기, 종이에 먹, 12.6×26.0㎝, 국립중앙박물관
"예향(藝鄕) 호남의 종조(宗祖)" 허련은 진도에서 태어나 그림을 독학하다 초의선사의 소개로 김정희에게 배워 19세기 조선의 중요한 화가가 되었다.

다. 대개 진도출신인 이분들의 주장에는 고향의 인물인 허련을 높이고 싶은 심정과 함께 학자는 양반이니 고귀하고 예술가는 쟁이 곧 아래 것에 불과한 존재라는 인식이 깔려 있었다. 세미나에 참석하여 그토록 힘들었던 적은 처음이었다. '왜 화가를 학자로 보는지', '학자가 되어야 하는 이유에 대한 반론' 등 허련의 생애나 작가상과는 전혀 관계없는 지지부진한 말싸움을 이어가야만 했다. 그날 저녁의 술자리에서 황당함 속에 마셔댄 진도의 명물 홍주 덕에 서울로 올라갈 수 없었다. 다음날 서울로 올라가는 기차 속에서 깨질 것 같은 머릿속에서도 떠나지 않은 것은 양반에 대한 동경이 아직도 확고하게 남아있는 현실에 대한 의문이었다. 화가를 화가로 보려하지 않고 학자라는 외피로 덧씌워야 격이 높아지는 것인가에 대해서도 오래도록 생각해야 했다.

철저한 신분사회였던 전근대시대의 경우를 현대로 연장시켜 파악하는 자세는 문제가 아닐 수 없다. 그 시대에 낮게 여겼다고 해서 현대의 관점에서도 그들의 예술적 성취가 삭감되는 것이 아님은 물론이다. 전근대 시기의 예술가들이 그들의 예술과 신분을 무시하는 세태 속에서도 훌륭한 예술작품을 창작했다는 사실이 중요한 것이지 그들의 신분이 낮다고 해서 예술도 그렇게 평가해서는 안 된다는 의미이다. 과거를 미화한다고 본질이 바뀌지는 않는다. 역사와 역사적 사실을 평가하기 위해서는 그 시대적 의미와 현대적 의의를 구분해서 파악할 줄 아는 눈을 길러야 할 것이다. 우리의 의식 한편에는 이처럼 '쟁이'를 무시하지만, 한편으로는 예술에 대한 신비화로 이들을 지극히 높은 존재로 격상시켜 보는 의식구조가 공존한다. 무시나 과장 모두 실제적 모습을 바라보는 데에 장애가 된다. "범죄자는 그가 저지른 가장 극악한 범죄를 기준으로 평가하고, 예술가는 그가 이룩한 가장 높은 예술적 성취를 기준으로 평가한다."는 경구를 되새길 필요가 있다. 예술을 사랑하고 그 예술을 만들어낸 예술가를 높이 평가하는 것은 바람직한 일이지만 그 예술가가 언제나 최고의 정점에 있는 모습으로만 이해되어야 하는가도 생각해 볼 문제라는 의미이다.

이와 함께 화가의 작품에서 사상성을 추출하려는 시도가 있다. 의의가 있는 시도이고 충분히 그럴 수 있다는 개연성을 느끼게 하는 작품도 있다. 그렇지만 화가가 그림을 그릴 때마다 자신의 사유나 철학을 산과 물을 그리고 나무나 인물을 묘사하는 데에 반영했을까 하는 데에는 의문이 들지 않을 수 없다. 그렇게 사상과 철학에 통달하고 침잠했다면 왜 그림으로 입신하고 이름을 얻었겠는가라는 의문이 들지 않을 수 없다는 말씀이다. 화가는 쟁이로 보아야 한다거나 화가라는 직분이 천하다거나 부족하다는 의미가 아니다. 화가가 유명해진 것은 그의 직능에 맞는 활동을 하고 훌륭한 작품을 남겼기 때문이다. 우리는 그의 예술가로서의 생애와 그가 남긴 작품 곧 예술로서 평가해야지 왜 학자로 보려 하는가 이 말을 하고 싶을 따름이다. "느끼기 전에 해석부터 하려 하는" 우리들에게 근대의 문학가인 이태준은 이렇게 충고하고 있다.

> 안전히 느끼기 전에 해석부터 가지려 한은 고전에의 틈입자闖入者(기회를 타서 느닷없이 함부로 들어가는 자)임을 면하지 못하리니 고전의 고전다운 맛은 알 바이 아니요 먼저 느낄 바로라 생각한다.
>
> — 이태준, 〈고전古典〉, 『무서록』

노인을 위한 나라

인류의 역사를 근본적으로 바꾼 세 가지의 극적인 전환점으로 신석기혁명·산업혁명·정보화혁명을 꼽곤 한다. 인류의 역사는 1만 년 전부터 시작된 신석기혁명으로 인해 농업의 단계로, 18세기 영국에서 시작된 산업혁명으로 인한 공장제 대량생산의 단계로, 현재 진행되고 있는 정보화혁명으로 인해 폐쇄되고 소수의 손에 의해 좌우되던 정보가 이제는 누구나 접할 수 있는 시대로 접어들게 되었다.

원시사회에서 쇠약하고 판단력 없는 노인은 사회 공동체에서 불필요한 존재였다. 특히 유목생활을 하는 부족사회에서 힘이 없는 노인은 이동 중에 무리를 따라가지 못하고 버림을 받거나 신에게 바치는 제물로 희생되었다. 병약하고 판단력이 희미해진 노인은 더 이상 낚시나 사냥을 할 수 없다고 판단했기 때문이다. 이 당시 사람들은 먹고 사는 문제가 삶의 가장 큰 화두였기 때문에, 개인의 생산력이 곧 삶의 이유였다. 농경사회로 들어서면서 한 곳에 정착을 해서 농사를 지었기 때문에 예전에 비해 점차 식량이 풍족해졌다. 그러면서 연장자가 갖고 있는 지혜와 경험이 중요해진다. 이런 까닭에 고령자에 대한 대우가 한결 나아져 그들의 경험과 삶의 지혜는 후손들에게 전해졌고, 후손들은 노인을 공경해야 한다는 생각을 갖게 되었다.

농경의 시작은 대략 신석기 시대인 1만 년 전부터로 보고 있는데, 농경이 시작된 이래 노인의 경험은 광포한 자연의 위력 앞에서 생존을 지키는 데에 커다란 자산이 되었다. 씨뿌리기·거름주기·김매기 등 일 년 주기로 반복되는 농사에 있어서 경험이야말로 가장 중요한 자산이었다. 농법의 개량이 꾸준히 시도되었지만 봄이면 씨 뿌리고 가을에 걷는 패턴은 반복되는 것이었고, 문자를 읽을 수도 기록할 수도 없었기에 전통적 의미에서의 농사는 농군 개인의 경험에 좌우되었다. 경험을 가장 많이 한 자는 물론 노인이고, 그들의 경험이야말로 백과사전이자 보물창고였다. "당신이 알고 있던 것은 당신이 죽을 때까지, 아니 당신의 자녀가 죽을 때까지 유효"했으므로 그 세계에서는 노인들이 권력을 가졌다.

우리의 70~80대 노인들은 식민지 통치를 받던 농업사회에 태어나서 6·25 전쟁과 극도의 압축성장기를 겪으며 온갖 어려움과 혼란을 이겨내고 최소한의 생존을 이어왔는데, 나이 먹으니 PC·인터넷·트위터·페이스북 등 생경한 것들이 닥쳤다. 눈은 어둡고 적응은 힘들고 젊은 것들은 무시하는 것 같고, 젊을 땐 길거리에 침 뱉는 건 아무 일도 아니었고 마누라 패는 것도 죄가 아니었는데 늙고 나니 제약만 많아졌다. 늙어 뒷방으로 물러난 것도 참기 힘든데, 정신없는 세상은 더욱 트릿하고 불만스러울 밖에 없다. 불만 많고 퉁명스러운 노인들의 존재는 젊은 세대에게 언제나 부담스럽고 어려운 존재들이다. 그런데 동양화에서는 언제나처럼 노인들이 나온다. 화면 한구석에 지팡이 들고 어디론지 걸어가는 노인을 볼 수 있는데, 어쩌다 노인이 아닌 인물이 등장하는 경우는 노인을 모시고 심부름하는 아이侍童들 정도이다. 서양화에서는 사랑의 신 큐피드Cupid나 천사는 물론이고 젊음과 청춘의 군상이 많이 그려지는데 동양에서는 왜 이럴까 궁금해진다.

일본의 저술가 나가노 교코中野京子의 글에 서양에서의 노인에 대한 관점이 잘 정리되어 있다.

> 원래 서양에서는 노인을 대하는 태도가 동양에 비해 부정적이었다. 그리스의 철학자 플라톤Platon은 노인의 지혜를 칭송했지만 로마의 시인들은 노인을 매도했고 중세에는 노인을 죽음과 거의 마찬가지로 여기고 꺼렸다. 늙은 남자는 무가치하고 늙은 여자는 마녀라고 하는 등, 노인에 대한 경멸의 감정이 절망적일 정도로 활개를 쳤다. 르네상스 시대에는 놀랍게도 노인을 더욱 멸시했다. 르네상스는 인간 찬미와 반反중세의 큰 축에 더하여, 고대 그리스 문화의 부흥이라는 또 하나의 축으로 이루어져 있다. 애초에 고대 조각이 잇따라 발굴되었던 것이 르네상스가 꽃피는 계기가 되었기에 고대 조각에서 보이는 완벽한 육체의 아름다움을 무조건적으로 찬양하는 경향은 더욱 심해졌다. 르네상스 시대의 사람들은 아무런 의심 없이 육체미와 인간의 운동능력을 인간 평가의 중요한 열쇠로 삼았다. 이렇게 되면 노인이 이제까지보다 더욱 혐오스러운 존재가 되는 건 필연적이었다. 젊음의 아름다움이 각광받을수록 늙음은 조롱받고 매도되었다.

젊음을 찬양하고 늙음을 비하하는 유럽문화권의 대체적인 경향인데 비하여 중국을 중심으로 한 동아시아 문화권에서는 늙음의 경지를 동경하고 높이 평가하였다. 중국에서 남을 가르치는 직위에 있는 사람은 나이가 많건 적건 '라오쓰'lǎoshī(老師)이다. 여기에서 노老란, 늙었다는 현실적 나이를 말하는 것이 아니고 존경받을 만하다는 의미를 담고 있다.

> 인간의 기욕嗜慾은 생을 해치는 것이다. 명현들이 거문고와 글씨, 도화圖畵를 즐기려 함도 그러한 취미로 대신 잡된 욕심을 제거하고자 함이다.

풍월음시도(風月吟詩圖)
송영방, 1990, 장지에 수묵담채, 35×46㎝, 개인

중국 오대五代의 화가이자 회화이론가인 형호荊浩의 『필법기筆法記』의 내용이다. 기욕의 '기嗜'란 즐긴다는 의미이니 술·담배·커피와 같은 기호품을 연상하면 될 듯하다. 기욕이란 '좋아하고 즐기려는 욕심'이다. 일본의 철학자 킴바라 세이고金原省吾는 "젊음은 체감體感과 기욕이 왕성하고 사색과 창작에도 열정이 있지만 늙음은 존재를 직시하지 않고 그것에 대하여 일정한 거리를 유지함으로써 관계적으로 본다."고 하였다. 나이가 들면 젊음의 급박했던 마음이 가라앉아 보다 더 크고 넓은 입장에서 그 존재의 전반을 내다본다는 의미이다. 그는 "기욕이 식은 다음 총명이 생긴다."고 한 후, 서양문화는 젊음을 존중하고 동양문화는 늙음을 존중한다고 하였다. 기욕이 식어지고 총명이 눈을 뜬 경지, 다시 말하면 기욕이 시들어서 물처럼 냉정한 태도·취미가 동양에서 추구하는 이상적 경지인 '늙음'의 경지이다. 물론 동양에도 젊음이 있지만 예술이나 사상에 있어서 모두 결코 높은 지위를 차지하지 못한다. 젊음은 동양문화에서는 미숙을 의미하기 때문이다.

행복화라 부릅시다

"(민화를) 행복화라 부르면 어떨까요?"라는 말에 단상의 사람들은 물론 객석의 방청객 역시 살짝 미소를 지었다. 그러나 "민화를 보면 한국 사람들의 행복에의 선망과 동경이 느껴진다. 이처럼 행복에의 추구가 잘 드러난 작품이니 행복화라 부르는 것이 적절하지 않을까"라는 부연 설명을 듣고 한편으로는 수긍과 한편으로는 생경한 단어에 대한 이질감이 교차하는 표정들이었다.

이 말은 2013년 3월 22일 금요일에서 24일 일요일까지 2박 3일 동안 경주 보문단지에서 개최된 경주민화포럼의 종합토론 때 나온 일본 교토의 동지사대학 기시 후미카즈岸文和 교수의 발언이었다. 경주민화포럼 첫날에는 민화의 스토리와 이미지라는 주제로 3인의 발표가 진행되었고 둘째 날에는 민화란 무엇인가라는 주제로 역시 3인의 발표가 있었다. 특히 기시 교수의 우키요에浮世繪에 대한 발표와 뉴욕대학의 케빈 머피 교수의 Folk Art에 대한 발표는 이 방면 연구자들의 시야를 확장

약리도(躍鯉圖) · 어변성룡도(魚變成龍圖)
조선(18~19세기), 종이에 채색, 114×67㎝
두 그림 모두 잉어가 황하의 용문을 뛰어 넘으면 용이 된다는 설화를 그렸다. 지금은 고생하지만 과거에 합격하면 부귀영화가 열린다는 의미의 그림이다. "개천에서 용이 난다"는 말의 조선시대적 이미지화라 할 수 있다.

시켜 주었다. 발표 후에 개최된 종합토론에는 발표자 전원과 여러 회화사 연구자들에 의한 장장 3시간이 넘는 토론회가 열띤 분위기 아래 개최되었다.

'그림으로 본 삼국지의 세계'라는 발표를 한 나 역시 토론회에 참여하였다. 학회에 참가한 경험을 이렇게 길게 나열하는 이유는 민화라는 그림에 대한 우리의 관심과 애정이 매우 독특한 현상이기 때문이다. 사실 민화에의 열광은 대단히 한국적 현상이다. 우리의 민화에 해당되는 중국의 연화年畵는 이미 중국에서 관심이 없어져 현대에는 거의 제작되지 않고 있고 국가의 정책적 후원에 의해 명맥이 유지되고 있다. 역시 우리의 민화에 비견되는 일본의 우키요에 역시 현대 작가에 의한 창작은 찾아보기 힘든 과거의 유산이 된 지 오래이다. 이에 비해 이번 경주 민화포럼에 참가한 민화 작가들의 수효만 해도 수백 명이 넘었고 이들은 학회의 전 일정에 한결 같이 참석하는 등 열띤 모습을 보였다.

민화는 다채로운 색감과 분방한 상상력이 발휘되는 그림이기에 고답적인 느낌을 주는 수묵화와 비교하기 힘들 정도의 친밀성이 있지만 '민화란 무엇인가'라는 물음에 대한 정확한 정의를 내리지 못하고 있는 것이 현실이다. 민화라는 용어 자체도 일본의 철학자이자 미술이론가인 야나기 무네요시柳宗悅의 정의에 따른 것이다. 야나기는 민중적 수공예로서 민예民藝라는 개념을 제시하였고 아울러 민중의 그림이라는 의미에서 민화라는 새로운 단어를 만들었다. 그러나 민화가 민중에 의해 제작되고 민중이 향유한 것이 아니라는 지적은 이미 알려진 내용이었고 기법적으로 볼 때 채색화를 민화, 수묵화를 일반회화로 나누는 이분법적 구분 역시 무리가 있다. 따라서 민화라는 단어를 계속 사용해야 하는가가 이번 포럼 토론의 주요 쟁점 가운데 하나였다. 발표자와 토론자들이 민화라는 단어에 대한 입장을 한 사람씩 언급하는 와중에 기시 교수의 "행복화라 부릅시다."라는 발언이 나온 것이다.

정색하고 생각해보니 민화에 그려진 세계야말로 행복이라는 단어로 집약할 수 있지 않을까 하는 생각이 심각하게 들었다. 민화가 추구한 것이 행복 그것도 개인의 행복인데, 개인의 행복이야말로 우리가 교회든 절이든 가서 기도하고 절할 때면 추구하는 최상의 목표가 아닌가 싶다. 나만 잘 살면 된다는 1차원적 행복 추구가 우리의 이상이 아니었던가. 너무 직설적인 표현이라는 생각도 있을지 모르겠다. 그렇지만 우리는 "여러분! 부자되세요!"라는 적나라한 표현을 지상파에서 쓰면서도 조금도 어색하지 않았다. '행복화'라는 기발한 신조어야말로 성공과 행복에 집착하는 우리의 생각과 현실이 외부 연구자의 눈에 선명하게 보인 경우로 여겨진다.

[경기일보, 2013. 4. 11.]

추사 글씨

『조선과 그 예술』을 펴내는 등 우리나라의 미술에 애착을 가진 것으로 유명한 일본의 민예연구가이자 철학자인 야나기 무네요시柳宗悅(1889~1961)는 고미술품 수집에 관한 글에서 "좋고 나쁨을 가르는 승부는 정말이지 한눈에 끝난다."고 하였다. 감정은 짧은 순간에 이루어진다는 말인데, 대개의 경우 그렇다. 그림이 펼쳐지는 순간, 도자기가 상자에서 나오는 순간 대개의 감정은 끝나는 경우가 대부분이다. 그러나 오래 보고 생각해야 할 경우도 있다. 확신이 서지 않을 때가 그런 경우이다. 그럴 경우에는 여러 문헌과 자료를 찾아보는 것은 물론이고 다른 각도에서 생각해야 한다. 진짜라 가정해 보기도 하고 가짜라 가정해 보기도 하며 자신의 생각을 억지로 대입하거나 삭제해가며 살펴보는 것이다. 당연하다고 생각했던 부분에 대한 의문과 그렇지 않다고 생각했던 부분에 대한 역발상을 시도해 보기도 하는 것이다.

그런데 수장가들 사이에서는 이른바 고수끼리도 진짜를 가짜로, 가

추사 김정희의 현판 글씨 탁본
글씨의 회화성을 추구한 추사체의 매력과 경지를 느끼게 해준다. "창은 작지만 빛이 많아 나로 하여금 오래 앉게 한다(小窓多明使我久坐)"라 써져 있다.

짜를 진짜로 속이는 경우도 있다. 고서화 가운데 가장 인기가 있는 추사 글씨는 예나 지금이나 진위 관계 문제로 설왕설래가 많다.

추사 글씨에 대한 감식안이 높은 진 군이 거금을 던져 추사의 대련을 구입하고 자랑하자, 진 군만큼 서화 애호가인 양 군이 진 군의 작품은 위조라는 소문을 냈다. 이에 진 군은 의심이 짙어져 …… 결국 어떤 경로로 어떻게 간 것인지 모르나 진 군이 가졌던 추사 글씨는 위조라고 비웃던 양 군의 사랑방에 버젓하게 걸려 있고 진 군은 그 글씨를 도로 팔라고 매일같이 조르고 있다는 소문을 들었다.

추사 글씨는 아무튼 대단한 것인가 보다.

윤덕영 자작의 일가라는 분의 가회동 집 다락에서 대련對聯을 꺼내놓는데 표구는 중국식으로 되었고 외모의 낡은 품이 그럴싸했다. 낙관과 도서圖書는 없으나 글씨의 필력, 품격, 종이와 전체 표구 등의 낡은 연륜이 가짜로는 보이지 않아 얼른 대금을 주고 샀다. 어느 날 구룡산인 김용진 선생이 오셨기에 보여드렸더니, 한참을 주시하더니 머리를 좌우로 흔들며 의심이 난다고 하였다. 이번에는 서화계의 원로 모 대가를 방문했더니 그 분도 역시 한참동안 보더니 고개를 좌우로 흔들며 샀느냐고 묻는다. 그렇다고 하였더니 '여보 거 큰일 났구려.' 하며 매우 놀란 표정으로 완당이 사용하던 큼직한 정방형 인장을 각 폭에 하나씩 찍어 주었다.

앞의 글은 근대의 미술가 김용준의 『근원수필』의 내용 가운데 일부이고 뒤의 글은 우리나라 고서점의 대명사 격인 통문관 주인 산기 이겸로 선생의 〈안작贋作(위조) 완당대련阮堂對聯에 얽힌 실수〉인데, 두 글 모두 조금씩 축약시켰다. 앞의 글에서는 작품 감식의 어려움과 수장가들의 작품 욕심을, 뒤 글에서는 근대 우리나라의 서화에서 본의 아니게 안작이 만들어지는 과정을 실감나게 볼 수 있다.

근대의 문인 이태준과 우리나라 미학·미술사의 태두인 고유섭은 1930년대 우리나라의 천박한 고미술품 수장 열기를 개탄하며 이렇게 탄식한 바 있다.

고전이라거나, 전통이란 것이 오직 보관되는 것만으로 그친다면 그것은 '죽음'이요 '무덤'일 것이다. 우리가 돈과 시간을 들여 자기의 서재를 묘지화시킬 필요는 없는 것이다.

청년층 지식인들이 도자를 수집하는 것은, 고서적을 수집하는 것과 같은 의미를 나타내야 할 것이다. 완상이나 소장욕에 그치지 않고, 미술품으로, 공예품으로 정당한 현대적 해석을 발견해서 고물古物 그것이 주검의 먼지를 털고 새로운 미와 새로운 생명의 불사조가 되게 해주어야 할 것이다.

거기에 정말 고완古翫의 생활화가 있는 줄 안다.

천리구千里駒도 백락伯樂을 기다려 비로소 준특駿特하여지고 용문龍門의 오금梧琴도 백아伯牙를 기다려 비로소 소리 나듯이 골동도 그 사람을 만나지 못하면 가치와 의의가 발휘되지 못하는 것이다.

고미술품에 대한 기호 또는 열광이 단순한 취미를 넘어 "새로운 미와 새로운 생명의 불사조가 되도록 하는데"에 도움이 되어야 한다는 이태준의 말을 경청할 만하다. 백락은 중국 고대의 인물로 말 감정을 잘했고 백아는 거문고의 명인이다. 보통 사람은 천리마를 알아보지 못하지만 눈썰미 있는 백락 같은 사람만이 훌륭한 말을 알아본다는 의미이고, 아무리 훌륭한 오동나무도 백아와 같은 거문고의 명인을 만나지 못하면 제대로 된 거문고가 될 수 없다는 말씀이다. 이는 곧 고미술품의 가치를 제대로 인식하려면 안목과 노력이 있어야 한다는 뜻으로 풀이된다. 제대로 된 안목을 가지려면 아마도 중국 당나라 때 초서의 대가인 손과정孫過庭이 『서보書譜』에서 말한 '인서구로人書俱老', 즉 사람과 글씨가 모두 늙는 때에 이를 것이다. 그만큼 고미술품에 대한 안목을 갖는다는 것은 어려운 일이다.

진짜와 가짜 사이에서

"그래서 진짜야, 가짜야?"

우리는 이러한 물음을 쉽게 한다. 미술작품을 진짜·가짜로 나누어 보는 데에 익숙하고 간단히 두 개로 나누어야 간결하여 이해하기도 쉽기 때문이다. 그러나 세상이 음과 양으로, 선과 악으로 명쾌하게 구분될 수 없듯이 진위의 문제 역시 간단한 일이 아니다.

우리의 전통시대 곧 전근대시기에는 고미술품 거래가 활발하지 않았기 때문에 서화의 진위문제에 큰 신경을 쓰지 않았다. 감정학이 발달한 중국에서는 위작도 훌륭하면 대략 1/3의 값을 쳐주기도 하고 일본인들은 위작임을 알면서 감상하기도 하지만, 우리는 진위에 대단히 민감하여 위작은 결코 용납하지 않는다. 감정학은 발달하지 않았지만 진짜와 가짜에는 민감한 기묘한 구조를 갖고 있는 것이다. 그리고 우리는 진짜라면 '오직' 하나 만이 있어야 된다는 의식을 갖고 있다. 우리나라의 미술시장에서 판화가 제값을 받지 못하는 원인이 이처럼 진짜와 가짜에 민감한 특성 때문인지도 모르겠다는 생각이 들곤 한다.

우리 옛 그림 가운데 여러 개의 작품으로 제작되는 경우를 계회도契會圖와 초상화를 통해 살펴보고자 한다. 계契는 요즘처럼 서민들이 치부의 수단으로 이용하는 일종의 적금과도 같은 것이 아니고 같은 해에 과거에 급제한 사람들끼리 우애를 돈독히 하기 위한 모임이거나 같은 해에 태어난 이들의 친목을 위한 모임일 경우가 많다. 대개 매년 봄과 가을에 두 차례 정도의 모임을 갖는데 화가들도 참석해서 모임의 기록화를 제작하였다. 계회도는 계회에 참석한 사람들의 수효대로 그려 참석한 사람들이 각기 나누어 가졌고 각 가문은 영예로이 보관하였기에, 같은 그림이 여러 개이고 그 그림들은 모두 당연히 진짜이다. 계회도는 '진품'이 여러 장 나올 수밖에 없는 구조인 것이다. 초상화의 제작은 국가가 해당 인물의 인품과 덕망을 기리거나 국가에의 기여를 표창하기 위하여 또는 초상화 주인공의 후손에 의해 이루어진다. 후손들에 의하여 제작되는 초상화는 대개 형제의 수효만큼 제작되곤 하여, 큰집과 작은 집에 초상이 여러 점 있게 된다. 이럴 경우도 물론 모두 진짜이다.

10여 년 전에 "평양 ㅇㅇ미술관의 진열장에 있었던 작품"이라거나 "인민무력부 ㅇㅇㅇ의 보증서가 첨부된 물건" 등 믿거나 말거나 식의 유래를 가진 물건들이 대량으로 들어온 적이 있었다. 사실 거창한 유래를 내세울수록 대개 가짜라고 보는 것이 적절하다. '대개'라 한 것은 그 가운데 진품이 있을지 모르지만 필자는 아직 그런 물건들 속에서 진품을 보지 못했다는 의미이다.

북한과 중국은 이른바 '사회주의 리얼리즘(socialist realism)'이라는 원칙

아래에 작품을 만들고 있다. 사회주의 리얼리즘이 그림에 반영될 경우에는 추상이나 상징을 배제한, 인민들이 쉽게 이해할 수 있는 사실적 그림으로 그려지곤 한다. "평양 ○○미술관의 진열장에 있었던 물건"을 가져왔다고 하는 것은 대개 사회주의 리얼리즘에 기반을 둔 정교한 솜씨로 진작을 똑같이 모사한 그림을 가져온 경우이다. 그들의 입장에서는 그냥 파는 물건인데 똑같아 보이니 이 물건을 사와서 진짜를 가져온 양 사기치며 장사하려는 사람들이 잘못이고 이에 속지 않아야 한다는 말씀이다.

[경기일보, 2012. 9. 6.]

그림자가 없다

동양화에서는 그림자를 그리지 않는다. 동양의 화가들이 서양의 화가들에 비하여 관찰력이 부족해서일까? 그래서 그림자를 보지 못했을까? 궁금해진다.

동양의 그림에 영모화翎毛畵와 초충화草蟲畵라는 화목畵目이 있다. 화목에서 목目은 목차의 목이니 화목하면 그림의 종류가 된다. 글자를 나누어서 풀어보면 영翎 자는 '깃털 달린 짐승'이고 모毛는 '털 달린 짐승'을 의미하고 초충은 풀과 벌레이니 꽃과 나무, 곤충류를 가리킨다. 영모란 쉽게 말해 인간이 아닌 동물과 곤충류 모두를 의미한다고 보면 될 듯하다.

동양의 옛 그림을 보다 보면 영모화와 초충화에서 놀라운 관찰력과 섬세한 묘사력을 확인할 수 있다. 현대의 생물도감을 그림으로 그대로 옮겨놓은 듯한 느낌이 들 정도이다. 동양의 화가에게 꽃이나 벌레, 동물은 또렷이 보였지만 그림자는 보이지 않았기 때문인지 궁금해진다.

사생진금도권(寫生珍禽圖卷)
황전(黃筌), 중국 오대(10세기), 비단에 채색, 41.5×70㎝

그들은 그림자를 보지 못했을까? 결론부터 말하자면 그들은 그림자를 보지 못한 게 아니다. 동양의 화가에게도 그림자는 당연히 보였다. 단지 그리지 않았을 따름이다. 그들의 사유에는 그리는 것이 의미가 없어서 그리지 않았다. 화면에 불필요한 내용을 제거하고 필요한 것만을 남겼다는 것이 보다 옳을 듯하다.

그림자는 사실 형태가 없다. 본래 가진 모습이 없다는 것이 보다 적절할 듯하다. 예를 들어 설명해 보고자 한다. 여기 한 사람이 서 있다. 이 사람의 그림자는 어떤 모습일까? 그림자는 고정된 형태가 없으니 광선이 비춰지는 방향과 각도에 따라 모습이 바뀐다. 빛이 왼쪽에서 비추면 그림자는 오른쪽으로, 오른쪽에서 비추면 그림자는 왼쪽으로 바뀐다. 정수리에서 비추면 발 아래쪽으로 생겨난다. 이처럼 그림자는 자신의 고유한 생김새가 없이 빛의 방향에 따라 형상이 바뀌고 빛의 강약에 따라 짙고 옅음이 달라진다. 광선은 외부의 영향이고 그림자는 그 반영에 불과하다. 동양의 옛 그림에서 그림자가 그려지지 않은 이유는 중요한 것은 물체가 본질 곧 근본이고 그것이 비추어진 그림자는 본질의 반영으로서 본질에 비하여 중요하지 않다는 생각 때문이다. 중요한 것은 본질이기 때문에 비본질적인 자투리에 마음을 두는 것은 의미가 없다고 본 것이다. 근본을 중요시하고 자투리에 큰 의미를 두지 않는 사고방식을 본말론本末論이라고 한다. 다시 정리해 보면 본이란 근본, 곧 "사물의 본질이나 본바탕"을 의미하고 말은 "중요하지 않은 부분"이다. 이처럼 근본과 근본이 아닌 것으로 나누고 근본을 중요시하고 그렇지 않은 부분을 중요시하지 않는 것이 본말론이라고 할 수 있다.

옛 선비들의 이상과 지향은 유교적 이상사회의 구현이었다. 유학자들에게 가장 중요한 서적은 사서삼경四書三經이다. 사서란 『논어』, 『맹자』, 『대학』, 『중용』이고 삼경은 『시경』, 『서경』, 『역경』이다. 이렇게 유학의 기본 경전이 사서삼경으로 축약된 것은 송나라 주자에 의해서인데, 이들 가운데 가장 중요한 서적은 공자의 언행을 기록한 『논어』로서 지금으로 보면 도덕교과서 같은 이 책을 읽고 또 읽어 줄줄 외우는 경지에 이르렀다. 현재의 눈으로 보면 현실을 모르는 유학자들의 꽉 막힌 행위로 폄하할 수 있지만, 1894년 갑오개혁으로 과거제도가 폐지될 때까지 조선의 유생들은 유교의 경전을 읽고 또 읽으며 과거시험을 준비했다. 조선의 선비들은 '인간됨', '사람됨'을 기술과 같은 '재주'보다 높이 평가하였기 때문이다. 그래서 현실과는 무관한 아니 무관해 보이는 도덕교과서 같은 따분한 설교(?)로 점철된 공자님 말씀에 경도되었다. 이것이 곧 '선비를 숭상하고 도를 높이는(崇儒重道)' 유학의 세계관이다.

그렇다면 과연 '도[道]'란 무엇인가 궁금해진다. 꼬리에 꼬리를 물고 호기심이 나오게 되는 격이다. 도는 여러 가지로 해석되는데, 그 해석의 진폭이 너무나 커서 쉽게 말하기 어렵다. 도의 사전적 정의는 "동양의 도덕이나 예술에서 그 중심을 흐르는 것으로 생각되어온 가장 근원적 원리·원칙"으로서, 유가에서는 "인간사회에서의 올바른 길" 곧 인위적 도덕성을 말할 경우가 많고 도가에서는 "천지개벽 이전부터 존재하는 만물의 근원"을 지칭할 때가 많다. 분명한 것은 동양의 옛 그림에서 그림자를 그리지 않은 것은 도와 관계가 있다. 앞에서 말한 본말론과 도는 연결된다. 유학자들의 사유구조는 대체로 '재도론[載道論]'이라는 것에 매몰되어 있었다. 재도론의 재[載]는 싣는다는 의미로서 트럭 적재함, 적재 용량 등의 단어를 생각하면 된다. 재도론이란 그림은 물론이고 문학이건 예술이건 모두 도를 담는 또는 담아내는 그릇이 되어야 한다는 의미이다. 선비들은 언제나 기쁨, 성냄, 슬픔, 즐거움을 밖으로 드러내지 않도록 절제해야 했다. 자신의 마음을 보존하고 뜻을 유지해야 하는 선비가 쉽게 자신의 감정을 드러내서는 안 되었기 때문이다.

동양화의 제작방식

흔히 동양화라 하면 대개 산, 나무, 개울 등이 나열된 비슷비슷한 그림이라는 느낌이 들곤 한다. 그렇지만 비슷한 그림을 계속 그린다는 것은 문제가 아닐 수 없다. 예술에 있어 반복이란 작가의 노동력을 낭비하고 창의력을 고갈시키며 관람자에게는 피로를 증가시킬 뿐만 아니라 종이와 물감 등 값비싼 재료값을 날려버리니 말이다.

그렇지만 동양화는 결코 반복을 추구하는 그림이 결코 아니다. 동양화가 동일한 패턴을 반복하는 듯한 경향을 이해하기 위해서는 그림 제작관습 곧 그림을 제작하는 사회적·개인적 습관에 대한 이해가 필요하다. 전근대시기 동양에서 그림은 대체로 모摹·임臨·방倣이라는 세 가지 방식에 따라 제작되었다. 모는 진적 위에 종이나 비단을 겹쳐가며 비춰진 형상을 따라 그리는 것이고, 임은 진적 옆에 종이나 비단을 놓고 진적을 똑같이 모사하여 그리는 방법이다. 방은 어떤 서화가의 예술 풍격을 본받아 만들어 내는 것을 말한다.

모는 요즘의 개념으로 하면 똑같이 복제한다는 의미이고 방은 원작의 뜻을 그리는 것이기 때문에 원작과는 다른 느낌의 그림이 나올 수 있다. 임은 모와 방의 중간 정도에 위치한다고 할 수 있다. 대개 모는 초상화·종교화 등과 같이 대상을 똑같이 그려야 할 필요가 있는 경우에 사용되는 방식이다. 예를 들어 조상의 초상화가 낡아 새것으로 교체하려 할 때 그려진 형상이 똑같아야지 달라지면 문제이기 때문이다. 방은 과거의 명작을 자신의 방식으로 소화하여 그려내는 방식인 데 비하여 임은 이 모와 방의 중간에 위치한다. 임은 원작 위에 종이나 비단을 올려놓고 그릴 수 없는 경우이거나 그림을 연습할 때 주로 사용되는 방식이다. 원작과 같은 크기의 그림이 재생산되는 모에 반하여 임은 옮겨 그릴 화폭의 크기에 따라 달라질 수 있고, 방은 작품 크기의 제약에서는 물론 재현再現이라는 강박에서도 자유롭다. 세로로 긴 그림에서 뜻을 취해 가로로 긴 그림을 그릴 수도 있고, 반대로 가로로 긴 그림을 세로로 긴 그림으로 그릴 수도 있으며 작은 그림을 크게 하거나 큰 그림을 작게 하는 등 방은 크기의 제약에서 자유롭다는 의미이다. 모·임·방이라는 회화 제작방식은 전통을 중시하는 회화 제작방식으로서 중국을 중심으로 한 동아시아 회화제작 관습의 중요한 내용이 되었다.

동양의 옛 그림이 모·임·방이라는 방식에 의해 제작된 것은 동아시아의 서화 제작 관념 때문이다. 동양의 서화 제작 관념 가운데 가장 중요한 것으로 "서술하되 짓지 않는다(述而不作)"와 "선인의 그림을 본떠서 그리면서 그 기법을 체득하는 것(傳移模寫)"을 꼽을 수 있다. '술이부작'은 『논어』에 나오는 내용으로서 "성인의 말을 그대로 전하고 자기의 설說을 지어내지 않는다."는 뜻이다. 『논어』를 보면 공자의 말씀은 큰 글씨로 되어 있고 그 아래에 작은 글씨로 시대를 달리한 해설과 주가 달려 있다. 성인의 말씀에 대한 후대 사람들의 생각이 계속 더해지는 구조를 보이고 있는 것으로서, 시대에 따라 의미에 의미가 더해지고 논의에 깊이가 더해지는 과정을 볼 수 있다.

전근대시기 동양 지식인들의 어법도 이런 식이었다. 자신의 느낌이나 생각을 그대로 표현하는 것이 아니라 옛 고전에서 자신의 생각에 연결되는 구절을 찾아 언급하며 자신의 생각을 더하여 개진했다. 전근대시기 중국을 중심으로 한 동아시아의 학술은 이러한 방식으로 이루어지고 있으며, 모·임·방의 그림 제작방식 또한 이러한 구조 안에 있다고 할 수 있다. 동양의 문화를 흔히 '깊이의 문화'라 하는 것은 이처럼 의미에 의미가 더해지는 과정을 겪기 때문인데 그림 역시 다르지 않다. 그래서 동양화는 비슷한 아니 비슷해 보이는 그림이 계속 제작되는 것이다.

[경기일보, 2013. 8. 1.]

반전된 글씨에 대한 단상

'무이구곡'은 주자가 살던 중국 동남부 복건성의 명산 무이산의 아홉 계곡이다. 주자는 무이산의 한가운데에 무이정사武夷精舍라는 일종의 사학私學 겸 연구소를 세우고 거기서 학문을 연구하고 제자를 가르쳤다. 53살이 되던 해에 주자는 이 무이산 계곡의 굽이굽이 아름다움을 빗대어 자신의 학문적인 성취를 읊은 시, 〈무이도가武夷櫂歌〉 10수를 지었다. 이 시들은 무이산의 아홉 골짜기의 아름다움을 하나하나 묘사하여 흔히 〈무이구곡가〉라고도 부르는데, 이에 영향을 받아 퇴계 이황은 〈도산십이곡陶山十二曲〉을, 율곡 이이는 〈고산구곡가高山九曲歌〉를 지었다.

조선시대에 무이구곡을 그린 가장 이른 시기의 작품으로 1592년(선조 25년) 이성길李成吉이 그린 국립중앙박물관 소장 〈무이구곡가〉가 있고 이밖에도 여러 화가들의 작품은 물론 민화 역시 많이 제작되었다. 조선 말기의 초상화가로 유명한 채용신의 〈무이구곡도 10곡 병풍〉은 글씨가 반전되게 거꾸로 써져 있다. 이는 아마도 주자가 조선의 유학자들에게

신과도 같은 존재였기에 감상을 위한 일반 그림과는 달리, 병풍 저쪽에서 제향祭享을 받는 주자의 입장에서 바라보는 관점으로 써진 것으로 보인다. 아래는 그 해석이다.

무이산 위에는 선령仙靈이 있고	武夷山上有仙靈
산 아랜 찬 물결 굽이굽이 맑은데	山下寒流曲曲淸
그 중에 기이하게 끊어진 곳	欲識箇中奇絕處
알고 싶으면 한가롭게 도가소리 들어나 보게	櫂歌閑聽兩三聲

〈무이구곡도〉처럼 제사를 받는 입장에서 그려진 그림이 『삼국지』 민화에 있다. 『삼국지』 가운데에서도 가장 통쾌한 장면의 하나로 꼽히는 '장판교의 장비'인데, 많은 적을 홀로 막아내는 용사를 표현하는 일기당천一騎當千이라는 단어에 합당한 장면이다. 장비는 장판교 위에서 조조의 대군 앞에 홀로 맞서며 큰소리 한번으로 조조의 대군을 물리쳤다. 이 장면은 당연히 조조군사들과 장비가 마주보고 있거나 달아나는 조조군을 바라보는 장비가 그려져야 하지만 이 그림에서 장비는 아무도 없는 화면 오른쪽 다리 방향을 향해 소리치고 조조와 그의 군사들은 반대방향으로 달아나고 있다. 이는 세로로 가늘고 긴 병풍의 화면이기에 가로로 펼쳐지는 스펙터클한 화면을 표현할 수 없기에 어쩔 수 없이 생겨난 방식이다. 화면 오른쪽 상단에 "장비가 단기로 장판교에 홀로 서니 조조의 백만대군이 되돌아갔다(張飛單騎於長板橋短立馬返曹軍百万之兵)"는 글씨가 반전되어 써져 있다.

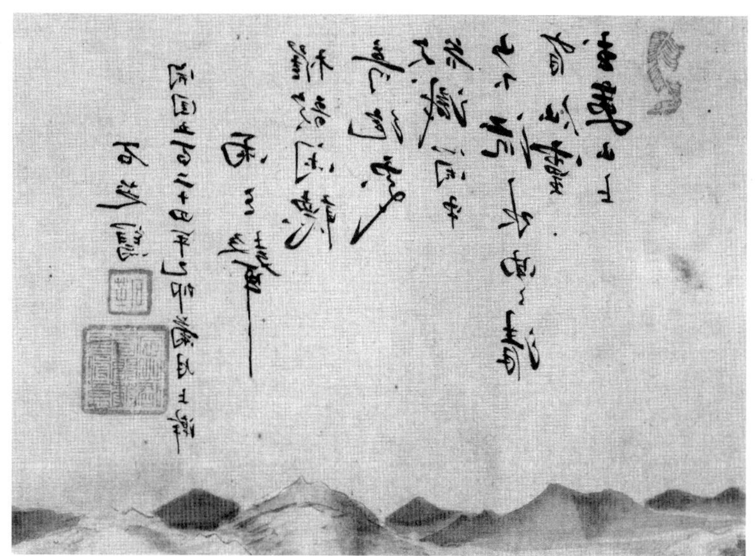

무이구곡도(武夷九曲圖)(10곡 병풍 부분)
채용신(蔡龍臣, 1850~1941), 1915, 종이에 채색,
107.4×37.3㎝, 국립중앙박물관

장판교의 장비
조선, 19세기, 종이에 수묵담채,
민화 6폭 중

주자는 공자, 맹자 다음의 존재로 일컬어지니 그럴 수 있다고 해도 『삼국지』 그림에 이처럼 신성神性(신과 같은 성격)을 부여했을까 궁금해진다. 사실 『삼국지』 정확히는 소설 『삼국지연의』의 등장인물 가운데 유비, 관우, 제갈량 등은 신격화된 지 오래다. 특히 관우는 중국 본토는 물론 대만, 동남아, 일본 등 화교가 거주하는 곳이면 신도가 많아 '아시아 최고의 신'이라 일컬어진다. 20세기 초엽까지도 관성교關聖教 또는 관제교關帝教라 하여 관우를 신으로 모시고 신앙하는 종교의 신도가 서울에도 상당수 있어 종교행사 때면 수천 명이 모였다고 전한다. 무속에서는 제갈량, 유비, 장비도 함께 신앙하고 있다. 『삼국지』의 주요 인물이 종교의 대상이 되었으니 『삼국지』를 그린 그림도 종교의 대상이 되었다. 『무이구곡도』 병풍과 『삼국지』 병풍에서 글씨가 반전되게 써진 것은 주자와 『삼국지』의 등장인물들이 병풍 뒤에 앉아 앞쪽을 바라본다면 바로 써진 것으로 보이기 때문으로 생각된다. 병풍을 일종의 '투명한 돌'과 같은 존재로 인식했기 때문이 아닐까 한다.

파교를 건너 매화를 찾다

산과 나무에는 흰 눈이 쌓여 있고 매서운 겨울바람이 윙윙거리는 소리가 들리는 듯한데 노인은 나귀를 타고 다리를 건너려 하고, 동자는 어깨에 짐을 잔뜩 짊어지고 나귀 뒤를 쫓아가고 있다. 노인이 엄동설한에 굳이 길을 나서야 했던 이유가 궁금하다.

그림에 보이는 다리는 중국 장안성 동쪽의 파수 위에 걸린 파교灞橋이다. 이 다리에 이르러 버들가지를 꺾어 송별의 뜻을 전하였다고 하여 '파교절류灞橋折柳'라는 성어도 있다. 당나귀에 탄 인물은 매화를 끔찍이 사랑한 당나라의 시인 맹호연孟浩然이다. 맹호연은 은둔과 귀향의 시인 도연명을 존경하여 평생 유랑과 은둔생활을 하며 술과 가야금을 벗 삼아 자연의 한적한 정취를 사랑한 작품을 남겼다. 그는 이른 봄이면 매화를 찾아 당나귀를 타고 장안에서 파교를 건너 눈 덮인 산으로 길을 떠났다고 한다.

〈파교심매灞橋尋梅〉를 그린 현재 심사정은 조선의 18세기 전반에 활약했던 대표적인 화가로 겸재 정선에게서 그림을 배웠다고 하며, 특히

파교심매도(灞橋尋梅圖)
심사정(1707~1769), 1766년, 비단에 수묵담채, 115×50.5㎝,
국립중앙박물관

산수를 잘 그려 공재 윤두서, 정선과 더불어 삼재三齋로 일컬어졌다. 전체적인 구도나 인물의 표현에서 조선 중기에 중국에서 전래된 『고씨화보顧氏畵譜』의 영향을 알 수 있다. 그러나 소라 껍질 모양의 언덕과 가지만 남은 헐벗은 겨울 숲, 그리고 화면을 압도하듯 솟아난 둥글둥글한 산 모양, 구불구불한 필선들은 심사정 만년의 전형적인 화풍을 보여준다. 심사정의 집안은 증조부가 영의정을 지낼 만큼 명문가였으나 조부인 심익창이 과거시험에서 부정을 저지르고 후에 영조가 된 연잉군을 제거하려다 신임사화에 연루된 후 몰락하여 벼슬길에 오를 수 없게 되었다. 집안이 풍비박산되자 부친 심정주와 심사정은 생계를 위해 어쩔 수 없이 그림에 전념하였다. 심사정이 18세기 당시 크게 유행한 이른바 '진경산수'에 경도되지 않은 것은 그의 집안의 당색이 소론이기 때문에 정치적으로 반대파인 노론에 의해 후원된 진경산수에 반감을 가진 때문으로 보기도 한다.

맹호연의 '파교심매' 고사는 탈속하고 고아한 선비의 풍류를 상징하는 대명사로 인식되어 눈이 가득 쌓인 적막한 산골에 핀 매화와 나귀를 타고 다리를 건너는 선비, 그리고 매화음梅花飮(매화 구경을 하면서 봄의 정취를 즐김)에 필요한 음식과 술 그리고 시를 짓기 위한 문방구 등을 담은 보따리를 들고 따르는 시동이 등장하는 그림이 그려졌다. 이제 이 그림은 추운 겨울날 길 떠나는 고집불통 노인의 모습이 아니라 아직도 정열을 간직한 노시인의 숭고한 행위로 보이게 된다. 동양의 그림은 보는 그림이 아니라 '읽는 그림(讀畵)'이라고 했다. 동양의 전근대시기 그림은 이처럼 상징과 의미가 켜켜이 쌓여 있음을 전제하고 접근할 필요가 있다.

그림의 보관

문인화에만 고상한 원칙이 있는 것이 아니다. 서책書冊이나 서화첩書畵帖 등을 종이나 비단 등으로 꾸며 만드는 행위를 요즘에는 일본의 영향을 받아 '표구表具'라고 쓰지만 조선시대에는 '장황粧潢·粧䌙·裝潢·裝䌙'이라 하였다. 동아시아 삼국에서 장황은 "종이나 비단으로 된 여러 가지 기록·감상물 들을 보존하고 활용하기 좋게 그 외형을 보강하여 꾸미는 것"을 의미한다. 다른 표현으로 하자면 장황은 "서화를 보호하고 지지하는 실용적 역할과 서화의 외형을 장식하여 예술성과 격을 높여주고자 하는 목적으로 작품을 꾸미는 형식, 형태, 기술 등을 총칭하는 용어"인데, 쉽게 표현하면 "보기도 좋고, 보관에도 좋게 하는 것"이다.

'粧'과 '裝'은 통용되는 글자이기 때문에 뜻의 차이는 없고, '潢'과 '䌙' 역시 혼용되어 사용되고 있다. 이밖에도 '회장繪粧·回粧', '장배粧褙' 등의 용어를 혼용하여 사용하기도 하였다. 한·중·일 가운데 우리의 장황이 가장 소박한 편이지만, 언제나 소박한 것만은 아니다. 조선 〈태조어진太祖御眞〉과 같이 장중하고 화려함의 극을 달린 작품도 있다. 반면 이른바 '당그림'이라 부르는 사당 등에 모시는 무신巫神의 그림이나 스님상, 근대의 초상화가 채용신의 인물화 등은 극히 단순화한 표구로 된 경우가 많다. 이는 대개 그려진 대상을 돋보이게 하려는 방식이다. 곧 작품의 종류·표구의 목적·대상 등에 따라 표구가 달라진다는 것을 염두에 두어야 한다. 손쉽게 한국·중국·일본의 표구의 특징을 간단히 정의하는 것은 무리일 수 있다는 의미이다.

장황에서 가장 중요한 것은 종이와 풀이다. 그림을 보관할 때에 가장 기본이라 할 수 있는 '배접褙接'을 먼저 살피고자 한다. 배접의 사전적 정의는 "종이·헝겊 또는 얇은 널조각 따위를 여러 겹 포개서 붙이는 일"로서 종이나 비단을 뒤에 붙여 작품을 보호하는 일을 지칭한다. 배접은 작품과 비슷한 종이를 사용하는 것이 가장 좋다. 종이가 비슷할수록 작품의 수축 및 이완이 배접지와 함께 이루어질 수 있기 때문이다. 그렇지 않으면 작품의 피로도가 높아지고 손상의 우려도 커진다. 풀은 '삭힌 풀'을 사용한다. 삭힌 풀이란 상온에 오래 보관하여 곰삭은 풀을 의미한다. 땅속에 묻어 두는 것이 가장 좋지만 아파트 등에 살 수밖에 없는 현대에는 오지항아리에 담아 두고 물을 자주 갈아주는 것이 방법이다. 그러면 단백질이 제거되는데, 맑은 물이 나올 때까지 반복한다. 삭힌 풀은 점착력이 떨어져 액자나 족자 등에 서화가 붙어 있을 정도로만 유지되게 한다. 너무 단단하게 붙으면 서화와 배접지, 액자나 족자가 이완되거나 수축될 경우의 수축될 때 작품이 훼손되기 쉽기 때문이다.

예전 전통 있는 표구집에서는 표구를 맡기면 "어느 곳에 걸 것인가"

를 물었다. 서화를 거는 곳이 목포나 부산이라 하면 바닷가이기 때문에 풀의 농도를 진하게 하고 질긴 종이를 써서 공기 속의 염분에도 잘 견딜 수 있게 하기 위함이다. 이처럼 전통과 관록은 괜히 나오는 것이 아니다. 그리고 작품의 건조기간은 길수록 좋다. 봄·여름·가을·겨울을 겪으면 작품의 인장력을 가늠할 수 있기 때문이다. 봄의 건조한 날씨, 여름의 덥고 습한 날씨, 가을의 맑고 청량한 날씨, 겨울의 추운 날씨를 견디며 종이와 비단의 수축과 인장의 정도가 확인되고 그에 따라 작품의 수축 및 이완 정도를 가늠하고 여유를 갖고 대비를 할 수 있다. 장황하기 좋은 계절은 가을이 제일 좋고 봄이 그 다음, 여름이 그 다음이다. 원칙상 겨울에는 장황을 하지 않는 것이 좋다. 그리고 작품은 손으로 만지지 않아야 한다. 특히 땀에 젖은 손은 더욱 그렇다. "지문은 양잿물로도 못 지운다"는 것이 표구가의 격언 가운데 하나인데, 땀에 젖은 손은 더 말할 나위가 없다. 옛 그림을 살피다 보면 특히 족자의 경우 벽에 걸어놓고 보는 것이 아니라 시종이 나무에 걸어 들고 서 있고 다른 사람은 이를 감상하는 것을 볼 수 있다. 족자를 감상할 때에만 펴 본 것은 그만큼 작품을 중요시했기 때문이다.

서화의 보관에 대하여 당나라의 화론가 장언원張彦遠은 『역대명화기』 2권 〈감식, 수장, 구입, 감상을 논하다(論鑑識收藏購求閱玩)〉에서 서화를 수장하고 감상할 때 주의할 내용을 이렇게 말했다.

> 호사가가 아니면 서화를 함부로 옮겨서는 안 된다. 촛불을 가깝게 해서 서화를 보아서는 안 된다. 바람이나 해를 향하게 하거나, 감상하기 직

전에 음식을 먹고 마시거나, 침이나 눈물을 흘리거나 손을 씻지 않은 상태로 서화를 보아서는 결코 안 된다. …… 집 안에서는 평평하고 안락한 상과 담요를 설치하고 서화를 볼 때마다 이것을 털어내어 작품을 펼쳐 보아야 한다. 큰 권축의 작품은 시렁을 설치하여 볼 때마다 걸어 놓아야 한다. 모든 서화는 때때로 펼쳐 보아야 좀이 나고 습기가 생기는 것을 피할 수 있다.

대체로 유리 액자가 작품의 보존에 유리한 것으로 생각하지만 반드시 그렇지만은 않다. 유리액자의 뒷면은 습기를 빨아들이기 마련이고 빨아들인 습기는 유리쪽으로 모이게 되어 작품을 손상시킬 경우가 많기 때문이다. 다만 물감을 두껍게 쓴 그림은 액자가 좋고 그렇지 않을 경우는 족자나 두루마리가 좋을 수 있다. 물감이 두껍게 발라진 그림을 접었다 폈다 하면 물감이 탈락하기 쉽기 때문이다. 액자는 벽에서 조금 띄워 바람이 통할 수 있게 해야 습기와 곰팡이로부터 차단할 수 있다. 족자나 두루마리는 접었다 폈다 하기 때문에 작품에 무리가 갈 수 있지만 말아놓으면 공기를 접하는 면이 최소화되어 작품의 보존에 오히려 좋으며, 축의 두께를 넉넉히 하면 말았다 폈다 할 때 필연적으로 발생하는 손상의 여지를 최소화할 수 있다. 작품에 곰팡이가 났을 경우에는 그늘진 곳에 두어 완전히 말린 후 곰팡이를 털어내야 한다. 곰팡이를 손이나 천 등으로 문지르면 그 부분은 손상되어 버리기 때문이다. 수장고 바닥은 나무판자로 공간을 만들어 바닥에서 올라오는 습기와의 직접적 접촉을 차단해야 한다. 무엇보다 서화작품은 가끔씩 펴보아서 작품의 상태를 확인하고 바람을 쐬어야 오래 보존할 수 있다.

자와 호

동양의 옛 그림에는 작가가 자신의 이름 대신 자字와 호號란 것을 써 넣어 헛갈릴 경우가 많다. 이름 알기도 어려운데 이름과 무관해 보이는 글자를 쓰니 동양화에의 접근은 이래서 더 어려워진다. 결론부터 말씀드리자면 이름대신 자나 호를 사용하는 것은 이름이 소중하기 때문이다. 부모에게서 받은 이름을 소중히 여겨 가급적 이름을 사용하지 않고 이름에 상응하는 호칭을 쓰는 것이라고 보면 되겠다. 윗사람에게는 자신을 본명으로 말하지만 동년배 이하의 사람에게는 자나 호를 썼다.

사람이 태어나면 이름을 짓는 것은 동양과 서양이 같지만 서양에서는 본명 외에 다른 이름을 사용하지 않는 경우가 대부분이다. 작가일 경우에는 필명pseudonym이라 하여 작품을 발표할 때 쓰는 가명이 있다. 필명을 쓰는 이유는 제각각이다. 『제인 에어』, 『폭풍의 언덕』 등으로 유명한 브론테Brontë 자매의 경우는 여자 이름으로 작품을 발표할 경우 출판되지 않거나 가볍게 취급당할 것을 우려해서 커러 벨Currer Bell 등 남자

이름을 필명으로 사용했다. 그런가 하면 작품에 따라 필명을 달리하는 경우도 있고 남자인데 여자의 이름으로 작품을 발표하는 경우도 있다.

동아시아의 전근대시기에는 자와 호라는 것이 있어 본명과 함께 사용했다. 자·호·이름 모두 세 개를 사용하게 되는 것이다. 우리의 경우는 아이가 태어나면 아명兒名을 지었다. 본인의 의지와 관계없이 부모나 가족의 의지가 담긴 이름으로 대체로 투박하거나 발음상 촌스러운 경우가 많았다. 귀신이 질투하지 못하게 한다고 하여 '개똥이' 등 막 부르는 이름을 불렀다가 성인이 되어야 비로소 정식 이름이 주어지게 된다. 정식 이름을 성인이 되는 의식인 관례冠禮를 올릴 때 지어준다는 의미에서 관명冠名이라 하는데, 관례는 대개 15세에서 20세 사이에 올리는 것이 원칙이다. 자는 한 사람이 성인으로서 살아가는 데 지침 또는 귀감이 되는 의미가 담기게 되는데 대개 부모나 스승 등이 지어 준다. 호는 자신이 짓기도 하고 주변에서 지어주기도 한다. 점차 성인이 되면서 작명의 주체가 부모에서 스승으로, 스승에서 자신과 자신의 주변으로 바뀌게 되는 것이다. 이것은 주체성의 확립과 관련되어 있는 행위라 할 수 있다. 선인들의 이름 짓기야말로 한 인간으로서 홀로서기의 상징이었다.

이름과 자의 연관성을 조선 초기의 학자로 생육신의 한 사람인 김시습金時習을 통해 살펴 보고자 한다. 김시습의 자는 열경悅卿이다. 『논어』의 시작인 "배우고 때로 익히면 또한 즐겁지 아니한가(學而時習之 不亦說好)"에서 그의 이름 시습이 나온 것이고 그의 자 열경은 '불역열호'에서 나왔다. 여기에서 열說은 열悅과 발음과 의미가 같고 '경卿' 은 남자의 미칭美稱(아름답게 부르는 이름)이다. 김기창 화백의 호 운보雲甫의 '보甫' 역시 마찬가지이다. 이처럼 자는 대개 고전에서 취하는 경우가 많다.

김용준은 자신의 호에 대한 풀이를 다음과 같이 하였다. 우리에게 알려진 근원이라는 호를 짓게 된 과정이 재미있게 묘사되었는데, 당시는 일제의 창씨개명 정책에 따라 이름을 일본식으로 바꾸어야만 했던 시기였다.

> (친구가 자신의 이름을 일본식으로 부르며 비꼬자: 필자) 그길로 나는 호를 갖기로 작정했고 그 뒤로 지은 호는 마침내 한두 개가 아니었다. 매화를 사랑하여 매정梅丁이라고도 하고, 감나무 집에 살아서 노시산인老柿山人이라고도 했다. 또 평생 남의 흉내나 겨우 내다가 죽어버릴 인간이라 근원近猿이라 했더니 같은 동물에 같은 글자이면서도 밉고 고운 놈이 있는지 아호에다 원猿 자만은 딱 붙이기 싫어서 원園자로 고치고 말았다.
>
> —〈검려지기〉,『근원수필』

첨언하자면 호는 자신의 고향이나 사는 곳에서 빌리는 경우가 많다. '퇴계退溪'는 이황이 살던 곳의 개울이름이다. 원래 이름은 토계兎溪인데, 토계에 물러나 살겠다는 의미에서 퇴계가 되었다. '율곡栗谷'은 이이가 지내던 밤나무골의 한자표기일 따름이다. 퇴계와 율곡을 거론한 이유는 젊은 작가들이 종종 감당 못할 큰 글자인 '大'·'巨'·'高'·'正' 자 등을 써서 호를 짓는 경우를 볼 때가 있기 때문이다. 그럴 때면 호 때문에 이름이 빛나게 된 적이 있는가를 묻고 싶어지곤 한다.

한국 서화사書畵史의 보전寶典이라 일컬어지는 오세창吳世昌의『근역서화징槿域書畵徵』을 번역하신 한학자 권우 홍찬유 선생님께서는 경주 최씨 문중 주최로 개최된 지리산 자락의 시모임에서 최치원에 대한 시를 지으실 적에 "선생께서 들어가시자 이 산이 높아졌다(先生移入此山高)"라고 하였더니 문중 사람들이 무척이나 좋아하더라고 회고하신 바 있다. 산이 그냥 유명해지는 것이 아니고, 훌륭한 인물이 있어야 그 산이 빛나게 되는 것이라는 말씀을 하시면서 해맑게 웃으시던 선생님의 모습을 기억한다. 지리산과 같은 큰 산도 그러한대 하물며 보통 사람의 경우는 더 설명할 여지가 있을지 모르겠다.

우리 서화의 수난

일요일 아침 인기 TV 프로그램으로 'TV쇼 진품명품'이 있다. 우리는 이 프로그램을 통해 옛 물건의 중요성과 의미를 되새기는 소중한 시간을 갖기도 하지만, 감정가격이 나오는 전광판 보는 재미도 쏠쏠하여 인기 프로그램이 된 것이 아닐까 한다. 종종 귀한 작품이 나와서 화면으로나마 안복眼福(진기한 것, 뛰어난 것, 아름다운 것 등을 보게 된 행복. 눈의 호강)을 누리게 해주지만, 그림의 제작 시기는 대개 조선 후기 이후이다. 그럴 수밖에 없는 안타까운 현실이 있다. 전통시대 우리나라의 회화는 고려나 조선 초기는 물론 조선 중기의 것도 극히 드물기 때문이다. 따라서 시대가 올라가는 새로운 자료의 발굴은 연구자들에게 주어진 크나큰 염원이자 과제이기도 하다. 중국은 물론 일본 만해도 우리의 삼국시대에 해당하는 시기의 유물은 물론 그 이전시대의 유물도 많아 우리와는 연구 환경 자체가 다르다. 슬프고 안타까운 현실이 아닐 수 없다. 서화는 습기와 불에 취약하여 보관에 조금만 신경을 놓아도 회복하기 힘든 손상을 입기 때문에 보존이 어렵다는 것은 알려진 사실이지만, 문화민족을 자처하는 우리가 어쩌다 이런 지경이 되었을까 하는 안타까운 생각이 들 때가 많다.

우리의 서화가 당한 수난을 잠시 살펴보고자 한다. 조선 후기의 실학자 이규경은 그의 백과사전적 저술인『오주연문장전산고』의 〈대동서액변증설大東書厄辨證說〉에서 우리나라 책의 모질고 사나운 운수 열 가지(十厄)를 아래와 같이 들었다.

① 중국 당나라 이세적李世勣이 고구려를 평정한 후 전국의 서적을 평양으로 모아 보니 그 문물이 당나라만 못하지 않자 시기하여 전부 불태움
② 견훤이 삼국의 서적을 전주로 모았는데 패망하게 되자 불사른 것
③ 고려 때에 여러 차례 전란을 겪어 서적이 많이 타고 낙질落帙이 생김
④ 조선 명종 때에 경복궁에 불이 나 사정전思政殿 이남이 모두 타 버릴 때 역대 전적이 거의 타 버림
⑤ 임진왜란 때의 난민亂民과 왜적들의 방화
⑥ 병자호란 때의 청군과 난민들의 방화
⑦ 임진왜란과 병자호란 때에 왜군과 청군의 약탈
⑧ 이괄의 난에 의해 많은 도서가 불에 탐
⑨ 우리 겨레가 전적을 귀히 여기지 않아 종이를 제지원료로 쓰거나 벽을 바르는 등으로 인해 많은 책이 없어짐
⑩ 장서가들이 자신이 읽지 않고 타인에게 빌려 주지도 않으니 쥐와 좀의 밥이 되고, 하인들이 주인 몰래 팔아먹어 결본이 많아짐

①에서 ⑧까지는 역사적 사건을 말했고, ⑨와 ⑩에서는 책을 아끼지 않는 우리 민족의 기질과 약속을 지키지 않는 장서가들의 욕심을 꼬집었다. 이상 언급한 내용은 물론 책과 관련된 내용이지만 그림과 글씨도 이와 크게 다르지 않은 운명이라는 점에서 이 내용은 주목할 만하다. 여기에 근대의 화가이자 미술이론가인 김용준이 말했듯이 근대에 들어 갈수록 커진 '새로운 것에의 갈망'을 추가할 수 있을 것이다.

> 신사조에 대한 갈망은 날이 갈수록 높아져서 안창남이가 고국 상공에 은익銀翼을 나타냈을 때는 신여성으로부터 수십 장의 연애편지를 받았고,[1] 가가호호이 조선祖先 전래의 진서珍書·기보奇寶는 휴지 값, 개 값으로 팔아 치우고 하는가 하면, 이러한 신사조의 동경은 한번 발을 헛디디매 말末에는 일어상용日語常用의 가정이 나타나고 소위 일선동조론日鮮同祖論까지 제창하는 패가 나타나기에 이르렀다.[2]

근대에 들어서 새로운 것에의 관심이 커질수록 과거의 것들에 대한 염증은 커졌고 그에 비례하여 옛 유물을 소중히 다루지도 않았고 보관하지도 않게 되었다. 소중한 고려청자·조선백자를 몇 푼 되지도 않는 양은냄비·호마이카 장롱과 바꾸며 기뻐했던 것이다. 위에서 살펴

1) 안창남(安昌男, 1900~1930): 한국 최초의 비행사. 비행사가 될 것을 결심해 비행기 제조법과 조종술을 배우고 도쿄·오사카 사이의 우편 비행기 조종사가 되었다. 독립운동을 하기 위해 이상재 등의 주선으로 상하이에서 타이위안 비행학교 교관이 되고 중국의 혁명전선에 참가했다.

2) 일선동조론(日鮮同祖論): 일제에 의해 강요된 식민사관의 일종. 일본인과 조선인의 조상은 동일하다는 내용이다. 즉 원래부터 하나의 민족이었으니, 일제가 한국을 지배하는 것은 정당하다는 논리이다.

본 내용만큼 아니 그보다 더욱 큰 파괴적 영향을 준 것으로 6·25 전쟁을 꼽을 수 있을 것으로 생각한다. 그리고 최근 돌아가신 고 박완서 선생의 소설『그 많던 싱아는 누가 다 먹었을까』에서 언급한 '한지공예'도 넓게 보면 이규경이 언급한 ⑨의 경우에 함께 포함시킬 수 있지 않을까 싶다.

그때(6·25 전쟁 직전의 시기: 필자) 우리 시골에선 종이로 그릇 만드는 게 크게 유행했다. 책이건 창호지 뜯은 거건 한지로 된 거면 무엇이든 재료가 되었다. 맹물에 오래 담가 놓은 건지 양잿물 같은 걸 섞은 물에 담가 놓은 건지 아무튼 헌 한지가 하얗게 될 때까지 담가 놓았다가 꼭 짜서 걸쭉하게 쑨 풀물과 함께 절구에다 잘 찧은 재료였다. 그렇게 찧어서 찰흙처럼 찐득찐득 해진 걸 집에 있는 큰 함지박이나 작은 동고리짝 같은 기존의 그릇 위에 적당한 두께로 입히기도 하고, 혹은 본 없이 손으로 자유롭게 빚기도 해서 말리면 그릇 모양이 된다. …… 할아버지가 골방 하나 가득 남기신 고서 때문에 우리는 마을에서 제일 많은 그릇을 만들 수 있는 그릇부자가 된 셈이었다. …… 할아버지 책을 그 지경을 만들었으니 주로 할아버지 얘기였다. 거의 험담이었지만 충분히 애정이 어린 거여서 듣기 싫진 않았다. …… 반평생의 며느리 노릇을 짓누르던 권위주의로부터의 당돌하고도 상쾌한 해방감 때문이었을까. 나는 다만 구경꾼에 불과했지만도 그 장면은 언제 떠올려도 선명하고도 정겹다. …… 먼 훗날, 신문 같은 데에 시골 선비 집에서 귀중한 자료가 될 만한 고서나 국보적 가치가 있는 문헌이 발견됐단 소식이 나면 엄마는 "그때 우리가 참 무지막지한 짓을 했지." 하면서 계면쩍게 웃곤 했다. 할아버지 책 중에도 그런게 있을 수도 있지 않았나 하는 후회의 뜻이겠으나 나는 별로 그렇게 생각하지 않는다. 할아버지의 장서를 무시해서가 아니라 문헌의 가치도 중요하겠지만 그때 며느리들이 누린 해방감도 그에 못지않게 중요하다고 생각한다.

며느리들이 둘러 앉아 종이그릇 만들며 시댁 어른들 흉을 보는 등 흥겨운 수다를 떠는 모습을 옆에서 보는 듯하다. 노대가의 추억을 폄훼하려는 게 아니다. 옳으신 말씀이지만 이른바 전통문화를 전공하는 사람으로서 안타까운 부분이 없지 않다는 것이다. 민속학자들은 우리의 전통문화가 급격히 사라지게 된 또 다른 중대한 계기로 '새마을운동'을 꼽는다. 1970년부터 시작된 범국민적 지역사회 개발운동인 새마을운동으로 말미암아 우리의 옛 것과 전통문화를 무시하는 풍조가 한층 더 심화되었다는 지적이다. "초가집도 없애고 마을길도 넓히"는 와중에 소중한 민속품과 옛 문물이 속수무책으로 파괴되고 훼손되었음은 굳이 예를 들지 않아도 될 듯하다.

골동가 격언

'촌철살인寸鐵殺人'과도 같은 고미술계의 격언인데, 고미술품을 매매하고자 할 때는 물론 고미술품의 감상에도 참고할 만한 내용이다.

- **감정에 왕도는 없다** 이론과 학문적 배경만으로는 진부 여부를 알 수 없다. 골동품을 가려내는 데에는 연륜과 경험이 필요하다.
- **그림 팔아 밥 먹고 자기 팔아 재산 모은다** 도자기의 애호층이 넓고 수장가의 선호도가 높기 때문에 도자기를 취급하면 돈을 벌 수 있다는 의미이다. 도자기는 직접 만져볼 수 있는 매력과 보관만 잘하면 어떤 자연조건에도 거의 변질되지 않는 안전성이 있다. 충격에 약하여 파손의 위험이 있지만 오히려 희귀성과 애장열을 높히는 요소가 되기도 한다.
- **바람난 물건은 금기** 골동은 조용하고 은밀한 묘미가 생명인데 요란하게 바람 타는 물건은 조심해야 한다. 족보가 분명한 물건일수록 소리 없이 주인을 찾는다. 아무리 욕심나는 물건이 있어도 여러 사람

을 거친 '바람난 물건'은 일단 보류하거나 값을 깎는다. 남이 갖고 있지 않거나 남이 모르는 물건을 소유하는 기본적 소장욕구가 많이 삭감되었다는 이유에서이다. 좋은 상품이 선전되는 일반적인 경우와 다르다. 비슷한 격언으로 "물건은 돌면 풀이 꺾인다"가 있다.

- **혈통보다 인물이 중요하다** 혈통은 언제 어디에서 출토되었는가 등의 족보이고 인물은 흠이 생겼거나, 파손되어 정형을 한 경우를 의미한다. 학술적 가치를 중시하는 학계에서는 결함 여부에 상관없이 그 중요성이 인정될 수 있지만 골동의 세계에서는 흠이 있거나 수리된 물건은 3등품이 된다.
- **싸고 좋은 물건 없다** 물건은 제값을 주어야지 싸게 사서 일확천금하려는 습성을 버려야 한다. 간혹 골동으로 횡재를 하였다는 기사가 있지만 그런 일이 벌어질 확률은 거의 없고 대개의 경우 끊임없는 노력과 투자에 의한 것임을 명심해야 한다.
- **큰 물건이 새끼 친다** 큰 물건을 만져야 소득도 커지고 신용도 높아지며 고객의 수준도 높일 수 있다. 좋은 물건을 제공하면 이를 계기로 또 다른 고객을 확보할 수 있다.
- **부르는 게 값, 사는 값이 정가** 물건마다 정확한 값이 정해 있는 것이 아니다. 천태만상의 가격구조이기 때문에 같은 물건이라도 가게에 따라 값이 일정하지 않음을 의미한다.
- **모든 물건은 제각기 임자가 있다(物各有主)** 아무리 욕심을 내도 자기 수중에 들어오지 않는 물건이 있는가 하면 정말 꼭 필요한 사람에게 물건이 갈 때를 지칭할 경우이다.

- **싸다고 팔리는 것도 아니고 비싸다고 안 팔리는 것도 아니다** 불경기라고 해서 물건 값을 내리는 경우가 있는데 그럴 경우 오히려 고미술 업계 전반을 위축시킬 수 있다. 물건만 좋으면 골동은 언제든 제값을 받을 수 있다는 의미이기도 하다.
- **골동상의 말로는 비참하다** 골동상들이 도굴, 도난품 등 불법적인 거래에 연관될 경우가 많기 때문에 인생의 말로가 순탄치 않다는 의미와 함께 감정의 어려움을 이야기할 경우이다. 한 번 큰 물건 감정을 잘못할 경우 패가망신할 수 있는 위험성이 언제나 있다는 의미도 된다.
- **시집보낸다** 책이나 서화나 골동이나 고급 희귀품일 경우에는 함부로 누구에게나 돌리는 것은 절대로 금물이다. 그 물건의 가치를 알아보고 또 그 물건을 구입할 수 있는 재력이 있을 만한 곳을 선택하여 소장하게 한다.
- **닭이 열 마리면 봉이 한 마리** 물건이 많으면 좋은 물건이 반드시 있다. 훌륭한 작품이 허접한 물건들 속에 섞여 있을 수 있으니 철저히 살펴보아야 한다는 의미이다.
- **속을 줄 알아야 한다** 주인이 가짜를 알고 팔았다면 다음번에는 물건을 모두 내 보이는 성의를 보일 것이고, 모르고 팔았다면 주인이 알았을 때 다음 물건에서 보상할 것이라는 의미.
- **무조건 깎는다** 흥정에 있어서는 아무리 싸더라도 달라는 대로 선뜻 다 내주면 상대방에서 아차 너무 싸게 파나보다 하는 의심을 갖는 동시에 흥정이 깨지는 수가 있기 때문에 무조건 깎는다. 단 이 경우는 골동상이 물건을 구입할 경우이다.

제13674호 (제3종우편물(가)급인가) 경 향

인사동骨董街 비탈에 서다

명소 인사동骨董街가 봉
의면한채 잠잠하다. 올들
출법과 문화벨트조성등
材에도 불구하고 유독
깊은 동면에서 헤어나
있다. 더욱이 인사동 골
맥을 이어온 好古齋 靜
등 10여개의 대형
연일 개점휴업상태인데
에서 몰려온 세무조사
겹쳐 사상최악의 존폐
고 있다.
2백여 골동상들이 군웅
상부한 거리의 박물관
던 인사동 골동가가 이
위기에 허덕이기는 처
현재 서울시내 골동좌
개 가운데 장안평에 30
동에 40여개가 있으나
거지라 할수 있는 인사
20여개의 좌상만이 초
리를 지키고 있는 실정
난84년 서울시가 구상
통의거리」조성계획조차
되면서 현대식 고층빌딩
·술집·다방등이 기하급
증가, 고풍어린 인사동
퇴색한것도 오래전의
게다가 그나마 물건수급
던 골동품행상들조차사

稅務조사등 영향 의외로 긴 겨울잠

20여坐商만 겨우명맥…活性化대책 절실

침체된 인사동 골동가를 조명한 1990년 3월 6일자 《경향신문》 기사

아래는 수집가의 철칙이다.

① **골동상과 사귀어두라** 그들은 당신의 눈과 귀가 되어줄 것이다.

② **골동상을 제대로 골라야 한다** 당신의 취향이나 경제 상태를 잘 이해하는 양식 있는 골동상을 찾아야 한다.

③ **다 보려고 하지 마라** 시간을 두고 차분히 선별하라.

④ **재정형편에 유의하라** 욕심은 금물이다.

⑤ **사고 싶으면 지체 없이 사라** 다음에 가면 없어질 것이다.

⑥ **선반에 올려놓거나 금고에 두려면 사지마라** 매일같이 만지고

사용할 수 있는 것을 골라라.

⑦ **물건 값 깎지 마라** 여러 가지를 묶어 사는 경우가 아니면 절대 깎지 마라.

주자도 조조체를 썼다

조선 말기의 중국어 통역관 이상적李尙迪(1804~1865)은 제주도에 유배된 스승 추사 김정희에게 중국의 귀한 책들을 여러 차례 보냈다. 명문가에서 태어난 당대 최고의 학자이자 서화가였지만 바닷가에서 제주의 어린아이들을 가르치며 무료한 날을 보내던 김정희는 이상적의 정성에 대한 보답으로 그림을 그렸다. 이 그림이 조선 문인화의 최고봉으로 꼽히는 〈세한도歲寒圖〉이다. '세한'이란 설 전의 매서운 추위를 뜻하고 세한도란 소나무, 대나무, 매화 등 추위에도 아랑곳하지 않고 자신의 고유한 성질과 품격을 지키는 식물에 비유하여 정절과 의리를 지키는 사람 또는 그 정신을 빗대어 그린 그림이다.

〈세한도〉를 탄생하게 한 이상적은 시인으로도 유명했다. 이상적의 시집이 『은송당집恩誦堂集』, 곧 "은혜로이 읊어주신 책"이라는 제목이 된 것은 헌종이 그의 시를 즐겨 읽었기 때문이다. 엄격한 신분제 사회인 조선에서 임금이 중인 신분에 불과한 그의 시를 즐겨 읽었다는 사실은 매우 특별한 예이다. 『은송당집』에 수록된 〈위나라 조비가 천자 자리를 받음을 기록한 비석〉 탁본에 대한 시를 보면 주자朱子가 연못에서 조조의 글씨를 배웠다"는 대목이 있다.

글씨란 원래 사람에 따라 없어지는 게 아니니	翰墨原不以人廢
혹은 연못에서 조조의 글씨체를 배우기도 했다	或有臨池學曹瞞

'임지臨池'란 글씨 쓰는 법을 연습하는 것을 의미한다. 후한시대 장지張芝가 연못에 가서 글씨를 연습하는데 연못물이 모두 검게 되어 뒷사람들이 서법 익히는 것을 임지라고 한 데서 비롯되었다. '조만曹瞞'은 삼국지의 영웅 조조이다. 그의 어렸을 때 자가 아만阿瞞이었으므로 그렇게 부른다. 주자가 조조의 글씨를 배웠다는 사실은 주자의 《회암제발晦庵題跋》에 "어린 시절에 나는 이를 본보기로 삼아 배웠다."는 대목으로 알 수 있다. 전해오는 이야기로는 어릴 적에 물에 떠내려 온 글씨를 보고 좋아해서 그 글씨를 본으로 썼는데, 나중에 알고 보니 조조의 글씨였다고 한다.

사단법인 유도회 한문연수원장을 지내신 원로한학자 권우 홍찬유 선생님은 철저한 반일주의자로서 대화 가운데에 어쩌다 근대의 인물이 언급될 경우에는 그들의 친일상을 꼽으시며 일갈하시곤 하셨다. 반일·극일을 생활화하셨다고 해도 과언이 아니었는데, 아이러니하게도 초밥을 그렇게 좋아하셨다. 반일과 초밥은 상극으로 여겨졌지만 혹시나 선생님께서 불편해 하실까봐 그 모순을 여쭤볼 수 없었는데, 어느 날 선생님이 기분 좋으실 때를 맞추어 살짝 여쭈었더니 "주자도 조조체를 썼다."고 간결하게 답하셨다.

유교적 의리와 대의명분에 철저한 주자가 간신 또는 악당의 대표자격인 조조의 글씨를 썼다는 것인데, 전혀 상상 못한 말씀이신지라 갈피를 잡을 수 없었다. 조조를 『삼국지연의』 최고의 영웅으로 보는 시각도 물론 있지만, 자신의 이익만 좇는 간교한 인물의 전형으로 보는 것이 일반적이니 말이다. 조금 뒤 "글씨가 좋으면 어쩔 수 없다."는 설명의 말씀을 듣고서야 의문이 풀렸다. 작품이나 예술이 좋으면 어쩔 수 없다는 말씀이셨다. 예술작품의 판단에 정치나 도덕 등 작품 외적인 판단을 우선할 필요가 없다는 의미로 받아들여도 될 듯하다.

우리는 마피아 생활을 한 적이 없어도 프란시스 코폴라의 영화 〈대부〉가 재미있고, 판타지 소설을 즐겨 읽지 않아도 〈반지의 제왕〉의 화려한 영상미에 푹 빠지게 된다. 영화가 그렇듯 글씨나 그림도 도덕적 잣대나 취향 또는 기준을 먼저 정해놓고 접근하는 것은 시야를 협소하게 할 뿐이라는 생각이 들곤 한다.

군산 이우도

— 전란 속에 꽃피운 우정 —

임진왜란(1592~1598)은 태평성대를 구가하던 조선에 엄청난 충격을 주었다. 우여곡절 끝에 종묘사직을 지켜냈지만 그 상처는 너무나 커서 회복에 오랜 시간이 걸렸다. 우리는 임진왜란, 북한에서는 임진조국전쟁, 중국에서는 항왜원조전抗倭援朝戰·만력조선역萬曆朝鮮役·조선왜화朝鮮倭禍, 일본에서는 분로쿠 게이조의 역文祿慶長の役·정한역征韓役이라 부르는 전쟁 이후 명은 청으로 왕조가 바뀌었고 일본은 도요토미 히데요시 정권에서 도쿠가와 막부 정권으로 바뀌었다. 조선과 명, 일본에 모두에게 지대한 영향을 준 것인데, 삼국은 서로 승리했다고 주장하지만 전쟁터가 된 조선이야말로 가장 큰 피해를 입었다. 조선시대의 역사를 구분하는 방식은 전기·후기로 나누는 2분법, 초기·중기·후기로 나누는 3분법, 3분법에 말기를 추가하는 4분법 등이 있으나 어떤 경우든 가장 중요한 계기는 임진왜란과 임진왜란 이후 동아시아의 재편과정에서 벌어진 병자호란이라는 점에서 임진왜란의 중요성은 새삼 재론할 여지가 없다.

임진왜란으로 말미암아 조선은 국토가 황폐화되고 민생은 도탄에 빠졌으며 정치·경제·문화·사회·사상 등 각 방면에 걸쳐 심각한 타격을 받았다. 그림 역시 세종연간으로 대표되는 초기의 활력을 잃었음은 물론 조선의 가장 중요한 대외교섭창구이자 동아시아 문화의 중심이었던 명나라의 문화적 자극도 조선에 큰 영향을 주지 못했다. 임진왜란을 전후한 시기인 1550년에서 1700년의 기간을 지칭하는 조선 중기의 회화는 조선 초기 그림의 양상이 그대로 유지되었고 작품의 제작 등에서 위축되는 양상을 보였다.

그러나 임진왜란의 와중에도 문인들의 교유와 풍류는 단절되지 않았고 문화활동도 지속되었음을 우리는 〈군산이우도〉를 통해 확인할 수 있다. 목숨이 위태로운 상황에서 이루어진 마음이 통하는 문인들의 조우야말로 평상시의 경우와는 비교할 수 없는 반가움이었으리라. 조선 초기의 문신 조말생의 6대손이자 율곡 이이의 생질인 조영趙嶸(1572~1606)은 임진왜란 중에 서해의 군산도로 피신을 하였다. 군산도는 천혜의 경관으로 유명한 선유도가 있는 고군산군도로서 현재는 전라북도 군산시에 속하며 군산 남서쪽 약 50㎞에 해상에 위치해 있는데 새만금간척사업으로 인해 육로로 연결되었다. 조영은 "시를 잘 읊고 술 마시기를 즐겼으며 세상일에는 마음을 쓰지 않았다"고 미수 허목이 『미수기언』에서 언급한 것으로 보면 그의 성품이 대략 짐작된다. 조영은 그의 성품처럼 벼슬에 오르지 않고 시문과 글씨, 산수화에 두루 관심을 보이며 일생을 즐기며 살아간 인물이었나 보다. 조영은 그의 나이 20세 때에 임진왜란이 일어나자 장인 성로成輅와 함께 군산도로 피신하

군산이우도(群山二友圖)
조영(趙嶸), 1593, 비단에 엷은 색, 33.3×45.8㎝, 건국대학교박물관

였다가 문인 김주金輳(1564~1636)를 만났다. 의기투합한 두 사람은 서로의 정회를 돈독히 하기 위해 김주가 시를 짓고 조영이 그림을 그려 『군산이우도첩』을 1593년에 완성하였다. 성로와 조영, 김주는 1597년까지는 군산도에 있다가 정유재란이 시작되어 왜군이 충청도로 침입하자 강화도로 다시 피신하였다.

〈군산이우도〉의 뒤쪽에 붙어있는 김주, 조영, 권필, 박경립 등 당시 문인들의 〈군산이우도〉에 대하여 쓴 〈서序〉, 〈시詩〉, 〈제題〉, 〈발跋〉 등은 조영과 김주의 생과 그림에 대한 여러 정보를 제공해 준다. 그리고 김주의 『운암문집』, 권필의 『석주집』, 허목의 『미수기언』 등 16·17세기 문인들의 글 속에 〈군산이우도〉가 언급된 것으로 미루어 당시 지식인들 사이에 조영과 김주의 만남과 〈군산이우도〉는 알려진 내용이었던 것으로 보인다. '한국 서화사의 보전寶典' 또는 '한국 서화사의 시작과 끝'이라 평가되는 오세창의 『근역서화징』에도 소개되어 있는 〈군산이우도〉는 조선 중기 이전의 작품이 많이 남아 있지 않은 우리의 상황, 특히 임진왜란 당시에 제작되었다는 점에서 그 중요성을 강조할 필요가 없는 작품이다.

이제 〈군산이우도〉를 보자. 바다로 보이는 물가의 언덕에 비스듬히 길게 자라나 있는 커다란 소나무 아래에 두 사람이 앉아있고 그 뒤로는 멀리 산이 표현되어 있는데, 작품 전반에서 깔끔하고 정갈한 표현이 돋보인다. 비스듬히 대각선으로 길게 자라난 소나무, 진한 먹으로 표현된 소나무 옹이, 먹색의 대비가 강한 물가의 바위 등은 조선 초기에 명으로부터 들어와 조선 중기 화단에 큰 영향을 준 절파浙派화풍의 반영이다. 소나무 아래 책갑과 술병이 올려 있는 작은 책상几案을 옆에 두고 앉아 있는 두 선비 중 은은한 회색의 학창의를 입고 책을 들고 있는 인물이 김주, 흰색 학창의를 입고 돌아 앉아 술을 권하는 인물이 조영으로 생각되는데 두 사람 모두 방건方巾을 쓰고 있다. 학창의와 방건은 모두 학자나 고관이 편안히 생활할 적에 사용하는 것으로서 두 사람이 피란 중에도 이러한 차림을 했다기보다 어려운 시대와 환경 속에서도 학자로서의 품격을 잃지 않으려는 의식적인 노력으로 여겨진다. 궤안 위에 놓인 책갑과 술병 역시 이와 같은 경향이다. 〈군산이우도〉에서 특정한 경치가 묘사되지 않은 것은 문인들의 교유의 기념과 아취 있는 서정을 표현하려는 것이 제작의 가장 중요한 목적이었기 때문으로 여겨진다. 1593년 봄에 각각 그림과 글씨를 나누어 〈군산이우도〉를 그릴 당시 조영은 21세, 김주는 29세가 된다. 〈군산이우도〉는 자연경관과 인물의 적절한 조화와 원숙한 농담 조절 등으로 미루어 남아있는 작품이 이 한 점 밖에 없지만 조영의 화가로서의 기량과 격조가 뛰어났을 것으로 생각된다.

다시 말해 〈군산이우도〉는 임진왜란이라는 미증유의 대혼란 속에서도 고아한 품격과 이상을 잃지 않으려 했던 문인들의 노력을 볼 수 있게 해주는 작품이자 국난의 와중에도 문화 예술활동의 명맥은 유지되고 있었다는 사실을 알려주는 소중한 예이다. 특히 전해오는 작품의 수효가 절대직으로 부족한 조선 중기 회화사 연구에 〈군신이우도〉는 인식의 깊이와 폭을 심화하고 확장하는 데에 중요한 기여를 하고 있다.

[드림건국, 2014, 봄호]

어느 미술사가의 낭만적인 유럽문화 기행: 서평

> 다시 미술관 밖으로 나선다. 하늘의 푸른빛이 훨씬 더 짙어졌다. 그야말로 짙은 쪽물이 금방이라도 쏟아져 내릴 듯하다. 하늘을 넉넉히 품은 운하의 물빛도 하늘만큼 깊다. 아, 더 이상 태양의 유혹을 외면할 수 없다. 내 그들의 유혹을 기꺼이 받아들이리라.

'문화', '낭만', '유럽', '기행', '미술' 모두 우리 시대의 코드와 직결되는 단어이다. 다소 나른하면서도 부르주아적인 이런 단어들이 우리에게 가까이 다가온 것은 그리 오래되지 않았다. 1980년대 중반에 들어 이른바 '해외여행 자유화 조치'가 내려졌으니 이제 우리도 20년이라는, 어쩌면 짧고 어쩌면 그럭저럭 논할 만한 연륜을 갖게 된 셈이다.

오늘도 인천공항은 숱한 여행객으로 북새통이지만 과연 이들이 여행지의 박제된 표피와 진열장 안에 정리된 유물의 '구경'을 넘어선 해석과 논리를 가질 수 있을까 하는 생각이 들곤 한다. 모든 사람이 자신만

『어느 미술사가의 낭만적인 유럽문화 기행』, 정석범 지음, 루비박스, 2005

의 관점을 가질 수도 없고 그럴 필요도 없지만 쉽게 떠나기 힘든 게 장거리 해외여행이니 남들도 알고 자신도 아는 것을 '단체'로 보고 오는 차원을 넘어서려면 약간의 준비가 필요하다는 생각이 들곤 한다. 여행다운 여행을 위해서라면 약간의 투자와 공부는 필요하지 않을까 싶은 것이다.

미술사 전공자답게 저자의 주된 관심은 방문한 도시들의 시각예술, 특히 그림이다. 저자는 시각예술이 사회와 문화, 정치의 유기적이고도 복합적인 산물이라는 사실을 차분하고도 예민한 글쓰기를 통해 잘 보여 준다. 한마디로 이 책은 시각예술의 인문학적 맥 짚기라 할 수 있는데, 특히 도시마다 중심 테마를 선정하여 완결된 하나의 스토리를 갖게 한 것은 이 책의 가장 큰 미덕이다.

저자가 둘러본 피렌체, 톨레도, 암스테르담, 파리, 런던, 베네치아는 모두 유명 미술관이 있는 도시로서 각 도시의 특징은 기존 관념과 연결되기도 하고 특유의 삐딱한(?) 시선으로 인해 낯설어 보이기도 한다. 저자의 독특한 관점은 본문에서도 언급한 "우리에게 낯익은 대상이 그것과는 상관없는 장소에 놓여졌을 때 느끼는 이른바 '데페이즈망 dépaysement · 전치 · 轉置'에 의한 당혹감과 신선함"을 만끽하게 해주는 반가운 체험이다.

피렌체에서 사보나롤라의 죽음을 목도하고, 톨레도에서는 묵시록의 장면과 맞닥뜨리기도 하며, 파리에서 모디아노의 소설 속 고독한 소녀를, 베네치아에서는 비스콘티의 '베네치아에서의 죽음'을 떠올리지만 여정의 곳곳에서 경박한 일본인 쇼핑부대를 만나기도 하고 아름다운 화장실을 함께 이용하게도 해 준다. 이런 유의 책에서 곧잘 보이는 미술사 지식의 과시가 아닌 적절하고도 수준 높은 해설은 감탄스럽다.

도시와 미술, 그림과 영화, 곤돌라와 바포레토(수상버스), 포케몬과 홍등가, 르네상스와 무데하르 양식(스페인적 요소와 아랍적 요소가 결합된 예술), 팝송과 오페라, 케밥과 인도네시아 요리까지 고루 잘 버무려진 성찬을 맛보았지만 역설적인 갈증은 더욱 커진다. 비틀스의 도시 리버풀, 러시아의 영광 상트페테르부르크, 동서양의 가교 이스탄불, 에게 해의 진주 아테네, 비겔란의 도시 오슬로 등등을 친절히 읽어 주면 기꺼이 와유臥遊에 동참할 것만 같다. 이건 욕심인가.

[동아일보, 2007. 5. 16.]